LE COMTE

DE

MONTE-CHRISTO

TROISIÈME PARTIE

PARIS. — IMPRIMERIE DE ÉDOUARD BLOT, RUE SAINT-LOUIS, 46, AU MARAI
(Ancienne maison Dondey-Dupré.)

LE COMTE
DE
MONTE-CHRISTO

PAR

ALEXANDRE DUMAS

ILLUSTRÉ PAR G. STAAL, J. A. BEAUCÉ, ETC.

TROISIÈME PARTIE

PARIS
LECRIVAIN ET TOUBON, ÉDITEURS
5, RUE DU PONT-DE-LODI, 5

1860

LE COMTE DE MONTE-CHRISTO

TROISIÈME PARTIE

CHAPITRE PREMIER

LE DÉJEUNER.

e comte, on se le rappelle, était un sobre convive.

Albert en fit la remarque en témoignant la crainte que, dès son commencement, la vie parisienne ne déplût au voyageur par son côté le plus matériel, mais en même temps le plus nécessaire

— Mon cher comte, dit-il, vous me voyez atteint d'une crainte, c'est que la cuisine de la rue du Helder ne vous plaise pas autant que celle de la place d'Espagne. J'aurais dû vous demander votre goût et vous faire préparer quelques plats à votre fantaisie.

— Si vous me connaissiez davantage, monsieur, répondit en souriant le comte, vous ne vous préoccuperiez pas d'un soin presque humiliant pour un voyageur comme moi, qui a successivement vécu avec du macaroni à Naples, de la polenta à Milan, de l'olla podrida à Valence, du pilau à Constantinople, du carick dans l'Inde, et des nids d'hirondelles dans la Chine. Il n'y a pas de cuisine pour un cosmopolite comme moi. Je mange de tout et partout, seulement je mange peu; et aujourd'hui, que vous me reprochez ma sobriété, je suis dans mon jour d'appétit; car, depuis hier matin, je n'ai point mangé.

— Comment, depuis hier matin! s'écrièrent les convives; vous n'avez point mangé depuis vingt-quatre heures?

— Non, répondit Monte-Christo; j'avais été obligé de m'écarter de ma route et de prendre des renseignements aux environs de Nîmes, de sorte que j'étais un peu en retard, et je n'ai point voulu m'arrêter.

— Et vous avez mangé dans votre voiture? demanda Morcerf.

— Non, j'ai dormi, comme cela m'arrive quand je m'ennuie sans avoir le courage de me distraire, ou quand j'ai faim sans avoir envie de manger.

— Mais vous commandez donc au sommeil, monsieur? demanda Morrel.

— A peu près.

— Vous avez une recette pour cela?

— Infaillible.

— Voilà qui serait excellent pour nous autres Africains, qui n'avons pas toujours de quoi manger, et qui avons rarement de quoi boire, dit Morrel.

— Oui, dit Monte-Christo; malheureusement, ma recette, excellente pour un homme comme moi, qui mène une vie tout exceptionnelle, serait fort dangereuse appliquée à une armée, qui ne se réveillerait plus quand on aurait besoin d'elle.

— Et peut-on savoir quelle est cette recette? demanda Debray.

— Oh! mon Dieu oui, dit Monte-Christo, je n'en fais pas de secret : c'est un mélange d'excellent opium, que j'ai été chercher moi-même à Canton, pour être certain de l'avoir pur, et du meilleur hatchis qui se récolte en Orient, c'est-à-dire entre le Tigre et l'Euphrate; on réunit ces deux ingrédients en portions égales, et on fait des espèces de pilules qui s'avalent au moment où l'on en a besoin. Dix minutes après l'effet est produit. Demandez à M. le baron Franz d'Épinay; je crois qu'il en a goûté un jour.

— Oui, répondit Morcerf, il m'en a dit quelques mots, et il en a gardé même un fort agréable souvenir.

— Mais, dit Beauchamp, qui, en sa qualité de journaliste, était fort incrédule, vous portez donc toujours cette drogue sur vous?

— Toujours, répondit Monte-Christo.

— Serait-ce indiscret de vous demander à voir ces précieuses pilules? continua Beauchamp, espérant prendre l'étranger en défaut.

— Non, monsieur, répondit le comte. Et il tira de sa poche une merveilleuse bonbonnière, creusée dans une seule émeraude et fermée par un écrou d'or, qui, en se dévissant, donnait passage à une petite boule de couleur verdâtre et de la grosseur d'un pois.

Cette boule avait une odeur âcre et pénétrante; il y en avait quatre ou cinq pareilles dans l'émeraude, et elle pouvait en contenir une douzaine.

La bonbonnière fit le tour de la table, mais c'était bien plus pour examiner cette admirable émeraude que pour voir ou pour flairer les pilules, que les convives se la faisaient passer.

— Et c'est votre cuisinier qui vous prépare ce régal? demanda Beauchamp.

— Non pas, monsieur! dit Monte-Christo, je ne livre pas comme cela mes jouissances réelles à la merci de mains indignes. Je suis assez bon chimiste, et je prépare mes pilules moi-même.

— Voilà une admirable émeraude, et la plus grosse que j'aie jamais vue, quoique ma mère ait quelques bijoux de famille assez remarquables, dit Château-Renaud

— J'en avais trois pareilles, reprit Monte-Christo; j'ai donné l'une au Grand Seigneur, qui l'a fait monter sur son sabre; l'autre à notre saint-père le pape, qui l'a fait incruster sur sa tiare, en face d'une émeraude à peu près pareille, mais moins belle cependant, qui avait été donnée à son prédécesseur, Pie VII, par l'empereur Napoléon; j'ai gardé la troisième pour moi, et je l'ai fait creuser, ce qui lui a ôté la moitié de sa valeur, mais ce qui l'a rendue plus commode pour l'usage que j'en voulais faire.

Chacun regardait Monte-Christo avec étonnement.

Il parlait avec tant de simplicité, qu'il était évident qu'il disait la vérité ou qu'il était fou.

Cependant l'émeraude qui était restée entre ses mains faisait que l'on penchait naturellement vers la première supposition.

— Et que vous ont donné ces deux souverains en échange de ce magnifique cadeau? demanda Debray.

— Le Grand Seigneur, la liberté d'une femme, répondit le comte; notre saint-père le pape, la vie d'un homme. De sorte qu'une fois dans mon existence j'ai été aussi puissant que si Dieu m'eût fait naître sur les marches d'un trône.

— Et c'est Peppino que vous avez délivré, n'est-ce pas, s'écria Morcerf, c'est à lui que vous avez fait l'application de votre droit de grâce?

— Peut-être, dit Monte-Christo en souriant.

— Monsieur le comte, vous ne vous faites pas l'idée du plaisir que j'éprouve à vous entendre parler ainsi, dit Morcerf. Je vous avais annoncé d'avance à mes amis comme un homme fabuleux, comme un enchanteur des *Mille et une Nuits*, comme un sorcier du moyen âge ; mais les Parisiens sont gens tellement subtils en paradoxes, qu'ils prennent pour des caprices de l'imagination les vérités les plus incontestables, quand ces vérités ne rentrent pas dans toutes les conditions de leur existence quotidienne. Par exemple, voici Debray qui lit et Beauchamp qui imprime tous les jours qu'on a arrêté et qu'on a dévalisé sur le boulevard un membre du Jockey-Club attardé ; qu'on a assassiné quatre personnes rue Saint-Denis ou faubourg Saint-Germain ; qu'on a arrêté dix, quinze, vingt voleurs, soit dans un café du boulevard du Temple, soit dans les Thermes de Julien, et qui contestent l'existence des bandits des Maremmes, de la campagne de Rome ou des marais Pontins. Dites-leur donc vous-même, je vous en prie, monsieur le comte, que j'ai été pris par des bandits, et que, sans votre généreuse intercession, j'attendrais, selon toute probabilité, aujourd'hui, la résurrection éternelle dans les catacombes de Saint-Sébastien, au lieu de leur donner à dîner dans mon indigne petite maison de la rue du Helder.

— Bah ! dit Monte-Christo, vous m'aviez promis de ne jamais me parler de cette misère.

— Ce n'est pas moi, monsieur le comte, s'écria Morcerf, c'est quelque autre à qui vous aurez rendu le même service qu'à moi et que vous aurez confondu avec moi. Parlons-en, au contraire, je vous en prie ; car, si vous vous décidez à parler de cette circonstance, peut-être non-seulement me redirez-vous un peu de ce que je sais, mais encore beaucoup de ce que je ne sais pas.

— Mais il me semble, dit en souriant le comte, que vous avez joué dans toute cette affaire un rôle assez important pour savoir aussi bien que moi ce qui s'est passé.

— Voulez-vous me promettre, si je dis tout ce que je sais, dit Morcerf, de dire à votre tour tout ce que je ne sais pas?

— C'est trop juste, répondit Monte-Christo.

— Eh bien ! reprit Morcerf, dût mon amour-propre en souffrir, je me suis cru, pendant trois jours, l'objet des agaceries d'un masque que je prenais pour quelque descendante des Tullie ou des Poppée, tandis que j'étais tout purement et tout simplement l'objet des agaceries d'une contadine ; et remarquez que je dis contadine pour ne pas dire paysanne. Ce que je sais, c'est que, comme un niais, plus niais encore que celui dont je parlais tout à l'heure, j'ai pris pour cette paysanne un jeune bandit de quinze à seize ans, au menton imberbe, à la taille fine, qui, au moment où je voulais m'émanciper jusqu'à déposer un baiser sur sa chaste épaule, m'a mis le pistolet sur la gorge, et, avec l'aide de sept ou huit de ses compagnons, m'a conduit ou plutôt traîné au fond des catacombes de Saint-Sébastien, où j'ai trouvé un chef de bandits fort lettré, ma foi, lequel lisait les *Commentaires de César*, et qui a daigné interrompre sa lecture pour me dire que, si le lendemain à six heures du matin je n'avais pas versé quatre mille écus dans sa caisse, le lendemain à six heures et un quart j'aurais parfaitement cessé d'exister. La lettre existe, elle est entre les mains de Franz, signée de moi, avec un post-scriptum de maître Luigi Vampa. Si vous en doutez, j'écris à Franz, qui fera légaliser les signatures. Voilà ce que je sais. Maintenant, ce que je ne sais pas, c'est comment vous êtes parvenu, monsieur le comte, à frapper d'un si grand respect les bandits de Rome, qui respectent si peu de choses. Je vous avoue que Franz et moi nous en fûmes ravis d'admiration.

— Rien de plus simple, monsieur, répondit le comte, je connaissais le fameux Vampa depuis plus de dix ans. Tout jeune, et quand il était encore berger, un jour que je lui donnai je ne sais plus quelle monnaie d'or parce qu'il m'avait montré mon chemin, il me donna, lui, pour ne rien avoir à moi, un poignard sculpté par lui et que vous avez dû voir dans ma collection d'armes. Plus tard, soit qu'il eût oublié cet échange de petits cadeaux qui eût dû entretenir l'amitié entre nous, soit qu'il ne m'eût pas reconnu, il tenta de m'arrêter ; mais ce fut moi, tout au contraire, qui le pris avec une douzaine de ses gens. Je pouvais le livrer à la justice romaine, qui est expéditive, et qui se serait encore hâtée en sa faveur ; mais je n'en fis rien. Je le renvoyai lui et les siens.

— A la condition qu'ils ne pécheraient plus, dit le journaliste en riant. Je vois avec plaisir qu'ils ont scrupuleusement tenu leur parole.

— Non, monsieur, répondit Monte-Christo, à la simple condition qu'ils me respecteraient toujours, moi et les miens. Peut-être ce que je vais vous dire vous paraîtra-t-il étrange, à vous, messieurs les socialistes, les progressifs, les humanitaires ; mais je ne m'occupe jamais de mon prochain, mais je n'essaye jamais de protéger la société qui ne me protége pas, et, je dirai même plus, qui, généralement ne s'occupe de moi que pour me nuire, et, en les supprimant dans mon estime et en gardant la neutralité vis-à-vis d'eux, c'est encore la société et mon prochain qui me doivent du retour.

— A la bonne heure ! s'écria Château-Renaud, voilà le premier homme courageux que j'entends prêcher loyalement et brutalement l'égoïsme, c'est très-beau, cela ! bravo, monsieur le comte !

— C'est franc, du moins, dit Morrel ; mais je suis sûr que monsieur le comte ne s'est pas repenti d'avoir manqué une fois aux principes qu'il vient cependant de nous exposer d'une façon si absolue?

— Comment ai-je manqué à ces principes, monsieur? demanda Monte-Christo, qui de temps en temps ne pouvait s'empêcher de regarder Maximilien avec tant d'attention, que, deux ou trois fois déjà, le hardi jeune homme avait baissé les yeux devant le regard clair et limpide du comte.

— Mais il me semble, reprit Morrel, qu'en délivrant M. de Morcerf, que vous ne connaissiez pas, vous serviez votre prochain et la société.

— Dont il fait le plus bel ornement, dit gravement Beauchamp en vidant d'un seul trait un verre de vin de Champagne.

— Monsieur le comte, s'écria Morcerf, vous voilà pris par le raisonnement, vous, c'est-à-dire un des plus rudes logiciens que je connaisse; et vous allez voir qu'il va vous être clairement démontré tout à l'heure que, loin d'être un égoïste, vous êtes, au contraire, un philanthrope. Ah! monsieur le comte, vous vous dites Oriental, Levantin, Maltais, Indien, Chinois, sauvage; vous vous appelez Monte-Christo de votre nom de famille, Simbad le Marin de votre nom de baptême, et voilà que, du jour où vous mettez le pied à Paris, vous possédez d'instinct le plus grand mérite ou le plus grand défaut de nos excentriques Parisiens, c'est-à-dire que vous usurpez les vices que vous n'avez pas et que vous cachez les vertus que vous avez.

— Mon cher vicomte, dit Monte-Christo, je ne vois pas, dans tout ce que j'ai dit ou fait, un seul mot qui me vaille, de votre part et de celle de ces messieurs, le prétendu éloge que je viens de recevoir. Vous n'étiez pas un étranger pour moi, puisque je vous connaissais, puisque je vous avais cédé deux chambres, puisque je vous avais donné à déjeuner, puisque je vous avais prêté une de mes voitures, puisque nous avions vu passer les masques ensemble dans la rue du Cours, et puisque nous avions regardé d'une fenêtre de la place del Popolo cette exécution qui vous a si fort impressionné que vous avez failli vous trouver mal. Or, je le demande à tous ces messieurs, pouvais-je laisser mon hôte entre les mains de ces affreux bandits, comme vous les appelez? D'ailleurs, vous le savez, j'avais, en vous sauvant, une arrière-pensée, qui était de me servir de vous pour m'introduire dans les salons de Paris quand je viendrais visiter la France. Quelque temps vous avez pu considérer cette résolution comme un projet vague et fugitif; mais aujourd'hui, vous le voyez, c'est une belle et bonne réalité, à laquelle il faut vous soumettre, sous peine de manquer à votre parole.

— Et je la tiendrai, dit Morcerf; mais je crains bien que vous ne soyez fort désenchanté, mon cher comte, vous, habitué aux sites accidentés, aux événements pittoresques, aux fantastiques horizons. Chez nous, pas le moindre épisode du genre de ceux auxquels votre vie aventureuse vous a habitué. Notre Cimborazzo, c'est Montmartre; notre Himalaya, c'est le mont Valérien; notre Grand-Désert, c'est la plaine de Grenelle, encore y perce-t-on un puits artésien pour que les caravanes y trouvent de l'eau. Nous avons des voleurs, beaucoup même, quoique nous n'en ayons pas autant qu'on le dit; mais ces voleurs redoutent infiniment davantage le plus petit mouchard que le plus grand seigneur; enfin, la France est un pays si prosaïque, et Paris une ville si fort civilisée, que vous ne trouverez pas, en cherchant dans nos quatre-vingt-cinq départements, je dis quatre-vingt-cinq départements, car, bien entendu, j'excepte la Corse de la France, que vous ne trouverez pas, dans nos quatre-vingt-cinq départements, la moindre montagne sur laquelle il n'y ait un télégraphe, et la moindre grotte un peu noire dans laquelle un commissaire de police n'ait fait poser un bec de gaz Il n'y a donc qu'un seul service que je puisse vous rendre, mon cher comte, et, pour celui-là, je me mets à votre disposition: vous présenter partout, ou vous faire présenter par mes amis, cela va sans dire. D'ailleurs, vous n'avez besoin de personne pour cela; avec votre nom, votre fortune et votre esprit (Monte-Christo s'inclina avec un sourire légèrement ironique), on se présente partout soi-même et l'on est bien reçu partout. Je ne peux donc, en réalité, vous être bon qu'à une chose: si quelque habitude de la vie parisienne, quelque expérience du confortable, quelque connaissance de nos bazars peuvent me recommander à vous, je me mets à votre disposition pour vous trouver une maison convenable. Je n'ose vous proposer de partager mon logement comme j'ai partagé le vôtre à Rome, moi qui ne professe pas l'égoïsme, mais qui suis égoïste par excellence, car chez moi, excepté moi, il ne tiendrait pas une ombre, à moins que cette ombre ne fût celle d'une femme.

— Ah! fit le comte, voici une réserve toute conjugale. Vous m'avez, en effet, monsieur, dit à Rome quelques mots d'un mariage ébauché; dois-je vous féliciter sur votre prochain bonheur?

— La chose est toujours à l'état de projet, monsieur le comte.

— Et qui dit projet, reprit Debray, veut dire éventualité.

— Non pas! dit Morcerf, mon père y tient, et j'espère bien, avant peu, vous présenter, sinon ma femme, du moins ma future: mademoiselle Eugénie Danglars.

— Eugénie Danglars! reprit Monte-Christo, attendez donc; son père n'est-il pas M. le baron Danglars?

— Oui, répondit Morcerf; mais baron de nouvelle création.

— Oh! qu'importe! répondit Monte-Christo, s'il a rendu à l'État des services qui lui aient mérité cette distinction.

— D'énormes, dit Beauchamp. Il a, quoique libéral dans l'âme, complété en 1829 un emprunt de six millions pour le roi Charles X, qui l'a, ma foi, fait baron et chevalier de la Légion d'honneur, de sorte qu'il porte le ruban, non pas à la poche de

Debray.

son gilet, comme on pourrait le croire, mais bel et bien à la boutonnière de son habit.

— Ah ! dit Morcerf en riant, Beauchamp, Beauchamp, gardez cela pour le *Corsaire* et le *Charivari;* mais, devant moi, épargnez mon futur beau-père.

Puis, se retournant vers Monte-Christo :

— Mais vous avez tout à l'heure prononcé son nom comme quelqu'un qui connaîtrait le baron? dit-il.

— Je ne le connais pas, dit négligemment Monte-Christo; mais je ne tarderai pas probablement à faire sa connaissance, attendu que j'ai un crédit ouvert sur lui par la maison Richard et Blount de Londres, Arstein et Eskeles de Vienne, et Thomson et French de Rome.

Et, en prononçant ces deux derniers noms, Monte-Christo regarda du coin de l'œil Maximilien Morrel.

Si l'étranger s'était attendu à produire de l'effet sur Maximilien Morrel, il ne s'était pas trompé; Maximilien tressaillit comme s'il eût reçu une commotion électrique.

— Thomson et French, dit-il, connaissez-vous cette maison, monsieur?

— Ce sont mes banquiers dans la capitale du

monde chrétien, répondit tranquillement le comte ; puis-je vous être bon à quelque chose auprès d'eux ?

— Oh ! monsieur le comte, vous pourriez nous aider peut-être dans des recherches jusqu'à présent infructueuses ; cette maison a autrefois rendu un grand service à la nôtre, et a toujours, je ne sais pourquoi, nié nous avoir rendu ce service.

— A vos ordres, monsieur, répondit Monte-Christo en s'inclinant.

— Mais, dit Morcerf, nous nous sommes singulièrement écartés, à propos de M. Danglars, du sujet de notre conversation. Il était question de trouver une habitation convenable au comte de Monte-Christo : voyons, messieurs, cotisons-nous pour avoir une idée. Où logerons-nous cet hôte nouveau du grand Paris ?

— Faubourg Saint-Germain, dit Château-Renaud : monsieur trouvera là un charmant petit hôtel entre cour et jardin.

— Bah ! Château-Renaud, dit Debray, vous ne connaissez que votre triste et maussade faubourg Saint-Germain ; ne l'écoutez pas, monsieur le comte, logez-vous Chaussée-d'Antin ; c'est le véritable centre de Paris.

— Boulevard de l'Opéra, dit Beauchamp ; au premier, une maison à balcon ; M. le comte y fera apporter des coussins de drap d'argent, et verra, en fumant sa chibouque ou en avalant ses pilules, toute la capitale défiler sous ses yeux.

— Vous n'avez donc pas d'idées, vous, Morrel, dit Château-Renaud, que vous ne proposez rien ?

— Si fait, dit en souriant le jeune homme ; au contraire, j'en ai une, mais j'attendais que monsieur se laissât tenter par quelqu'une des offres brillantes qu'on vient de lui faire. Maintenant, comme il n'a pas répondu, je crois pouvoir lui offrir un petit appartement dans un petit hôtel tout charmant, tout Pompadour, que ma sœur vient de louer depuis un an dans la rue Meslay.

— Vous avez une sœur ? demanda Monte-Christo.

— Oui, monsieur, et une excellente sœur.

— Mariée ?

— Depuis bientôt neuf ans.

— Heureuse ? demanda de nouveau le comte.

— Aussi heureuse qu'il est permis à une créature humaine de l'être, répondit Maximilien : elle a épousé l'homme qu'elle aimait, celui qui nous est resté fidèle dans notre mauvaise fortune : Emmanuel Herbaut.

Monte-Christo sourit imperceptiblement.

— J'habite là pendant mon semestre, continua Maximilien, et je serai avec mon beau-frère Emmanuel à la disposition de M. le comte pour tous les renseignements dont il aura besoin

— Un moment ! s'écria Albert avant que Monte-Christo eût eu le temps de répondre, prenez garde à ce que vous faites, monsieur Morrel, vous allez claquemurer un voyageur, Simbad le Marin, dans la vie de famille ; un homme qui est venu pour voir Paris, vous allez en faire un patriarche.

— Oh ! que non pas, répondit Morrel en souriant, ma sœur a vingt-cinq ans, mon beau-frère en a trente ; ils sont jeunes, gais et heureux ; d'ailleurs, M. le comte sera chez lui, et il ne rencontrera ses hôtes qu'autant qu'il lui plaira de descendre chez eux.

— Merci, monsieur, merci, dit Monte-Christo, je me contenterai d'être présenté par vous à votre sœur et à votre beau-frère, si vous voulez bien me faire cet honneur ; mais je n'ai accepté l'offre d'aucun de ces messieurs, attendu que j'ai déjà mon habitation toute prête.

— Comment ! s'écria Morcerf, vous allez donc descendre à l'hôtel ? Ce sera fort maussade pour vous, cela.

— Étais-je donc si mal à Rome ? demanda Monte-Christo.

— Parbleu ! à Rome, dit Morcerf, vous aviez dépensé cinquante mille piastres pour vous faire meubler un appartement, mais je présume que vous n'êtes pas disposé à renouveler tous les jours une pareille dépense ?

— Ce n'est pas cela qui m'a arrêté, répondit Monte-Christo, mais j'étais résolu d'avoir une maison à Paris, une maison à moi, j'entends ; j'ai envoyé d'avance mon valet de chambre, et il a déjà dû acheter cette maison et me la faire meubler.

— Mais dites-nous donc que vous avez un valet de chambre qui connaît Paris ! s'écria Beauchamp.

— C'est la première fois, comme moi, qu'il vient en France ; il est noir et ne parle pas, dit Monte-Christo.

— Alors, c'est Ali ? demanda Albert au milieu de la surprise générale.

— Oui, monsieur, c'est Ali lui-même, mon Nubien, mon muet, que vous avez vu à Rome, je crois.

— Oui, certainement, répondit Morcerf, je me le rappelle à merveille. Mais comment avez-vous chargé un Nubien de vous acheter une maison à Paris et un muet de vous la meubler ? Il aura fait toutes choses de travers, le pauvre malheureux !

— Détrompez-vous, monsieur ; je suis certain, au contraire, qu'il aura choisi toutes choses selon mon goût ; car, vous le savez, mon goût n'est pas celui de tout le monde. Il est arrivé il y a huit jours ; il aura couru toute la ville avec cet instinct que pourrait avoir un bon chien chassant tout seul ; il connaît mes caprices, mes fantaisies, mes besoins : il aura tout organisé à ma guise. Il savait que j'arriverais aujourd'hui à dix heures ; depuis neuf heures, il m'attendait à la barrière de Fontainebleau ; il m'a remis ce papier ; c'est ma nouvelle adresse : tenez, lisez.

Et Monte-Christo passa un papier à Albert.

— Champs-Élysées, 30, lut Morcerf.

— Ah ! voilà qui est vraiment original ! ne put s'empêcher de dire Beauchamp.

— Et très-princier, ajouta Château-Renaud.

— Comment ! vous ne connaissez pas votre maison ? demanda Debray.

— Non, dit Monte-Christo. Je vous ai déjà dit que je ne voulais pas manquer l'heure. J'ai fait ma toilette dans ma voiture, et je suis descendu à la porte du vicomte.

Les jeunes gens se regardèrent ; ils ne savaient si c'était une comédie jouée par Monte-Christo ; mais tout ce qui sortait de la bouche de cet homme avait, malgré son caractère original, un tel cachet de simplicité, que l'on ne pouvait supposer qu'il dût mentir. D'ailleurs, pourquoi aurait-il menti ?

— Il faudra donc nous contenter, dit Beauchamp, de rendre à monsieur le comte tous les petits services qui seront en notre pouvoir. Moi, en ma qualité de journaliste, je lui ouvre tous les théâtres de Paris.

— Merci, monsieur, dit en souriant Monte-Christo ; mon intendant a déjà l'ordre de me louer une loge à chacun d'eux.

— Et votre intendant est-il aussi un Nubien, un muet ? demanda Debray.

— Non, monsieur, c'est tout bonnement un compatriote à vous, si tant est cependant qu'un Corse soit compatriote de quelqu'un : mais vous le connaissez, monsieur de Morcerf.

— Serait-ce par hasard le brave signor Bertuccio, qui s'entend si bien à louer les fenêtres ?

— Justement, et vous l'avez vu chez moi le jour où j'ai eu l'honneur de vous recevoir à déjeuner. C'est un fort brave homme, qui a été un peu soldat, un peu contrebandier, un peu de tout ce qu'on peut être enfin. Je ne jurerais même pas qu'il n'a point eu quelque démêlé avec la police pour une misère, quelque chose comme un coup de couteau.

— Et vous avez choisi cet honnête citoyen du monde pour votre intendant, monsieur le comte, dit Debray ; combien vous vole-t-il par an ?

— Eh bien ! parole d'honneur, dit le comte, pas plus qu'un autre, j'en suis sûr ; mais il fait mon affaire, ne connaît pas d'impossibilité, et je le garde.

— Alors, dit Château-Renaud, vous voilà avec une maison montée ; vous avez un hôtel aux Champs-Élysées, domestiques, intendant ; il ne vous manque plus qu'une maîtresse.

Albert sourit : il songeait à la belle Grecque qu'il avait vue dans la loge du comte au théâtre Valle et au théâtre Argentina.

— J'ai mieux que cela, dit Monte-Christo ; j'ai une esclave ; vous louez vos maîtresses au théâtre de l'Opéra, au théâtre du Vaudeville, au théâtre des Variétés ; moi j'ai acheté la mienne à Constantinople ; cela m'a coûté plus cher ; mais, sous ce rapport-là, je n'ai plus besoin de m'inquiéter de rien.

— Mais vous oubliez, dit en riant Debray, que nous sommes, comme l'a dit le roi Charles, francs de nom, francs de nature ; qu'en mettant le pied sur la terre de France, votre esclave est devenue libre ?

— Qui le lui dira ? demanda Monte-Christo.

— Mais, dame ! le premier venu.

— Elle ne parle que le romaïque.

— Alors, c'est autre chose.

— Mais la verrons-nous au moins ? demanda Beauchamp, ou, ayant déjà un muet, avez-vous aussi des eunuques ?

— Ma foi non, dit Monte-Christo, je ne pousse pas l'orientalisme jusque-là : tout ce qui m'entoure est libre de me quitter, et, en me quittant, n'aura plus besoin de moi ni de personne ; voilà peut-être pourquoi on ne me quitte pas.

Depuis longtemps on était passé au dessert et aux cigares.

— Mon cher, dit Debray en se levant, il est deux heures et demie ; votre convive est charmant, mais il n'y a si bonne compagnie qu'on ne quitte, et quelquefois même pour la mauvaise : il faut que je retourne à mon ministère. Je parlerai du comte au ministre, et il faudra bien que nous sachions qui il est.

— Prenez garde, dit Morcerf, les plus malins y ont renoncé.

— Bah ! nous avons trois millions pour notre police ; il est vrai qu'ils sont presque toujours dépensés à l'avance ; mais n'importe, il restera toujours bien une cinquantaine de mille francs à mettre à cela.

— Et, quand vous saurez qui il est, vous me le direz ?

— Je vous le promets. Au revoir, Albert ; messieurs, votre très-humble.

Et en sortant Debray cria très-haut dans l'antichambre :

— Faites avancer.

— Bon, dit Beauchamp à Albert, je n'irai pas à la chambre ; mais j'ai à offrir à mes lecteurs mieux qu'un discours de M. Danglars.

— De grâce ! Beauchamp, dit Morcerf, pas un mot, je vous en supplie ; ne m'ôtez pas le mérite de le présenter et de l'expliquer. N'est-ce pas qu'il est curieux ?

— Il est mieux que cela, répondit Château-Renaud, et c'est vraiment un des hommes les plus ex-

— Soyez sûr que je n'y manquerai pas, monsieur.

traordinaires que j'aie vus de ma vie. Venez-vous, Morrel?

— Le temps de donner ma carte à M. le comte, qui veut bien me promettre de venir nous faire une petite visite, rue Meslay, 14.

— Soyez sûr que je n'y manquerai pas, monsieur, dit en s'inclinant le comte.

Et Maximilien Morrel sortit avec le baron de Château-Renaud, laissant Monte-Christo seul avec Morcerf.

— Vous avez là une belle maîtresse, vicomte. — Page 10.

CHAPITRE II.

LA PRÉSENTATION.

uand Albert se trouva en tête à tête avec Monte-Christo :

— Monsieur le comte, lui dit-il, permettez-moi de commencer avec vous mon métier de cicerone en vous donnant le spécimen d'un appartement de garçon. Habitué aux palais d'Italie, ce sera pour vous une étude à faire que de calculer dans combien de pieds carrés peut vivre un des jeunes gens de Paris qui ne passe pas pour être le plus mal logé. A mesure que nous passerons d'une chambre à l'autre, nous ouvrirons les fenêtres pour que vous respiriez.

Monte-Christo connaissait déjà la salle à manger et le salon du rez-de chaussée.

Albert le conduisit d'abord à son atelier.

Paris. — Imp. de Édouard Blot, r St-Louis, 46

C'était, on se le rappelle, sa pièce de prédilection.

Monte-Christo était un digne appréciateur de toutes les choses qu'Albert avait entassées dans cette pièce : vieux bahuts, porcelaines du Japon, étoffes d'Orient, verroteries de Venise, armes de tous les pays du monde, tout lui était familier, et, au premier coup d'œil, il reconnaissait le siècle, le pays et l'origine.

Morcerf avait cru être l'explicateur, et c'était lui au contraire qui faisait, sous la direction du comte, un cours d'archéologie, de minéralogie et d'histoire naturelle.

On descendit au premier.

Albert introduisit son hôte dans le salon.

Ce salon était tapissé des œuvres des peintres modernes.

Il y avait des paysages de Dupré, aux longs roseaux, aux arbres élancés, aux vaches beuglantes et aux ciels merveilleux.

Il y avait des cavaliers arabes de Delacroix, aux longs burnous blancs, aux ceintures brillantes, aux armes damasquinées, dont les chevaux se mordaient avec rage, tandis que les hommes se déchiraient avec des masses de fer.

Des aquarelles de Boulanger, représentant tout *Notre-Dame de Paris* avec cette vigueur qui fait du peintre l'émule du poëte.

Il y avait des toiles de Diaz, qui fait les fleurs plus belles que les fleurs, le soleil plus brillant que le soleil.

Des dessins de Decamps aussi colorés que ceux de Salvator Rosa, mais plus poétiques.

Des pastels de Giraud et de Müller, représentant des enfants aux têtes d'ange, des femmes aux traits de vierge.

Des croquis arrachés à l'album du voyage d'Orient de Dauzats, qui avaient été crayonnés en quelques secondes sur la selle d'un chameau ou sous le dôme d'une mosquée; enfin, tout ce que l'art moderne peut donner en échange et en dédommagement de l'art perdu et envolé avec les siècles précédents.

Albert s'attendait à montrer, cette fois du moins, quelque chose de nouveau à l'étrange voyageur; mais, à son grand étonnement, celui-ci, sans avoir besoin de chercher les signatures, dont quelques-unes d'ailleurs n'étaient présentes que par des initiales, appliqua à l'instant même le nom de chaque auteur à son œuvre, de façon qu'il était facile de voir que, non-seulement chacun de ces noms lui était connu, mais encore que chacun de ces talents avait été apprécié et étudié par lui.

Du salon on passa dans la chambre à coucher.

C'était à la fois un modèle d'élégance et de goût sévère : là, un seul portrait, mais signé Léopold Robert, resplendissait dans un cadre d'or mat.

Ce portrait attira tout d'abord les regards du comte de Monte-Christo, car il fit trois pas rapides dans la chambre et s'arrêta tout à coup devant lui.

C'était celui d'une jeune femme de vingt-cinq à vingt-six ans, au teint brun, au regard de feu, voilé sous une paupière languissante.

Elle portait le costume pittoresque des pêcheuses catalanes avec son corset rouge et noir et ses aiguilles d'or piquées dans les cheveux.

Elle regardait la mer, et sa silhouette élégante se détachait sur le double azur des flots et du ciel.

Il faisait sombre dans la chambre, sans quoi Albert eût pu voir la pâleur livide qui s'étendit sur les joues du comte, et surprendre le frisson nerveux qui effleura ses épaules et sa poitrine.

Il se fit un instant de silence, pendant lequel Monte-Christo demeura l'œil obstinément fixé sur cette peinture.

— Vous avez là une belle maîtresse, vicomte, dit Monte-Christo d'une voix parfaitement calme; et ce costume, costume de bal sans doute, lui sied vraiment à ravir.

— Ah! monsieur, dit Albert, voilà une méprise que je ne vous pardonnerais pas, si, à côté de ce portrait, vous en eussiez vu quelque autre. Vous ne connaissez pas ma mère, monsieur; c'est elle que vous voyez dans ce cadre; elle se fit peindre ainsi, il y a six ou huit ans. Ce costume est un costume de fantaisie, à ce qu'il paraît, et la ressemblance est si grande, que je crois encore voir ma mère telle qu'elle était en 1830. La comtesse fit faire ce portrait pendant une absence du comte. Sans doute elle croyait lui préparer pour son retour une gracieuse surprise; mais, chose bizarre, ce portrait déplut à mon père; et la valeur de la peinture, qui est, comme vous le voyez, une des belles toiles de Léopold Robert, ne put le faire passer sur l'antipathie dans laquelle il l'avait prise. Il est vrai de dire entre nous, mon cher comte, que M. de Morcerf est un des pairs les plus assidus au Luxembourg, un général renommé pour la théorie, mais un amateur d'art des plus médiocres; il n'en est pas de même de ma mère, qui peint d'une façon remarquable, et qui, estimant trop une pareille œuvre pour s'en séparer tout à fait, me l'a donnée pour que chez moi elle fût moins exposée à déplaire à M. de Morcerf, dont je vous ferai voir à son tour le portrait peint par Gros. Pardonnez-moi si je vous parle ainsi ménage et famille; mais, comme je vais avoir l'honneur de vous conduire chez le comte, je vous dis cela pour qu'il ne vous échappe pas de vanter ce portrait devant lui. Au reste, il a une funeste influence, car il est bien rare que ma mère vienne chez moi sans le regarder, et plus rare encore qu'elle le regarde sans pleurer. Le nuage qu'amena l'apparition de cette peinture dans l'hôtel est du reste le seul qui se soit élevé entre le comte et la comtesse, qui, quoique mariés depuis plus de vingt ans, sont encore unis comme au premier jour.

Monte-Christo jeta un regard rapide sur Albert, comme pour chercher une intention cachée à ses paroles; mais il était évident que le jeune homme les avait dites dans toute la simplicité de son âme.

— Maintenant, dit Albert, vous avez vu toutes mes richesses, monsieur le comte, permettez-moi de vous les offrir, si indignes qu'elles soient; regardez-vous comme étant ici chez vous, et, pour vous mettre plus à votre aise encore, veuillez m'accompagner jusque chez M. de Morcerf, à qui j'ai écrit de Rome le service que vous m'avez rendu, à qui j'ai annoncé la visite que vous m'aviez promise, et, je puis le dire, le comte et la comtesse attendaient avec impatience qu'il leur fût permis de vous remercier. Vous êtes un peu blasé sur toutes choses, je le sais, monsieur le comte, et les scènes de famille n'ont pas sur Simbad le Marin beaucoup d'action : vous avez vu tant d'autres scènes! Cependant acceptez ce que je vous propose comme initiation à la vie parisienne, vie de politesses, de visites et de présentations.

Monte-Christo s'inclina sans répondre.

Il acceptait la proposition sans enthousiasme et sans regrets, comme une des convenances de société dont tout homme comme il faut se fait un devoir.

Albert appela son valet de chambre et lui ordonna d'aller prévenir M. et madame de Morcerf de l'arrivée prochaine du comte de Monte-Christo.

Albert le suivit avec le comte.

En arrivant dans l'antichambre du comte, on voyait au-dessus de la porte qui donnait dans le salon un écusson qui, par son entourage riche et son harmonie avec l'ornementation de la pièce, indiquait l'importance que le propriétaire de l'hôtel attachait à ce blason.

Monte-Christo s'arrêta devant ce blason, qu'il examina avec attention.

— D'azur à sept merlettes d'or posées en bande. C'est sans doute l'écusson de votre famille, monsieur? demanda-t-il. A part la connaissance des pièces du blason qui me permet de le déchiffrer, je suis fort ignorant en matière héraldique, moi, comte de hasard, fabriqué par la Toscane à l'aide d'une commanderie de Saint-Étienne, et qui me fusse passé d'être grand seigneur si l'on ne m'eût répété que, lorsqu'on voyage beaucoup, c'est chose absolument nécessaire. Car enfin il faut bien, ne fût-ce que pour que les douaniers ne vous visitent pas, avoir quelque chose sur les panneaux de sa voiture. Excusez-moi donc si je vous fais une pareille question.

— Elle n'est aucunement indiscrète, monsieur, dit Morcerf avec la simplicité de la conviction, et vous aviez deviné juste : ce sont nos armes, c'est-à-dire celles du chef de mon père; mais elles sont, comme vous voyez, accolées à un autre écusson, qui est de gueules à la tour d'argent, et qui est du chef de ma mère; par les femmes je suis Espagnol, mais la maison de Morcerf est française, et, à ce que j'ai entendu dire même, une des plus anciennes du midi de la France.

— Oui, reprit Monte-Christo, c'est ce qu'indiquent les merlettes. Presque tous les pèlerins armés qui tentèrent ou qui firent la conquête de la terre sainte prirent pour armes ou des croix, signe de la mission à laquelle ils s'étaient voués, ou des oiseaux voyageurs, symbole du long voyage qu'ils allaient entreprendre et qu'ils espéraient accomplir sur les ailes de la foi. Un de vos aïeux paternels aura été de quelqu'une de vos croisades, et, en supposant que ce ne soit que celle de saint Louis, cela vous fait déjà remonter au treizième siècle, ce qui est encore fort joli.

— C'est possible, dit Morcerf, il y a quelque part dans le cabinet de mon père un arbre généalogique qui nous dira cela, et sur lequel j'avais fait autrefois des commentaires qui eussent fort édifié d'Hozier et Jaucourt. A présent je n'y pense plus, et cependant je vous dirai, monsieur le comte, et ceci rentre dans mes attributions de cicerone, que l'on commence à s'occuper beaucoup de ces choses-là sous notre gouvernement populaire.

— Eh bien! alors votre gouvernement aurait bien dû choisir dans son passé quelque chose de mieux que ces deux pancartes que j'ai remarquées sur vos monuments, et qui n'ont aucun sens héraldique. Quant à vous, vicomte, reprit Monte-Christo en revenant à Morcerf, vous êtes plus heureux que votre gouvernement, car vos armes sont vraiment belles et parlent à l'imagination. Oui, c'est bien cela, vous êtes à la fois de Provence et d'Espagne; c'est ce qui explique, si le portrait que vous m'avez montré est ressemblant, cette belle couleur brune que j'admirais si fort sur le visage de la noble Catalane.

Il eût fallu être OEdipe ou le sphinx lui-même pour deviner l'ironie que mit le comte dans ces paroles empreintes en apparence de la plus grande politesse.

Aussi Morcerf le remercia-t-il d'un sourire, et, passant le premier pour lui montrer le chemin, poussa-t-il la porte qui s'ouvrait au-dessous de ses armes, et qui, ainsi que nous l'avons dit, donnait dans le salon.

Dans l'endroit le plus apparent de ce salon se voyait aussi un portrait.

C'était celui d'un homme de trente-cinq à trente-huit ans, vêtu d'un uniforme d'officier général, portant cette double épaulette en torsade, signe des grades supérieurs, le ruban de la Légion d'honneur au cou, ce qui indiquait qu'il était commandeur, et sur la poitrine, à droite, la plaque de grand officier de l'Ordre du Sauveur, et à gauche celle de grand'croix de Charles III, ce qui indiquait que la personne représentée par ce portrait avait dû faire les guerres de Grèce et d'Espagne, ou, ce qui revient absolument au même en matière de cordons, avoir rempli quelque mission diplomatique dans les deux pays.

Monte-Christo était occupé à détailler ce portrait avec non moins de soin qu'il avait fait de l'autre, lorsqu'une porte latérale s'ouvrit, et qu'il se trouva en face du comte de Morcerf lui-même.

C'était un homme de quarante à quarante-cinq ans, mais qui en paraissait bien au moins cinquante, et dont la moustache et les sourcils noirs tranchaient étrangement avec des cheveux presque blancs coupés en brosse à la mode militaire.

Il était vêtu en bourgeois et portait à sa boutonnière un ruban dont les différents lisérés rappelaient les différents ordres dont il était décoré.

Cet homme entra d'un pas assez noble et avec une sorte d'empressement.

Monte-Christo le vit venir à lui sans faire un seul pas.

On eût dit que ses pieds étaient cloués au parquet comme ses yeux sur le visage du comte de Morcerf.

— Mon père, dit le jeune homme, j'ai l'honneur de vous présenter M. le comte de Monte-Christo, ce généreux ami que j'ai eu le bonheur de rencontrer dans les circonstances difficiles que vous savez.

— Monsieur est le bienvenu parmi nous, dit le comte de Morcerf en saluant Monte-Christo avec un sourire, et il a rendu à notre maison, en lui conservant son unique héritier, un service qui sollicitera éternellement notre reconnaissance.

Et, en disant ces paroles, le comte de Morcerf indiquait un fauteuil à Monte-Christo, en même temps que lui-même s'asseyait en face de la fenêtre.

Quant à Monte-Christo, tout en prenant le fauteuil désigné par le comte de Morcerf, il s'arrangea de manière à demeurer caché dans l'ombre des grands rideaux de velours et à lire de là sur les traits empreints de fatigue et de soucis du comte toute une histoire de secrètes douleurs écrites dans chacune de ses rides venues avant le temps.

— Madame la comtesse, dit Morcerf, était à sa toilette lorsque le vicomte l'a fait prévenir de la visite qu'elle allait avoir le bonheur de le recevoir; elle va descendre, et, dans dix minutes, elle sera au salon.

— C'est beaucoup d'honneur pour moi, dit Monte-Christo, d'être ainsi, dès le jour de mon arrivée à Paris, mis en rapport avec un homme dont le mérite égale la réputation, et pour lequel la fortune, juste une fois, n'a pas fait d'erreur; mais n'a-t-elle pas encore dans les plaines de la Mitidja ou dans les montagnes de l'Atlas un bâton de maréchal à vous offrir?

— Oh! répliqua Morcerf en rougissant un peu, j'ai quitté le service, monsieur. Nommé pair sous la Restauration, j'étais de la première campagne, et je servais sous les ordres du maréchal de Bourmont; je pouvais donc prétendre à un commandement supérieur, et qui sait ce qui fût arrivé si la branche aînée fût restée sur le trône! Mais la Révolution de juillet était, à ce qu'il paraît, assez glorieuse pour se permettre d'être ingrate; elle le fut pour tout le service qui ne datait pas de la période impériale; je donnai donc ma démission; car, lorsqu'on a gagné ses épaulettes sur le champ de bataille, on ne sait guère manœuvrer sur le terrain glissant des salons; j'ai quitté l'épée, je me suis jeté dans la politique, je me voue à l'industrie, j'étudie les arts utiles. Pendant les vingt années que j'étais resté au service, j'en avais bien eu le désir, mais je n'en avais pas eu le temps.

— Ce sont de pareilles idées qui entretiennent la supériorité de votre nation sur les autres pays, monsieur, répondit Monte-Christo; gentilhomme issu de grande maison, possédant une belle fortune, vous avez d'abord consenti à gagner les premiers grades en soldat obscur, c'est fort rare; puis, devenu général, pair de France, commandeur de la Légion d'honneur, vous consentez à recommencer un second apprentissage, sans autre espoir, sans autre récompense que celle d'être un jour utile à vos semblables... Ah! monsieur, voilà qui est vraiment beau; je dirai plus, voilà qui est sublime!

Albert regardait et écoutait Monte-Christo avec étonnement; il n'était pas habitué à le voir s'élever à de pareilles idées d'enthousiasme.

— Hélas! continua l'étranger, sans doute pour faire disparaître l'imperceptible nuage que ces paroles venaient de faire passer sur le front de Morcerf, nous ne faisons pas ainsi en Italie, nous croissons selon notre race et notre espèce, et nous gardons même feuillage, même taille et souvent même inutilité toute notre vie.

— Mais, monsieur, répondit le comte de Morcerf, pour un homme de votre mérite l'Italie n'est pas une patrie, et la France vous tend les bras; répondez à son appel, la France ne sera peut-être pas ingrate pour tout le monde; elle traite mal ses enfants; mais, d'habitude, elle accueille grandement les étrangers.

— Eh! mon père, dit Albert avec un sourire, on voit bien que vous ne connaissez pas M. le comte de Monte-Christo. Ses satisfactions à lui sont en dehors de ce monde; il n'aspire point aux honneurs, et en prend seulement ce qui peut tenir sur un passeport.

— Voilà, à mon égard, l'expression la plus juste que j'aie jamais entendue, répondit l'étranger.

— Monsieur a été maître de son avenir, dit le comte de Morcerf avec un soupir, et il a choisi le chemin de fleurs.

— Justement, monsieur, répliqua Monte-Christo

Immobile et pâle, elle laissa tomber son bras.

avec un de ces sourires qu'un peintre ne rendra jamais, et qu'un physiologiste désespérera toujours d'analyser.

— Si je n'eusse craint de fatiguer monsieur le comte, dit le général, évidemment charmé des manières de Monte-Christo, je l'eusse amené à la Chambre, il y a aujourd'hui séance curieuse pour quiconque ne connaît pas nos sénateurs modernes.

— Je vous serai fort reconnaissant, monsieur, si vous voulez bien me renouveler cette offre une autre fois ; mais, aujourd'hui, l'on m'a flatté de l'espoir d'être présenté à madame la comtesse, et j'attendrai.

— Ah ! voici ma mère ! s'écria le vicomte.

En effet, Monte-Christo, en se retournant vivement, vit madame de Morcerf à l'entrée du salon, au seuil de la porte opposée à celle par laquelle était entré son mari : immobile et pâle, elle laissa, lorsque Monte-Christo se retourna de son côté, tomber son bras, qui, on ne sait pourquoi, s'était appuyé sur le chambranle doré ; elle était là depuis quelques secondes, et avait entendu les dernières paroles prononcées par le visiteur ultramontain.

Celui-ci se leva et salua profondément la comtesse, qui s'inclina à son tour, muette et cérémonieuse.

— Eh! mon Dieu, madame, demanda le comte, qu'avez vous donc? serait-ce par hasard la chaleur de ce salon qui vous fait mal?

— Souffrez-vous, ma mère? s'écria le vicomte en s'élançant au-devant de Mercédès.

Elle les remercia tous les deux avec un sourire.

— Non, dit-elle, mais j'ai éprouvé quelque émotion en voyant pour la première fois celui sans l'intervention duquel nous serions en ce moment dans les larmes et dans le deuil. Monsieur, continua la comtesse en s'avançant avec la majesté d'une reine, je vous dois la vie de mon fils, et, pour ce bienfait, je vous bénis. Maintenant je vous rends grâce pour le plaisir que vous me faites en me procurant l'occasion de vous remercier comme je vous ai béni, c'est-à-dire du fond du cœur.

Le comte s'inclina encore, mais plus profondément que la première fois; il était plus pâle encore que Mercédès.

— Madame, dit-il, M. le comte et vous me récompensez trop généreusement d'une action bien simple. Sauver un homme, épargner un tourment à un père, ménager la sensibilité d'une femme, ce n'est point faire une bonne œuvre, c'est faire acte d'humanité.

A ces mots, prononcés avec une douceur et une politesse exquises, madame de Morcerf répondit avec un accent profond :

— Il est bien heureux pour mon fils, monsieur, de vous avoir pour ami, et je rends grâce à Dieu qui a fait les choses ainsi.

Et Mercédès leva ses beaux yeux au ciel avec une gratitude si infinie, que le comte crut y voir trembler deux larmes.

M. de Morcerf s'approcha d'elle :

— Madame, dit-il, j'ai déjà fait mes excuses à M. le comte d'être obligé de le quitter, et vous les lui renouvellerez, je vous prie. La séance ouvre à deux heures, il en est trois, et je dois parler.

— Allez, monsieur, je tâcherai de faire oublier votre absence à notre hôte, dit la comtesse avec le même accent de sensibilité. Monsieur le comte, continua-t-elle en se retournant vers Monte-Christo, nous fera-t-il la grâce de passer le reste de la journée avec nous?

— Merci, madame, et vous me voyez, croyez-le bien, on ne peut plus reconnaissant de votre offre, mais je suis descendu ce matin à votre porte de ma voiture de voyage. Comment suis-je installé à Paris, je l'ignore; où le suis-je, je le sais à peine. C'est une inquiétude légère, je le sais, mais appréciable cependant.

— Nous aurons ce plaisir une autre fois au moins, vous nous le promettez? demanda la comtesse.

Monte-Christo s'inclina sans répondre, mais le geste pouvait passer pour un assentiment.

— Alors, je ne vous retiens pas, monsieur, dit la comtesse, car je ne veux pas que ma reconnaissance devienne ou une indiscrétion ou une importunité.

— Mon cher comte, dit Albert, si vous le voulez bien, je vais essayer de vous rendre à Paris votre gracieuse politesse de Rome, et mettre mon coupé à votre disposition jusqu'à ce que vous ayez eu le temps de monter vos équipages.

— Merci mille fois de votre obligeance, vicomte, dit Monte-Christo, mais je présume que M. Bertuccio aura convenablement employé les quatre heures et demie que je viens de lui laisser, et que je trouverai à la porte une voiture quelconque tout attelée.

Albert était habitué à ces façons de la part du comte, il savait qu'il était comme Néron à la recherche de l'impossible, et il ne s'étonnait plus de rien, seulement il voulut juger par lui-même de quelle façon ses ordres avaient été exécutés; il l'accompagna donc jusqu'à la porte de l'hôtel.

Monte Christo ne s'était pas trompé : dès qu'il avait paru dans l'antichambre du comte de Morcerf, un valet de pied, le même qui, à Rome, était venu apporter la carte du comte aux deux jeunes gens et leur annoncer sa visite, s'était élancé hors du péristyle, de sorte qu'en arrivant au perron l'illustre voyageur trouva effectivement sa voiture qui l'attendait.

C'était un coupé sortant des ateliers de Keller, et un attelage dont Drake avait, à la connaissance de tous les lions de Paris, refusé la veille encore dix-huit mille francs.

— Monsieur, dit le comte à Albert, je ne vous propose pas de m'accompagner jusque chez moi, je ne pourrais vous montrer qu'une maison improvisée, et j'ai, vous le savez, sous le rapport des improvisations, une réputation à ménager. Accordez-moi un jour et permettez-moi alors de vous inviter. Je serai plus sûr de ne pas manquer aux lois de l'hospitalité.

— Si vous me demandez un jour, monsieur le comte, je suis tranquille; ce ne sera plus une maison que vous me montrerez, ce sera un palais. Décidément, vous avez quelque génie à votre disposition.

— Ma foi, laissez-le croire, dit Monte-Christo en mettant le pied sur les degrés garnis de velours de son splendide équipage, cela me fera quelque bien auprès des dames.

Et il s'élança dans sa voiture, qui se referma derrière lui, et partit au galop, mais pas si rapidement que le comte n'aperçût le mouvement imperceptible qui fit trembler le rideau du salon où il avait laissé madame de Morcerf.

Lorsque Albert rentra chez sa mère, il trouva la comtesse au boudoir, plongée dans un grand fauteuil de velours; toute la chambre, noyée d'ombre, ne laissait apercevoir que la paillette étincelante attachée çà et là au ventre de quelque pastiche ou à l'angle de quelque cadre d'or.

Albert ne put voir le visage de la comtese perdu dans un nuage de gaze qu'elle avait roulée autour de ses cheveux comme une auréole de vapeur; mais il lui sembla que sa voix était altérée; il distingua aussi, parmi les parfums des roses et des héliotropes de la jardinière, la trace âpre et mordante des sels de vinaigre: sur une des coupes ciselées de la cheminée, en effet, le flacon de la comtesse, sorti de sa gaîne de chagrin, attira l'attention inquiète du jeune homme.

— Souffrez-vous, ma mère, s'écria-t-il en entrant, et vous seriez-vous trouvée mal pendant mon absence?

— Moi? non pas, Albert; mais, vous comprenez : ces roses, ces tubéreuses et ces fleurs d'oranger dégagent pendant ces premières chaleurs, auxquelles on n'est pas habitué, de si violents parfums...

— Alors, ma mère, dit Morcerf en portant la main à la sonnette, il faut les faire porter dans votre antichambre. Vous êtes vraiment indisposée; déjà tantôt, quand vous êtes entrée, vous étiez fort pâle.

— J'étais pâle, dites-vous, Albert?

— D'une pâleur qui vous sied à merveille, ma mère, mais qui ne nous a pas moins effrayés pour cela, mon père et moi.

— Votre père vous en a-t-il parlé? demanda vivement Mercédès.

— Non, madame, mais c'est à vous-même, souvenez-vous, qu'il a fait cette observation.

— Je ne me souviens pas, dit la comtesse.

Un valet entra : il venait au bruit de la sonnette tirée par Albert.

— Portez ces fleurs dans l'antichambre ou dans le cabinet de toilette, dit le vicomte : elles font mal à madame la comtesse.

Le valet obéit.

Il y eut un assez long silence, et qui dura pendant tout le temps que se fit le déménagement.

— Qu'est-ce donc que ce nom de Monte-Christo, demanda la comtesse quand le domestique fut sorti emportant le dernier vase de fleurs, est-ce un nom de famille, un nom de terre, un titre simple?

— C'est, je crois, un titre, ma mère, et voilà tout. Le comte a acheté une île dans l'archipel toscan, et a, d'après ce qu'il disait lui-même ce matin, fondé une commanderie. Vous savez que cela se fait ainsi pour Saint-Étienne de Florence, pour Saint-Georges-Constantinien de Parme, et même pour l'ordre de Malte. Au reste, il n'a aucune prétention à la noblesse et s'appelle un comte de hasard, quoique l'opinion générale de Rome soit que le comte est un très-grand seigneur.

— Ses manières sont excellentes, dit la comtesse, du moins d'après ce que j'en ai pu juger par les courts instants pendant lesquels il est resté ici.

— Oh! parfaites, ma mère, si parfaites même, qu'elles surpassent de beaucoup tout ce que j'ai connu de plus aristocratique dans les trois noblesses les plus fières de l'Europe, c'est-à-dire dans la noblesse anglaise, dans la noblesse espagnole et dans la noblesse allemande.

La comtesse réfléchit un instant, puis, après cette courte hésitation, elle reprit :

— Vous avez vu, mon cher Albert... c'est une question de mère que je vous adresse là, vous le comprenez, vous avez vu M. de Monte-Christo dans son intérieur; vous avez de la perspicacité, vous avez l'habitude du monde, plus de tact qu'on en a d'ordinaire à votre âge; croyez-vous que le comte soit ce qu'il paraît réellement être?

— Et que paraît-il?

— Vous l'avez dit vous-même à l'instant, un grand seigneur.

— Je vous ai dit, ma mère, qu'on le tenait pour tel.

— Mais qu'en pensez-vous, vous, Albert?

— Je n'ai pas, je vous l'avouerai, d'opinion bien arrêtée sur lui, je le crois Maltais.

— Je ne vous interroge pas sur son origine; je vous interroge sur sa personne.

— Ah! sur sa personne, c'est autre chose; et j'ai vu tant de choses étranges de lui, que, si vous voulez que je vous dise ce que j'en pense, je vous répondrai que je le regarderais volontiers comme un des hommes de Byron, que le malheur a marqué d'un sceau fatal; quelque Manfred, quelque Lara, quelque Werner; comme un de ces débris enfin de quelque vieille famille, qui, déshérités de leur fortune paternelle, en ont trouvé une par la force de leur génie aventureux, qui les a mis au-dessus des lois de la société.

— Vous dites?...

— Je dis que Monte-Christo est une île au milieu de la Méditerranée, sans habitants, sans garnison, repaire de contrebandiers de toutes nations, de pirates de tous pays. Qui sait si ces dignes industriels ne payent pas à leur seigneur un droit d'asile?

— C'est possible, dit la comtesse.

— Mais n'importe, reprit le jeune homme, contrebandier ou non, vous en conviendrez, ma mère, puisque vous l'avez vu, M. le comte de Monte-

Le comte de Morcerf.

Christo est un homme remarquable et qui aura les plus grands succès dans les salons de Paris. Et, tenez, ce matin même, chez moi, il a commencé son entrée dans le monde en frappant de stupéfaction jusqu'à Château-Renaud.

— Et quel âge peut avoir le comte? demanda Mercédès, attachant visiblement une grande importance à cette question.

— Il a trente-cinq à trente-six ans, ma mère.

— Si jeune! c'est impossible, dit Mercédès répondant en même temps à ce que lui disait Albert et à ce que lui disait sa propre pensée.

— C'est la vérité, cependant. Trois ou quatre fois il m'a dit, et certes sans préméditation : A telle époque j'avais cinq ans, à telle autre j'avais dix ans, à telle autre douze; moi, que la curiosité tenait éveillé sur ces détails, je rapprochais les dates, et jamais je ne l'ai trouvé en défaut. L'âge de cet homme singulier, qui n'a pas d'âge, est donc, j'en suis sûr, de trente-cinq ans. Au surplus, rappelez-vous, ma mère, combien son œil est vif, combien ses cheveux sont noirs et combien son front, quoique pâle, est exempt de rides; c'est une nature, non seulement vigoureuse, mais encore jeune.

La comtesse fit un mouvement de terreur.

La comtesse baissa la tête comme sous un flot trop lourd d'amères pensées.

— Et cet homme s'est pris d'amitié pour vous, Albert? demanda-t-elle avec un frissonnement nerveux.

— Je le crois, madame.

— Et vous... l'aimez-vous aussi?

— Il me plait, madame, quoi qu'en dise Franz d'Épinay, qui voulait le faire passer à mes yeux pour un homme revenant de l'autre monde.

La comtesse fit un mouvement de terreur.

— Albert, dit-elle d'une voix altérée, je vous ai toujours mis en garde contre les nouvelles connaissances. Maintenant vous êtes homme, et vous pourriez me donner des conseils à moi-même; cependant, je vous répéterai : Soyez prudent, Albert.

— Encore faudrait-il, chère mère, pour que le conseil me fût profitable, que je susse d'avance de quoi me défier. Le comte ne joue jamais, le comte ne boit que de l'eau dorée par une goutte de vin d'Espagne; le comte s'est annoncé si riche, que,

Paris. — Imp. de Ed. Blot, rue Saint-Louis, 46.

sans se faire rire au nez, il ne pourrait m'emprunter d'argent : que voulez-vous donc que je craigne de la part du comte?

— Vous avez raison, dit la comtesse, et mes terreurs sont folles, ayant pour objet surtout un homme qui vous a sauvé la vie. A propos, votre père l'a-t-il bien reçu, Albert? Il est important que nous soyons plus que convenables avec le comte. M. de Morcerf est parfois occupé, ses affaires le rendent soucieux, et il se pourrait que, sans le vouloir...

— Mon père a été parfait, madame, interrompit Albert; je dirai plus : il a paru infiniment flatté de deux ou trois compliments des plus adroits que le comte lui a glissés avec autant de bonheur que d'à-propos, comme s'il l'eût connu depuis trente ans. Chacune de ces petites flèches louangeuses a dû chatouiller mon père, ajouta Albert en riant, de sorte qu'ils se sont quittés les meilleurs amis du monde, et que M. de Morcerf voulait même l'emmener à la Chambre pour lui faire entendre son discours.

La comtesse ne répondit pas; elle était absorbée dans une rêverie si profonde, que ses yeux s'étaient fermés peu à peu.

Le jeune homme, debout devant elle, la regardait avec cet amour filial plus tendre et plus affectueux chez les enfants dont les mères sont jeunes et belles encore; puis, après avoir vu ses yeux se fermer, il l'écouta respirer un instant dans sa douce immobilité, et, la croyant assoupie, il s'éloigna sur la pointe du pied, poussant avec précaution la porte de la chambre où il laissait sa mère.

— Ce diable d'homme, murmura-t-il en secouant la tête, je lui ai bien prédit là-bas qu'il ferait sensation dans le monde; je mesure son effet sur un thermomètre infaillible. Ma mère l'a remarqué, donc il faut qu'il soit bien remarquable.

Et il descendit à ses écuries, non sans un dépit secret de ce que, sans y avoir même songé, le comte de Monte-Christo avait mis la main sur un attelage qui renvoyait ses bais au numéro 2 dans l'esprit des connaisseurs.

— Décidément, dit-il, les hommes ne sont pas égaux, il faudra que je prie mon père de développer ce théorème à la Chambre haute.

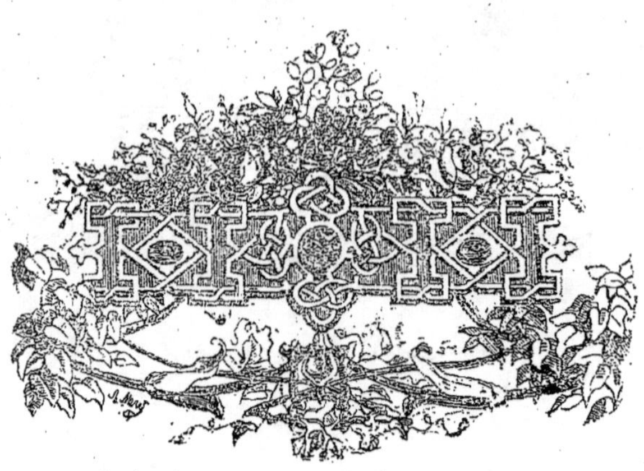

CHAPITRE III.

MONSIEUR BERTUCCIO.

Pendant ce temps le comte était arrivé chez lui ; il avait mis six minutes pour faire le chemin.

Ces six minutes avaient suffi pour qu'il fût vu de vingt jeunes gens, qui, connaissant le prix de l'attelage qu'ils n'avaient pu acheter eux-mêmes, avaient mis leur monture au galop pour entrevoir le splendide seigneur qui se donnait des chevaux de 10,000 francs la pièce.

La maison choisie par Ali, et qui devait servir de résidence de ville à Monte-Christo, était située à droite en montant les Champs-Élysées, placée entre cour et jardin ; un massif fort touffu, qui s'élevait au milieu de la cour, masquait une partie de la façade ; autour de ce massif s'avançaient, pareilles à deux bras, deux allées qui, s'étendant à droite et à gauche, amenaient, à partir de la grille, les voitures à un double perron supportant à chaque marche un vase de porcelaine plein de fleurs.

Cette maison, isolée au milieu d'un large espace, avait, outre l'entrée principale, une autre entrée donnant sur la rue de Ponthieu.

Avant même que le cocher eût hélé le concierge, la grille massive roula sur ses gonds.

On avait vu venir le comte, et à Paris comme à Rome, comme partout, il était servi avec la rapidité de l'éclair.

Le cocher entra donc, décrivit le demi-cercle sans avoir ralenti son allure, et la grille était refermée déjà que les roues criaient encore sur le sable de l'allée.

Au côté gauche du perron, la voiture s'arrêta ; deux hommes parurent à la portière : l'un était Ali, qui sourit à son maître avec une incroyable franchise de joie, et qui se trouva payé par un simple regard de Monte-Christo.

L'autre salua humblement et présenta son bras au comte pour l'aider à descendre de la voiture.

— Merci, monsieur Bertuccio, dit le comte en sautant légèrement les trois degrés du marchepied ; et le notaire ?

— Il est dans le petit salon, Excellence, répondit Bertuccio.

— Et les cartes de visite que je vous ai dit de faire graver dès que vous auriez le numéro de la maison ?

— Monsieur le comte, c'est déjà fait, j'ai été chez le meilleur graveur du Palais-Royal, qui a exécuté la planche devant moi ; la première carte tirée a été portée à l'instant même, selon votre ordre, à M. le baron d'Anglars, député, rue de la Chaussée-d'Antin, n° 7 ; les autres sont sur la cheminée de la chambre à coucher de Votre Excellence.

— Bien. Quelle heure est-il ?

— Quatre heures.

Monte-Christo donna ses gants, son chapeau et sa canne à ce même laquais français qui s'était élancé hors de l'antichambre du comte de Morcerf pour appeler la voiture ; puis il passa dans le petit salon, conduit par Bertuccio, qui lui montra le chemin.

— Voilà de pauvres marbres dans cette antichambre, dit Monte-Christo, j'espère bien qu'on m'enlèvera tout cela.

Bertuccio s'inclina.

Comme l'avait dit l'intendant, le notaire attendait dans le petit salon.

C'était une honnête figure de deuxième clerc de Paris, élevé à la dignité infranchissable de tabellion de la banlieue.

— Monsieur est le notaire chargé de vendre la maison de campagne que je veux acheter ? demanda Monte-Christo.

— Oui, monsieur le comte, répliqua le notaire.

— L'acte de vente est-il prêt ?

— Oui, monsieur le comte.

— L'avez-vous apporté ?

— Le voici.

— Parfaitement. Et où est cette maison que j'achète ? demanda négligemment Monte-Christo, s'adressant moitié à Bertuccio, moitié au notaire.

L'intendant fit un geste qui signifiait : Je ne sais pas.

Le notaire regarda Monte-Christo avec étonnement.

— Comment ? dit-il, monsieur le comte ne sait pas où est la maison qu'il achète ?

— Non, ma foi, dit le comte.

— Monsieur le comte ne la connaît pas?

— Et comment diable la connaîtrais-je? j'arrive de Cadix ce matin, je ne suis jamais venu à Paris, c'est même la première fois que je mets le pied en France.

— Alors, c'est autre chose, répondit le notaire, la maison que monsieur le comte achète est située à Auteuil.

A ces mots, Bertuccio pâlit visiblement.

— Et où prenez-vous Auteuil? demanda Monte-Christo.

— A deux pas d'ici, monsieur le comte, dit le notaire, un peu après Passsy, dans une situation charmante, au milieu du bois de Boulogne.

—Si près que cela? dit Monte-Christo; mais ce n'est pas la campagne. Comment diable m'avez-vous été choisir une maison à la porte de Paris, monsieur Bertuccio?

— Moi! s'écria l'intendant avec un étrange empressement; non, certes, ce n'est pas moi que monsieur le comte a chargé de choisir cette maison; que monsieur le comte veuille bien se rappeler, chercher dans sa mémoire, interroger ses souvenirs.

— Ah! c'est juste, dit Monte-Christo; je me rappelle maintenant: j'ai lu cette annonce dans un journal, et je me suis laissé séduire à ce titre menteur : *Maison de campagne*.

— Il est encore temps, dit vivement Bertuccio : et, si Votre Excellence veut me charger de chercher partout ailleurs, je lui trouverai ce qu'il y aura de mieux, soit à Enghien, soit à Fontenay-aux-Roses, soit à Bellevue.

— Non, ma foi, dit insoucieusement Monte-Christo; puisque j'ai celle-là, je la garderai.

— Et monsieur a raison, dit vivement le notaire, qui craignait de perdre ses honoraires : c'est une charmante propriété : eaux vives, bois touffus, habitation confortable, quoique abandonnée depuis longtemps; sans compter le mobilier, qui, si vieux qu'il soit, a de la valeur, surtout aujourd'hui que l'on recherche les antiquailles. Pardon, mais je crois que monsieur le comte a le goût de son époque.

— Dites toujours, fit Monte-Christo; c'est convenable, alors?

— Ah! monsieur, c'est mieux que cela, c'est magnifique!

— Peste! ne manquons pas une pareille occasion, dit Monte-Christo; le contrat s'il vous plaît, monsieur le notaire.

Et il signa rapidement, après avoir jeté un regard à l'endroit de l'acte où étaient désignés la situation de la maison et les noms des propriétaires.

— Bertuccio, dit-il, donnez cinquante-cinq mille francs à monsieur.

L'intendant sortit d'un pas mal assuré et revint avec une liasse de billets de banque que le notaire compta en homme qui a l'habitude de ne recevoir son argent qu'après la purge légale.

— Et maintenant, demanda le comte, toutes les formalités sont-elles remplies?

— Toutes, monsieur le comte.

— Avez-vous les clefs?

— Elles sont aux mains du concierge qui garde la maison; mais voici l'ordre que je lui ai donné d'installer monsieur dans sa nouvelle propriété.

— Fort bien.

Et Monte-Christo fit au notaire un signe de tête qui voulait dire :

— Je n'ai plus besoin de vous, allez-vous-en.

— Mais, hasarda l'honnête tabellion, monsieur le comte s'est trompé, il me semble; ce n'est que cinquante mille francs, tout compris.

— Et vos honoraires?

— Se trouvent payés moyennant cette somme, monsieur le comte.

— Mais n'êtes-vous pas venu d'Auteuil ici?

— Oui, sans doute.

— Eh bien! il faut bien vous payer votre dérangement, dit le comte.

Et il le congédia du geste.

Le notaire sortit à reculons et en saluant jusqu'à terre.

C'était la première fois, depuis le jour où il avait pris ses inscriptions, qu'il rencontrait un pareil client.

— Conduisez monsieur, dit le comte à Bertuccio.

Et l'intendant sortit derrière le notaire.

A peine le comte fut-il seul, qu'il tira de sa poche un portefeuille à serrure, qu'il ouvrit avec une petite clef qu'il portait au cou et qui ne le quittait jamais.

Après avoir cherché un instant, il s'arrêta à un feuillet qui portait quelques notes, confronta ces notes avec l'acte de vente déposé sur la table, et, recueillant ses souvenirs :

— Auteuil, rue de la Fontaine, n° 28; c'est bien cela, dit-il; maintenant dois-je m'en rapporter à un aveu arraché par la terreur religieuse ou par la terreur physique? Au reste, dans une heure je saurai tout.

— Bertuccio! cria-t-il en frappant avec une espèce de petit marteau à manche pliant sur un timbre qui rendit un son aigu et prolongé pareil à celui d'un tam-tam. — Bertuccio!

L'intendant parut sur le seuil.

— Monsieur Bertuccio! dit le comte, ne m'avez-vous pas dit autrefois que vous aviez voyagé en France?

— Dans certaines parties de la France, oui, Excellence.

— A Auteuil! s'écria Bertuccio, dont le teint cuivré devint presque livide.

— Vous connaissez les environs de Paris, sans doute?

— Non, Excellence, non, répondit l'intendant avec une sorte de tremblement nerveux, que Monte-Christo, connaisseur en fait d'émotions, attribua avec raison à une vive inquiétude.

— C'est fâcheux, dit-il, que vous n'ayez jamais visité les environs de Paris, car je veux aller ce soir même voir ma nouvelle propriété, et, en venant avec moi, vous m'eussiez donné sans doute d'utiles renseignements.

— A Auteuil! s'écria Bertuccio, dont le teint cuivré devint presque livide. Moi, aller à Auteuil!

— Eh bien! qu'y a-t-il d'étonnant que vous veniez à Auteuil, je vous le demande? Quand je demeurerai à Auteuil, il faudra bien que vous y veniez, puisque vous faites partie de la maison.

Bertuccio baissa la tête devant le regard impérieux du maître, et il demeura immobile et sans réponse.

— Ah çà! mais que vous arrive-t-il? Vous allez donc me faire sonner une seconde fois pour la voiture? dit Monte-Christo du ton que Louis XIV mit à prononcer le fameux : « J'ai failli attendre ! »

Bertuccio ne fit qu'un bond du petit salon à l'antichambre, et cria d'une voix rauque :

— Les chevaux de Son Excellence!

Monte-Christo écrivit deux ou trois lettres.

Comme il cachetait la dernière, l'intendant reparut.

— La voiture de Son Excellence est à la porte, dit-il.

— Eh bien! prenez vos gants et votre chapeau, dit Monte-Christo.

— Est-ce que je vais avec monsieur le comte? s'écria Bertuccio.

— Sans doute, il faut bien que vous donniez vos ordres, puisque je compte habiter cette maison.

Il était sans exemple que l'on eût répliqué à une injonction du comte.

Aussi, l'intendant, sans faire aucune objection, suivit-il son maître, qui monta dans la voiture et lui fit signe de le suivre.

L'intendant s'assit respectueusement sur la banquette du devant.

CHAPITRE IV.

LA MAISON D'AUTEUIL.

onte-Christo avait remarqué qu'en descendant le perron Bertuccio s'était signé à la manière des Corses, c'est-à-dire en coupant l'air en croix avec le pouce, et qu'en prenant sa place dans la voiture il avait marmotté tout bas une courte prière.

Tout autre qu'un homme curieux eût eu pitié de la singulière répugnance manifestée par le digne intendant pour la promenade méditée *extra muros* par le comte; mais, à ce qu'il paraît, celui-ci était trop curieux pour dispenser Bertuccio de ce petit voyage.

En vingt minutes on fut à Auteuil.

L'émotion de l'intendant avait toujours été croissant.

En entrant dans le village, Bertuccio, rencogné dans l'angle de la voiture, commença à examiner avec une émotion fiévreuse chacune des maisons devant lesquelles on passait.

— Vous ferez arrêter rue de la Fontaine, au n° 28, dit le comte en fixant impitoyablement son regard sur l'intendant, auquel il donnait cet ordre.

La sueur monta au visage de Bertuccio, et cependant il obéit, et, se penchant en dehors de la voiture, il cria au cocher :

— Rue de la Fontaine, n° 28.

Ce n° 28 était situé à l'extrémité du village.

Pendant le voyage, la nuit était venue, ou plutôt un nuage noir tout chargé d'électricité donnait à ces ténèbres prématurées l'apparence et la solennité d'un épisode dramatique.

La voiture s'arrêta, le valet de pied se précipita à la portière, qu'il ouvrit.

— Eh bien! dit le comte, vous ne descendez pas, monsieur Bertuccio? vous restez donc dans la voiture alors? Mais à quoi diable songez-vous donc ce soir?

Bertuccio se précipita par la portière et présenta son épaule au comte, qui, cette fois, s'appuya dessus et descendit un à un les trois degrés du marchepied.

— Frappez, dit le comte, et annoncez-moi.

Bertuccio frappa, la porte s'ouvrit et le concierge parut.

— Qu'est-ce que c'est? demanda-t-il.

— C'est votre nouveau maître, brave homme, dit le valet de pied.

Et il tendit au concierge le billet de reconnaissance donné par le notaire.

— La maison est donc vendue? demanda le concierge, et c'est monsieur qui vient l'habiter?

— Oui, mon ami, dit le comte, et je tâcherai que vous n'ayez pas à regretter votre ancien maître.

— Oh! monsieur, dit le concierge, je n'aurai pas à le regretter beaucoup, car nous le voyions bien rarement; il y a plus de cinq ans qu'il n'est venu, et il a, ma foi! bien fait de vendre une maison qui ne lui rapportait absolument rien.

— Et comment se nommait votre ancien maître? demanda Monte-Christo.

— M. le marquis de Saint-Méran. Ah! il n'a pas vendu la maison ce qu'elle lui a coûté, j'en suis bien sûr.

— Le marquis de Saint-Méran! reprit Monte-Christo, mais il me semble que ce nom ne m'est pas inconnu, dit le comte; le marquis de Saint-Méran...

Et il parut chercher.

— Un vieux gentilhomme, continua le concierge, un fidèle serviteur des Bourbons; il avait une fille unique qu'il avait mariée à M. de Villefort, qui a été procureur du roi à Nîmes et ensuite à Versailles.

Monte-Christo jeta un regard qui rencontra Bertuccio plus livide que le mur contre lequel il s'appuyait pour ne pas tomber.

— Et cette fille n'est-elle pas morte? demanda Monte-Christo; il me semble que j'ai entendu dire cela.

— Oui, monsieur, il y a vingt et un ans, et, depuis ce temps-là, nous n'avons pas revu trois fois le pauvre cher marquis.

— Merci, merci, dit Monte-Christo, jugeant à la prostration de l'intendant qu'il ne pouvait tendre davantage cette corde sans risquer de la briser; merci! Donnez-moi de la lumière, brave homme.

— Accompagnerai-je monsieur?

— Non, c'est inutile, Bertuccio m'éclairera. Et Monte-Christo accompagna ces paroles du don de deux pièces d'or, qui soulevèrent une explosion de bénédictions et de soupirs.

— Ah! monsieur! dit le concierge après avoir cherché inutilement sur le rebord de la cheminée et sur les planches y attenantes, c'est que je n'ai pas de bougie ici.

— Prenez une des lanternes de la voiture, Bertuccio, et montrez-moi les appartements, dit le comte.

L'intendant obéit sans observation, mais il était facile à voir, au tremblement de la main qui tenait la lanterne, ce qu'il lui en coûtait pour obéir.

On parcourut un rez-de-chaussée assez vaste; un premier étage composé d'un salon, d'une salle de bains et de deux chambres à coucher.

Par une de ces chambres à coucher, on arrivait à un escalier tournant dont l'extrémité aboutissait au jardin.

— Tiens! voilà un escalier de dégagement, dit le comte, c'est assez commode. Éclairez-moi, monsieur Bertuccio; passez devant, et allons où cet escalier nous conduira.

— Monsieur, dit Bertuccio, il va au jardin.

— Et comment savez-vous cela, je vous prie?

— C'est-à-dire qu'il doit y aller.

— Eh bien! assurons-nous-en

Bertuccio poussa un soupir et marcha devant.

L'escalier aboutissait effectivement au jardin.

A la porte extérieure l'intendant s'arrêta.

— Allons donc, monsieur Bertuccio, dit le comte.

Mais celui auquel il s'adressait était abasourdi, stupide, anéanti.

Ses yeux égarés cherchaient tout autour de lui comme les traces d'un passé terrible, et de ses mains crispées il semblait essayer de repousser des souvenirs affreux.

— Eh bien! insista le comte.

— Non! non! s'écria Bertuccio en posant la lanterne à l'angle du mur intérieur; non, monsieur, je n'irai pas plus loin, c'est impossible!

— Qu'est-ce à dire? articula la voix irrésistible de Monte-Christo.

— Mais vous voyez bien, monsieur, s'écria l'intendant, que cela n'est point naturel; qu'ayant une maison à acheter à Paris, vous l'achetiez justement à Auteuil, et que, l'achetant à Auteuil, cette maison soit le n° 28 de la rue de la Fontaine. Ah! pourquoi ne vous ai-je pas tout dit là-bas, monseigneur? Vous n'auriez certes pas exigé que je vinsse. J'espérais que la maison de M. le comte serait une autre maison que celle-ci. Comme s'il n'y avait d'autre maison à Auteuil que celle de l'assassinat!

— Oh! oh! fit Monte-Christo s'arrêtant tout à coup, quel vilain mot venez-vous de prononcer là! Diable d'homme! Corse enraciné! toujours des mystères ou des superstitions! Voyons, prenez cette lanterne et visitons le jardin; avec moi vous n'aurez pas peur, j'espère!

Bertuccio ramassa la lanterne et obéit.

La porte, en s'ouvrant, découvrit un ciel blafard dans lequel la lune s'efforçait vainement de lutter contre une mer de nuages qui la couvraient de leurs flots sombres qu'elle illuminait un instant, et qui allaient ensuite se perdre, plus sombres encore, dans les profondeurs de l'infini.

L'intendant voulut appuyer sur la gauche.

— Non pas, monsieur, dit Monte-Christo, à quoi bon suivre les allées? voici une belle pelouse allons devant nous.

Bertuccio essuya la sueur qui coulait de son front, mais obéit.

Cependant il continuait de prendre à gauche.

Monte-Christo, au contraire, appuyait à droite, arrivé près d'un massif d'arbres, il s'arrêta.

L'intendant n'y put tenir.

— Éloignez-vous! monsieur, s'écria-t-il, éloignez-vous! je vous en supplie! vous êtes justement à la place!

— A quelle place?

— A la place même où il est tombé.

— Mon cher monsieur Bertuccio, dit Monte-Christo en riant, revenez à vous, je vous y engage, nous ne sommes pas ici à Sartène ou à Corte. Ceci

— Monsieur, ne restez pas là, ne restez pas là, je vous en supplie!

n'est point un maquis, mais un jardin anglais, mal entretenu, j'en conviens, mais, qu'il ne faut pas calomnier pour cela.

— Monsieur, ne restez pas là, ne restez pas là, je vous en supplie!

— Je crois que vous devenez fou, maître Bertuccio, dit froidement le comte; si cela est, prévenez-moi, car je vous ferai enfermer dans quelque maison de santé avant qu'il n'arrive un malheur.

— Hélas! Excellence, dit Bertuccio en secouant la tête et en joignant les mains avec une attitude qui eût fait rire le comte si des pensées d'un intérêt supérieur ne l'eussent captivé en ce moment et rendu fort attentif aux moindres expansions de cette conscience timorée, hélas! Excellence, le malheur est arrivé.

— Monsieur Bertuccio, dit le comte, je suis fort aise de vous dire que, tout en gesticulant, vous vous tordez les bras, et que vous roulez des yeux comme un possédé du corps duquel le diable ne veut pas sortir; or, j'ai presque toujours remarqué que le diable le plus entêté à rester à son poste, c'est un secret. Je vous savais Corse, je vous savais sombre et ruminant toujours quelque vieille his-

— A partir de ce moment, je vous déclare la vendetta. — Page 28.

toire de vendetta, et je vous passais cela en Italie, parce qu'en Italie ces sortes de choses sont de mise; mais en France on trouve généralement l'assassinat de fort mauvais goût; il y a des gendarmes qui s'en occupent, des juges qui le condamnent et des échafauds qui le vengent.

Bertuccio joignit les mains, et, comme en exécutant ces différentes évolutions il ne quittait point sa lanterne, la lumière éclaira son visage bouleversé.

Monte-Christo l'examina du même œil qu'à Rome il avait examiné le supplice d'Andrea; puis, d'un ton de voix qui fit courir un nouveau frisson par le corps du pauvre intendant :

— L'abbé Busoni m'avait donc menti, dit-il, lorsqu'après son voyage en France, en 1829, il vous envoya vers moi, muni d'une lettre de recommandation dans laquelle il me recommandait vos précieuses qualités? Eh bien ! je vais écrire à l'abbé; je le rendrai responsable de son protégé, et je saurai sans doute ce que c'est que toute cette affaire d'assassinat. Seulement je vous préviens, monsieur Bertuccio, que, lorsque je vis dans un pays, j'ai l'habitude de me conformer à ses lois, et que je n'ai pas envie de me brouiller pour vous avec la justice de France.

— Oh ! ne faites pas cela, Excellence ; je vous ai servi fidèlement, n'est-ce pas ? s'écria Bertuccio au désespoir ; j'ai toujours été honnête homme, et j'ai même, le plus que j'ai pu, fait de bonnes actions.

— Je ne dis pas non, reprit le comte ; mais pourquoi diable êtes-vous agité de la sorte ? C'est mauvais signe : une conscience pure n'amène pas tant de pâleur sur les joues, tant de fièvre dans les mains d'un homme...

— Mais, monsieur le comte, reprit en hésitant Bertuccio, ne m'avez-vous pas dit vous-même que l'abbé Busoni, qui a entendu ma confession dans les prisons de Nîmes, vous avait prévenu, en m'envoyant chez vous, que j'avais un lourd reproche à me faire ?

— Oui ; mais, comme il vous adressait à moi en me disant que vous feriez un excellent intendant, j'ai cru que vous aviez volé, voilà tout !

— Oh ! monsieur le comte ! fit Bertuccio avec mépris.

— Ou que, comme vous étiez Corse, vous n'aviez pu résister au désir de faire une peau, comme on dit dans le pays, par antiphrase, quand au contraire on en défait une.

— Eh bien ! oui, monseigneur, oui, mon bon seigneur, c'est cela ! s'écria Bertuccio en se jetant aux genoux du comte ; oui, c'est une vengeance, je le jure, une simple vengeance.

— Je comprends ; mais ce que je ne comprends pas, c'est que ce soit cette maison justement qui vous galvanise à ce point.

— Mais, monseigneur, n'est-ce pas bien naturel, reprit Bertuccio, puisque c'est dans cette maison que la vengeance s'est accomplie ?

— Quoi ! ma maison ?

— Oh ! monseigneur, elle n'était pas encore à vous, répondit naïvement Bertuccio.

— Mais à qui donc était-elle ? à M. le marquis de Saint-Méran, nous a dit, je crois, le concierge. Que diable aviez-vous donc à vous venger du marquis de Saint-Méran ?

— Oh ! ce n'était pas de lui, monsieur, c'était d'un autre.

— Voilà une étrange rencontre, dit Monte-Christo paraissant céder à ses réflexions, que vous vous trouviez comme cela par hasard, sans préparation aucune, dans une maison où s'est passée une scène qui vous donne de si affreux remords.

— Monsieur, dit l'intendant, c'est la fatalité qui amène tout cela, j'en suis bien sûr : d'abord vous achetez une maison juste à Auteuil ; cette maison est celle où j'ai commis un assassinat ; vous descendez au jardin juste par l'escalier où il est descendu ; vous vous arrêtez juste à l'endroit où il reçut le coup ; à deux pas, sous ce platane, était la fosse où il venait d'enterrer l'enfant : tout cela n'est pas du hasard, non, car en ce cas le hasard ressemblerait trop à la Providence.

— Eh bien ! voyons, monsieur le Corse, supposons que ce soit la Providence ; je suppose toujours tout ce qu'on veut, moi ; d'ailleurs, aux esprits malades il faut faire des concessions. Voyons, rappelez vos esprits et racontez-moi cela.

— Je ne l'ai jamais raconté qu'une fois, et c'était à l'abbé Busoni. De pareilles choses, ajouta Bertuccio en secouant la tête, ne se disent que sous le sceau de la confession.

— Alors, mon cher Bertuccio, dit le comte, vous trouverez bon que je vous renvoie à votre confesseur ; vous vous ferez avec lui chartreux ou bernardin, et vous causerez de vos secrets. Mais, moi, j'ai peur d'un hôte effrayé par de pareils fantômes ; je n'aime point que mes gens n'osent point se promener le soir dans mon jardin. Puis, je vous l'avoue, je serais peu curieux de quelque visite de commissaire de police ; car, apprenez ceci, maître Bertuccio : en Italie, on ne paye la justice que si elle se tait, mais, en France, on ne la paye, au contraire, que quand elle parle. Peste ! je vous croyais bien un peu Corse, beaucoup contrebandier, fort habile intendant, mais je vois que vous avez encore d'autres cordes à votre arc. Vous n'êtes plus à moi, monsieur Bertuccio.

— Oh ! monseigneur ! monseigneur ! s'écria l'intendant frappé de terreur à cette menace ; oh ! s'il ne tient qu'à cela que je demeure à votre service, je parlerai, je dirai tout ; et, si je vous quitte, eh bien ! alors ce sera pour marcher à l'échafaud.

— C'est différent alors, dit Monte-Christo, mais, si vous voulez mentir, réfléchissez-y : mieux vaut que vous ne parliez pas du tout.

— Non, monsieur, je vous le jure sur le salut de mon âme, je vous dirai tout ! car l'abbé Busoni lui-même n'a su qu'une partie de mon secret. Mais d'abord, je vous en supplie, éloignez-vous de ce platane ; tenez, la lune va blanchir ce nuage, et là, placé comme vous l'êtes, enveloppé de ce manteau qui me cache votre taille et qui ressemble à celui de M. de Villefort !...

— Comment ! s'écria Monte-Christo, c'est M. de Villefort...

— Votre Excellence le connaît ?

— L'ancien procureur du roi de Nîmes ?

— Oui.

— Qui avait épousé la fille du marquis de Saint-Méran ?

— Oui.

— Et qui avait dans le barreau la réputation du plus sévère, du plus rigide magistrat ?

— Eh bien ! monsieur, s'écria Bertuccio, cet homme à la réputation irréprochable...

— Oui.

— C'était un infâme.

— Bah! dit Monte-Christo, impossible!

— Cela est pourtant comme je vous le dis.

— Ah! vraiment! dit Monte-Christo, et vous en avez la preuve?

— Je l'avais du moins.

— Et vous l'avez perdue, maladroit?

— Oui; mais en cherchant bien on peut la retrouver.

— En vérité! dit le comte. Contez-moi cela, monsieur Bertuccio! car cela commence véritablement à m'intéresser.

Et le comte, en chantonnant un petit air de la *Lucia*, alla s'asseoir sur un banc, tandis que Bertuccio le suivait en rappelant ses souvenirs.

Bertuccio resta debout devant lui.

CHAPITRE V.

LA VENDETTA.

D'où monsieur le comte désire-t-il que je reprenne les choses? demanda Bertuccio.

— Mais d'où vous voudrez, dit Monte-Christo, puisque je ne sais absolument rien.

— Je croyais cependant que M. l'abbé Busoni avait dit à Votre Excellence...

— Oui, quelques détails sans doute; mais sept ou huit ans ont passé là-dessus, et j'ai oublié tout cela.

— Alors je puis donc, sans crainte d'ennuyer Votre Excellence...

— Allez, monsieur Bertuccio, allez, vous me tiendrez lieu de journal du soir.

— Les choses remontent à 1815.

— Ah! ah! fit Monte-Christo, ce n'est pas hier, 1815.

— Non, monsieur, et cependant les moindres détails me sont aussi présents à la mémoire que si nous étions seulement au lendemain. J'avais un frère, un frère aîné, qui était au service de l'empereur. Il était devenu lieutenant dans un régiment composé entièrement de Corses. Ce frère était mon unique ami. Nous étions restés orphelins, moi à cinq ans, lui à dix-huit; il m'avait élevé comme si j'eusse été son fils. En 1814, sous les Bourbons, il s'était marié. L'empereur revint de l'île d'Elbe; mon frère reprit aussitôt du service, et, blessé légèrement à Waterloo, il se retira avec l'armée derrière la Loire.

— Mais c'est l'histoire des Cent-Jours que vous me faites là, monsieur Bertuccio, dit le comte, elle est déjà faite, si je ne me trompe.

— Excusez-moi, Excellence, mais ces premiers détails sont nécessaires, et vous m'avez promis d'être patient.

— Allez! allez! je n'ai qu'une parole.

— Un jour nous reçûmes une lettre. Il faut vous dire que nous habitions le petit village de Rogliano, à l'extrémité du cap Corse : cette lettre était de mon frère; il nous disait que l'armée était licenciée, et qu'il revenait par Châteauroux, Clermont-Ferrand, le Puy et Nîmes; si j'avais quelque argent, il me priait de le lui faire tenir à Nîmes, chez un aubergiste de notre connaissance, avec lequel j'avais quelques relations.

— De contrebande, reprit Monte-Christo.

— Eh! mon Dieu! monsieur le comte, il faut bien vivre

— Certainement; continuez donc.

— J'aimais tendrement mon frère, je vous l'ai dit, Excellence; aussi je résolus, non pas de lui envoyer l'argent, mais de le lui porter moi-même. Je possédais un millier de francs; j'en laissai cinq cents à Assunta, c'était ma belle-sœur; je pris les cinq cents autres, et je me mis en route pour Nîmes. C'était chose facile : j'avais ma barque, un chargement à faire en mer; tout secondait mon projet. Mais, le chargement fait, le vent devint contraire; de sorte que nous fûmes quatre ou cinq jours sans pouvoir entrer dans le Rhône. Enfin nous y parvînmes; nous remontâmes jusqu'à Arles; je laissai la barque entre Bellegarde et Beaucaire, et je pris le chemin de Nîmes.

— Nous arrivons, n'est-ce pas?

— Oui, monsieur, excusez-moi; mais, comme Votre Excellence le verra, je ne lui dis que les choses absolument nécessaires. Or, c'était le moment où avaient lieu les fameux massacres du Midi. Il y avait là deux ou trois brigands que l'on appelait Trestaillon, Truphemy et Graffan, qui égorgeaient dans les rues tous ceux qu'on soupçonnait de bonapartisme. Sans doute monsieur le comte a entendu parler de ces assassinats?

— Vaguement; j'étais fort loin de la France à cette époque; continuez.

— En entrant à Nîmes, on marchait littéralement dans le sang; à chaque pas on rencontrait des cadavres; les assassins, organisés par bandes, tuaient, pillaient et brûlaient. A la vue de ce carnage, un frisson me prit, non pas pour moi; moi, simple pêcheur corse, je n'avais pas grand'chose à craindre: au contraire, ce temps-là c'était notre bon temps, à nous autres contrebandiers, mais pour mon frère, pour mon frère, soldat de l'Empire, revenant de l'armée de la Loire avec son uniforme et ses épaulettes, et qui, par conséquent, avait tout à craindre. Je courus chez notre aubergiste. Mes pressentiments ne m'avaient pas trompé; mon frère était arrivé la veille à Nîmes, et, à la porte même de celui à qui il venait demander l'hospitalité, il avait été assassiné. Je fis tout au monde pour connaître les meurtriers, mais personne n'osa me dire leurs noms, tant ils étaient redoutés. Je songeai alors à cette justice française, dont on m'avait tant parlé, qui ne redoute rien, elle, et je me présentai chez le procureur du roi.

— Et ce procureur du roi se nommait Villefort? demanda négligemment Monte-Christo.

— Oui, Excellence: il venait de Marseille, où il avait été substitut. Son zèle lui avait valu de l'avancement. Il était un des premiers, disait-on, qui eussent annoncé au gouvernement le débarquement de l'île d'Elbe.

— Donc, reprit Monte-Christo, vous vous présentâtes chez lui.

« — Monsieur, lui dis-je, mon frère a été assassiné hier dans les rues de Nîmes, je ne sais point par qui, mais c'est votre mission de le savoir. Vous êtes ici chef de la justice, et c'est à la justice de venger ceux qu'elle n'a pas su défendre.

« — Et qu'était votre frère? demanda le procureur du roi.

« — Lieutenant au bataillon corse.

« — Un soldat de l'usurpateur, alors?

« — Un soldat des armées françaises.

« — Eh bien! répliqua-t-il, il s'est servi de l'épée et il a péri par l'épée.

« — Vous vous trompez, monsieur, il a péri par le poignard.

« — Que voulez-vous que j'y fasse? répondit le magistrat.

« — Mais, je vous l'ai dit: je veux que vous le vengiez.

« — Et de qui?

« — De ses assassins.

« — Est-ce que je les connais, moi?

« — Faites-les chercher.

« — Pourquoi faire? Votre frère aura eu quelque querelle et se sera battu en duel. Tous ces anciens soldats se portent à des excès qui leur réussissaient sous l'Empire, mais qui tournent mal pour eux maintenant; or, nos gens du Midi n'aiment ni les soldats, ni les excès.

« — Monsieur, repris-je, ce n'est pas pour moi que je vous prie. Moi, je pleurerai ou je me vengerai, voilà tout; mais mon pauvre frère avait une femme. S'il m'arrivait malheur à mon tour, cette pauvre créature mourrait de faim, car le travail seul de mon frère la faisait vivre. Obtenez pour elle une petite pension du gouvernement.

« — Chaque révolution a ses catastrophes, répondit M. de Villefort; votre frère a été victime de celle-ci, c'est un malheur, et le gouvernement ne doit rien à votre famille pour cela. Si nous avions à juger toutes les vengeances que les partisans de l'usurpateur ont exercées contre les partisans du roi, quand à leur tour ils disposaient du pouvoir, votre frère serait peut-être aujourd'hui condamné à mort. Ce qui s'accomplit est chose toute naturelle, car c'est la loi des représailles.

« — Eh quoi! monsieur, m'écriai-je, il est possible que vous me parliez ainsi, vous, un magistrat!...

« — Tous ces Corses sont fous, ma parole d'honneur! répondit M. de Villefort, et ils croient encore que leur compatriote est empereur. Vous vous trompez de temps, mon cher; il fallait venir me dire cela il y a deux mois. Aujourd'hui il est trop tard; allez-vous-en donc, et, si vous ne vous en allez pas, moi, je vais vous faire reconduire. »

— Je le regardai un instant pour voir si par une nouvelle supplication il y avait quelque chose à espérer. Cet homme était de pierre. Je m'approchai de lui:

« — Eh bien! lui dis-je à demi-voix, puisque vous connaissez les Corses, vous devez savoir comment ils tiennent leur parole. Vous trouvez qu'on a bien fait de tuer mon frère, qui était bonapartiste, parce que vous êtes royaliste, vous; eh bien! moi, qui suis bonapartiste aussi, je vous déclare une chose: c'est que je vous tuerai, vous. A partir de ce moment, je vous déclare la vendetta; ainsi, tenez-vous bien, et gardez-vous de votre mieux; car, la première fois que nous nous trouverons face à face, c'est que votre dernière heure sera venue. »

Et, là-dessus, avant qu'il fût revenu de sa surprise, j'ouvris la porte et je m'enfuis.

— En effet, un soir en regardant par-dessus le mur, je vis une femme jeune et belle. — Page 30.

— Ah! ah! dit Monte-Christo, avec votre honnête figure, vous faites de ces choses-là, monsieur Bertuccio, et à un procureur du roi, encore! Fi donc! Et savait-il au moins ce que cela voulait dire, ce mot *vendetta?*

— Il le savait si bien, qu'à partir de ce moment il ne sortit plus seul et se calfeutra chez lui, me faisant chercher partout.

Heureusement j'étais si bien caché, qu'il ne put me trouver.

Alors la peur le prit; il trembla de rester plus longtemps à Nîmes; il sollicita son changement de résidence, et, comme c'était en effet un homme influent, il fut nommé à Versailles; mais, vous le savez, il n'y a pas de distance pour un Corse qui a juré de se venger de son ennemi, et sa voiture, si bien menée qu'elle fût, n'a jamais eu plus d'une demi-journée d'avance sur moi, qui cependant la suivis à pied.

L'important n'était pas de le tuer, cent fois j'en avais trouvé l'occasion; mais il fallait le tuer sans être découvert et surtout sans être arrêté.

Désormais je ne m'appartenais plus : j'avais à protéger et à nourrir ma belle-sœur.

Pendant trois mois je guettai M. de Villefort; pendant trois mois il ne fit pas un pas, une démarche, une promenade, que mon regard ne le suivît là où il allait.

Enfin je découvris qu'il venait mystérieusement à Auteuil : je le suivis encore et je le vis entrer dans cette maison où nous sommes; seulement, au lieu d'entrer comme tout le monde par la grande porte de la rue, il venait soit à cheval, soit en voiture, laissait voiture ou cheval à l'auberge, et entraît par cette petite porte que vous voyez là.

Monte-Christo fit de la tête un signe qui prouvait qu'au milieu de l'obscurité il distinguait, en effet, l'entrée indiquée par Bertuccio.

— Je n'avais plus besoin à Versailles, je me fixai à Auteuil et je m'informai.

Si je voulais le prendre, c'était évidemment là qu'il me fallait tendre mon piége.

La maison appartenait, comme le concierge l'a dit à Votre Excellence, à M. de Saint-Méran, beau-père de Villefort.

M. de Saint-Méran habitait Marseille; par conséquent, cette campagne lui était inutile : aussi disait-on qu'il venait de la louer à une jeune veuve que l'on ne connaissait que sous le nom de la baronne.

En effet, un soir en regardant par-dessus le mur, je vis une femme jeune et belle qui se promenait seule dans ce jardin, que nulle fenêtre étrangère ne dominait; elle regardait fréquemment du côté de la petite porte, et je compris que ce soir-là elle attendait M. de Villefort.

Lorsqu'elle fut assez près de moi pour que, malgré l'obscurité, je pusse distinguer ses traits, je vis une belle jeune femme de dix-huit à dix-neuf ans, grande et blonde.

Comme elle était en simple peignoir et que rien ne gênait sa taille, je pus remarquer qu'elle était enceinte et que sa grossesse même paraissait assez avancée.

Quelques moments après, on ouvrit la petite porte; un homme entra : la jeune femme courut le plus vite qu'elle put à sa rencontre; ils se jetèrent dans les bras l'un de l'autre, s'embrassèrent tendrement et regagnèrent ensemble la maison.

Cet homme, c'était M. de Villefort.

Je jugeai qu'en sortant, surtout s'il sortait la nuit, il devait traverser seul le jardin dans toute sa longueur.

— Et, demanda le comte, avez-vous su depuis le nom de cette femme?

— Non, Excellence, répondit Bertuccio; vous allez voir que je n'eus pas le temps de l'apprendre.

— Continuez.

— Ce soir-là, reprit Bertuccio, j'aurais pu tuer peut-être le procureur du roi; mais je ne connaissais pas encore assez le jardin dans tous ses détails.

Je craignis de ne pas le tuer roide, et, si quelqu'un accourait à ses cris, de ne pouvoir fuir.

Je remis la partie au prochain rendez-vous, et, pour que rien ne m'échappât, je pris une petite chambre donnant sur la rue que longeait le mur du jardin.

Trois jours après, vers sept heures du soir, je vis sortir de la maison un domestique à cheval qui prit au galop le chemin qui conduisait à la route de Sèvres; je présumai qu'il allait à Versailles. Je ne me trompais pas.

Trois heures après, l'homme revint tout couvert de poussière; son message était terminé.

Dix minutes après, un autre homme à pied, enveloppé d'un manteau, ouvrait la petite porte du jardin, qui se referma sur lui.

Je descendis rapidement.

Quoique je n'eusse pas vu le visage de Villefort, je le reconnus au battement de mon cœur : je traversai la rue, je gagnai une borne placée à l'angle du mur, et à l'aide de laquelle j'avais regardé une première fois dans le jardin.

Cette fois, je ne me contentai pas de regarder, je tirai mon couteau de ma poche, je m'assurai que la pointe était bien affilée, et je sautai par-dessus le mur.

Mon premier soin fut de courir à la porte; il avait laissé la clef en dedans, en prenant la simple précaution de donner un double tour à la serrure.

Rien n'entravait donc ma fuite de ce côté-là.

Je me mis à étudier les localités.

Le jardin formait un carré long, une pelouse de fin gazon anglais s'étendait au milieu, aux angles de cette pelouse étaient des massifs d'arbres au feuillage touffu et tout entremêlés de fleurs d'automne.

Pour se rendre de la maison à la petite porte ou de la petite porte à la maison, soit qu'il entrât, soit qu'il sortît, M. de Villefort était obligé de passer près d'un de ces massifs.

On était à la fin de septembre; le vent soufflait avec force; un peu de lune pâle, et voilée à chaque instant par de gros nuages qui glissaient rapidement au ciel, blanchissait le sable des allées qui conduisait à la maison, mais ne pouvait percer l'obscurité de ces massifs touffus, dans lesquels un homme pouvait demeurer caché sans qu'il y eût crainte qu'on l'aperçût.

Je me cachai dans celui le plus près duquel devait passer Villefort; à peine y étais-je, qu'au milieu des bouffées de vent qui courbaient les arbres au-dessus de mon front je crus distinguer comme des gémissements.

Mais, vous savez, ou plutôt vous ne savez pas, monsieur le comte, que celui qui attend le moment de commettre un assassinat croit toujours entendre pousser des cris sourds dans l'air.

Deux heures s'écoulèrent, pendant lesquelles, à plusieurs reprises, je crus entendre les mêmes gémissements.

Minuit sonna.

Comme le dernier son vibrait encore, lugubre et retentissant, j'aperçus une faible lueur illuminant les fenêtres de l'escalier dérobé par lequel nous sommes descendus tout à l'heure.

La porte s'ouvrit, et l'homme au manteau reparut.

C'était le moment terrible; mais, depuis si longtemps je m'étais préparé à ce moment, que rien en moi ne faiblit; je tirai mon couteau, je l'avais et je me tins prêt.

L'homme au manteau vint droit à moi; mais, à mesure qu'il avançait dans l'espace découvert, je croyais remarquer qu'il tenait une arme à la main droite : j'eus peur, non pas d'une lutte, mais d'un insuccès.

Lorsqu'il fut à quelques pas de moi seulement, je reconnus que ce que j'avais pris pour une arme n'était rien autre chose qu'une bêche.

Je n'avais pas encore pu deviner dans quel but M. de Villefort tenait une bêche à la main, lorsqu'il s'arrêta sur la lisière du massif, jeta un regard autour de lui, et se mit à creuser un trou dans la terre.

Ce fut alors que je m'aperçus qu'il y avait quelque chose dans son manteau qu'il venait de déposer sur la pelouse pour être plus libre de ses mouvements.

Alors, je l'avoue, un peu de curiosité se glissa dans ma haine : je voulus voir ce que venait faire là Villefort; je restai immobile, sans haleine : j'attendis.

Puis une idée m'était venue, qui se confirma en voyant le procureur du roi tirer de son manteau un petit coffre long de deux pieds et large de six à huit pouces.

Je le laissai déposer le coffre dans le trou sur lequel il repoussa la terre; puis, sur cette terre fraîche, il appuya ses pieds pour faire disparaître la trace de l'œuvre nocturne.

Je m'élançai alors sur lui et je lui enfonçai mon couteau dans la poitrine en lui disant :

« Je suis Giovanni Bertuccio! ta mort pour mon frère, ton trésor pour sa veuve : tu vois bien que ma vengeance est plus complète que je ne l'espérais. »

Je ne sais s'il entendit ces paroles; je ne le crois pas, car il tomba sans pousser un cri; je sentis les flots de son sang rejaillir brûlants sur mes mains et sur mon visage; mais j'étais ivre, j'étais en délire; ce sang me rafraîchissait au lieu de me brûler.

En une seconde j'eus déterré le coffret à l'aide de la bêche; puis, pour qu'on ne vît pas que je l'avais enlevé, je comblai à mon tour le trou, je jetai la bêche par-dessus le mur, je m'élançai par la porte, que je fermai à double tour en dehors et dont j'emportai la clef.

— Bon! dit Monte-Christo, c'était, à ce que je vois, un petit assassinat doublé de vol.

— Non, Excellence, répondit Bertuccio, c'était une vendetta suivie de restitution.

— Et la somme était ronde, au moins?

— Ce n'était pas de l'argent.

— Ah! oui, je me rappelle, dit Monte-Christo; n'avez-vous pas parlé d'un enfant?

— Justement, Excellence. Je courus jusqu'à la rivière, je m'assis sur le talus, et, pressé de savoir ce que contenait le coffre, je fis sauter la serrure avec mon couteau.

Dans un linge de fine batiste était enveloppé un enfant qui venait de naître; son visage empourpré, ses mains violettes, annonçaient qu'il avait dû succomber à une asphyxie causée par des ligaments naturels roulés autour de son cou; cependant, comme il n'était pas froid encore, j'hésitai à le jeter dans cette eau qui coulait à mes pieds.

En effet, au bout d'un instant, je crus sentir un léger battement vers la région du cœur; je dégageai son cou du cordon qui l'enveloppait, et, comme j'avais été infirmier à l'hôpital de Bastia, je fis ce qu'aurait pu faire un médecin en pareille circonstance; c'est-à-dire que je lui insufflai courageusement de l'air dans les poumons, et qu'après un quart d'heure d'efforts inouïs je le vis respirer et j'entendis un cri s'échapper de sa poitrine.

A mon tour, je jetai un cri, mais un cri de joie.

« Dieu ne me maudit donc pas, me dis-je, puisqu'il permet que je rende la vie à une créature humaine en échange de la vie que j'ai ôtée à une autre! »

— Et que fîtes-vous de cet enfant? demanda Monte-Christo; c'était un bagage assez embarrassant pour un homme qui avait besoin de fuir.

— Aussi n'eus-je point un instant l'idée de le garder. Mais je savais qu'il existait à Paris un hospice où on reçoit ces pauvres créatures.

En passant à la barrière, je déclarai avoir trouvé cet enfant sur la route, et je m'informai. Le coffre était là qui faisait foi; les langes de batiste indiquaient que l'enfant appartenait à des parents riches; le sang dont j'étais couvert pouvait aussi bien appartenir à l'enfant qu'à tout autre individu.

On ne me fit aucune objection; on m'indiqua l'hospice, qui était situé tout au haut de la rue d'Enfer, et, après avoir pris la précaution de couper le lange en deux, de manière à ce qu'une des deux lettres qui le marquaient continuât d'envelopper le corps de l'enfant, tandis que je garderais l'autre, je déposai mon fardeau dans le tour, je sonnai et je m'enfuis à toutes jambes.

Quinze jours après, j'étais de retour à Rogliano, et je disais à Assunta :

Dans un linge de fine batiste était enveloppé un enfant qui venait de naître. — Page 31.

« — Console-toi, ma sœur : Israël est mort, mais je l'ai vengé. »

Alors elle me demanda l'explication de ces paroles, et je lui racontai tout ce qui s'était passé.

« — Giovanni, me dit Assunta, tu aurais dû rapporter cet enfant, nous lui eussions tenu lieu des parents qu'il a perdus; nous l'eussions appelé Benedetto, et, en faveur de cette bonne action, Dieu nous eût bénis effectivement. »

Pour toute réponse, je lui donnai la moitié de lange que j'avais conservée, afin de faire réclamer l'enfant si nous étions plus riches.

— Et de quelles lettres était marqué ce lange? demanda Monte-Christo.

— D'un H et d'un N surmontés d'un tortil de baron.

— Je crois, Dieu me pardonne! que vous vous servez de termes de blason, monsieur Bertuccio! Où diable avez-vous fait vos études héraldiques?

— A votre service, monsieur le comte, où l'on apprend toutes choses.

— Continuez, je suis curieux de savoir deux choses.

— Lesquelles, monseigneur?

Assunta.

— Ce que devint ce petit garçon ; ne m'avez-vous pas dit que c'était un petit garçon, monsieur Bertuccio?

— Non, Excellence; je ne me rappelle pas avoir parlé de cela.

— Ah! je croyais avoir entendu, je me serai trompé.

— Non, vous ne vous êtes pas trompé, car c'était effectivement un petit garçon ; mais Votre Excellence désirait, disait-elle, savoir deux choses : quelle est la seconde?

— La seconde était le crime dont vous étiez accusé quand vous demandâtes un confesseur, et que l'abbé Busoni alla vous trouver sur cette demande dans la prison de Nîmes.

— Peut-être ce récit sera-t-il bien long, Excellence.

— Qu'importe? il est dix heures à peine, vous savez que je ne dors pas, et je suppose que de votre côté vous n'avez pas grande envie de dormir.

Bertuccio s'inclina, et reprit sa narration.

— Moitié pour chasser les souvenirs qui m'assiégeaient, moitié pour subvenir aux besoins de la pauvre veuve, je me remis avec ardeur à ce méti r de contrebandier, devenu plus facile par le relâchement des lois qui suit toujours les révolutions.

Les côtes du Midi, surtout, étaient mal gardées, à cause des émeutes éternelles qui avaient lieu, tantôt à Avignon, tantôt à Nîmes, tantôt à Uzès.

Nous profitâmes de cette espèce de trêve qui nous était accordée par le gouvernement pour lier des relations avec tout le littoral.

Depuis l'assassinat de mon frère dans les rues de Nîmes, je n'avais pas voulu rentrer dans cette ville.

Il en résulta que l'aubergiste avec lequel nous faisions des affaires, voyant que nous ne voulions plus venir à lui, était venu à nous et avait fondé une succursale de son auberge sur la route de Bellegarde à Beaucaire, à l'enseigne du *Pont du Gard.*

Nous avions ainsi, soit du côté d'Aigues-Mortes, soit aux Martigues, soit à Bouc, une douzaine d'entrepôts où nous déposions nos marchandises, et où, au besoin, nous trouvions un refuge contre les douaniers et les gendarmes.

C'est un métier qui rapporte beaucoup plus que celui de contrebandier, lorsqu'on y applique une certaine intelligence secondée par quelque vigueur; quant à moi, je vivais dans les montagnes, ayant maintenant une double raison de craindre gendarmes et douaniers, attendu que toute comparution devant les juges pouvait amener une enquête, que cette enquête est toujours une excursion dans le passé, et que, dans mon passé, à moi, on pouvait rencontrer maintenant quelque chose de plus grave que des cigares entrés en contrebande ou des barils d'eau-de-vie circulant sans laissez-passer.

Aussi, préférant mille fois la mort à une arrestation, j'accomplissais des choses étonnantes, et qui, plus d'une fois, me donnèrent cette preuve, que le trop grand soin que nous prenons de notre corps est à peu près le seul obstacle à la réussite de ceux de nos projets qui ont besoin d'une décision rapide et d'une exécution vigoureuse et déterminée.

En effet, une fois qu'on a fait le sacrifice de sa vie, on n'est plus l'égal des autres hommes, ou plutôt les autres hommes ne sont plus vos égaux, et quiconque a pris cette résolution sent, à l'instant même, décupler ses forces et s'agrandir son horizon.

— De la philosophie, monsieur Bertuccio! interrompit le comte; mais vous avez donc fait un peu de tout dans votre vie?

— Oh! pardon, Excellence.

— Non, non! c'est que de la philosophie à dix heures et demie du soir, c'est un peu tard. Mais je n'ai pas d'autre observation à faire, attendu que je la trouve exacte, ce qu'on ne peut pas dire de toutes les philosophies.

— Mes courses devinrent donc de plus en plus étendues, de plus en plus fructueuses. Assunta était ménagère, et notre petite fortune s'arrondissait. Un jour que je partais pour une course :

« — Va, dit-elle, et, à ton retour, je te ménage une surprise. »

— Je l'interrogeai inutilement : elle ne voulut rien me dire, et je partis.

La course dura près de six semaines : nous avions été à Lucques chercher de l'huile, et à Livourne prendre des cotons anglais; notre débarquement se fit sans événement contraire.

Nous réalisâmes nos bénéfices et nous revînmes tout joyeux.

En rentrant dans la maison, la première chose que je vis à l'endroit le plus apparent de la chambre d'Assunta, dans un berceau somptueux relativement au reste de l'appartement, fut un enfant de sept à huit mois.

Je jetai un cri de joie.

Les seuls moments de tristesse que j'eusse éprouvés depuis l'assassinat du procureur du roi m'avaient été causés par l'abandon de cet enfant.

Il va sans dire que de remords de l'assassinat lui-même, je n'en avais point eu.

La pauvre Assunta avait tout deviné : elle avait profité de mon absence, et, munie de la moitié du lange, ayant inscrit, pour ne point l'oublier, le jour et l'heure précis où l'enfant avait été déposé à l'hospice, elle était partie pour Paris et avait été elle-même le réclamer.

Aucune objection ne lui avait été faite, et l'enfant lui avait été remis.

Ah! j'avoue, monsieur le comte, qu'en voyant cette pauvre créature dormant dans son berceau, ma poitrine se gonfla et que des larmes sortirent de mes yeux.

« — En vérité, Assunta! m'écriai-je, tu es une digne femme, et la Providence te bénira. »

— Ceci, dit Monte-Christo, est moins exact que votre philosophie; il est vrai que ce n'est que la foi.

— Hélas! Excellence, reprit Bertuccio, vous avez bien raison, et ce fut cet enfant lui-même que Dieu chargea de ma punition.

Jamais nature plus perverse ne se déclara plus prématurément, et cependant on ne dira pas qu'il fut mal élevé, car ma sœur le traitait comme le fils d'un prince; c'était un garçon d'une figure charmante, avec des yeux d'un bleu clair comme ces tons de faïences chinoises qui s'harmonisent si bien avec le blanc laiteux du ton général; seulement ses cheveux, d'un blond trop vif, donnaient à sa figure un caractère étrange, qui doublait la vivacité de son regard et la malice de son sourire.

Malheureusement il y a un proverbe qui dit que le roux est tout bon ou tout mauvais; le proverbe ne mentit pas pour Benedetto, et, dès sa jeunesse, il se montra tout mauvais.

Il est vrai aussi que la douceur de sa mère encouragea ces premiers penchants; l'enfant, pour qui ma pauvre sœur allait au marché de la ville, située à quatre ou cinq lieues de là, acheter les premiers fruits et les sucreries les plus délicates, préférait aux oranges de Palma et aux conserves de Gênes les châtaignes volées au voisin en franchissant les haies, ou les pommes séchées dans son grenier, tandis qu'il avait à sa disposition les châtaignes et les pommes de notre verger.

Un jour, Benedetto pouvait avoir cinq ou six ans, le voisin Wasilio, qui, selon les habitudes de notre pays, n'enfermait ni sa bourse ni ses bijoux, car, monsieur le comte le sait aussi bien que personne, en Corse il n'y a pas de voleurs, le voisin Wasilio se plaignit à nous qu'un louis avait disparu de sa bourse; on crut qu'il avait mal compté, mais lui prétendit être sûr de son fait.

Ce jour-là, Benedetto avait quitté la maison dès le matin, et c'était une grande inquiétude chez nous, lorsque, le soir, nous le vîmes revenir traînant un singe qu'il avait trouvé, disait-il, tout enchaîné au pied d'un arbre.

Depuis un mois la passion du méchant enfant, qui ne savait quelle chose imaginer, était d'avoir un singe.

Un bateleur qui était passé à Rogliano, et qui avait plusieurs de ces animaux dont les exercices l'avaient fort réjoui, lui avait inspiré sans doute cette malheureuse fantaisie.

— On ne trouve pas de singe dans nos bois, lui dis-je, et surtout de singe enchaîné; avoue-moi donc comment tu t'es procuré celui-ci.

Benedetto soutint son mensonge, et l'accompagna de détails qui faisaient plus d'honneur à son imagination qu'à sa véracité; je m'irritai, il se mit à rire; je le menaçai, il fit deux pas en arrière.

— Tu ne peux pas me battre, dit-il, tu n'en as pas le droit, tu n'es pas mon père.

Nous ignorâmes toujours qui lui avait révélé ce fatal secret, que nous lui avions caché cependant avec tant de soin.

Quoi qu'il en soit, cette réponse, dans laquelle l'enfant se révélait tout entier, m'épouvanta presque; mon bras levé retomba effectivement sans toucher le coupable; l'enfant triompha, et cette victoire lui donna une telle audace, qu'à partir de ce moment tout l'argent d'Assunta, dont l'amour semblait augmenter pour lui à mesure qu'il en était moins digne, passa en caprices qu'elle ne savait pas combattre, en folies qu'elle n'avait point le courage d'empêcher.

Quand j'étais à Rogliano, les choses marchaient encore assez convenablement; mais, dès que j'étais parti, c'était Benedetto qui était devenu le maître de la maison, et tout tournait à mal.

Agé de onze ans à peine, tous ses camarades étaient choisis parmi des jeunes gens de dix-huit ou vingt ans, les plus mauvais sujets de Bastia et de Corte, et déjà, pour quelques espiègleries qui méritaient un nom plus sérieux, la justice nous avait donné des avertissements.

Je fus effrayé; toute information pouvait avoir des suites funestes : j'allais justement être forcé de m'éloigner de la Corse pour une expédition importante.

Je réfléchis longtemps, et, dans le pressentiment d'éviter quelques malheurs, je me décidai à emmener Benedetto avec moi.

J'espérais que la vie active et rude du contrebandier, la discipline sévère du bord, changeraient ce caractère prêt à se corrompre, s'il n'était pas déjà affreusement corrompu.

Je tirai donc Benedetto à part et lui fis la proposition de me suivre, en entourant cette proposition de toutes les promesses qui peuvent séduire un enfant de douze ans.

Il me laissa aller jusqu'au bout, et lorsque j'eus fini, éclatant de rire :

— Êtes-vous fou, mon oncle? dit-il (il m'appelait ainsi quand il était de belle humeur); moi, changer la vie que je mène contre celle que vous menez, ma bonne et excellente paresse contre l'horrible travail que vous vous êtes imposé! passer la nuit au froid, le jour au chaud; se cacher sans cesse, quand on se montre recevoir des coups de fusil, et tout cela pour gagner un peu d'argent! L'argent, j'en ai tant que j'en veux! mère Assunta m'en donne quand je lui en demande. Vous voyez donc bien que je serais un imbécile si j'acceptais ce que vous me proposez.

J'étais stupéfait de cette audace et de ce raisonnement.

Benedetto retourna jouer avec ses camarades, et je le vis de loin me montrant à eux comme un idiot.

— Charmant enfant! murmura Monte-Christo.

— Oh! s'il eût été à moi, répondit Bertuccio, s'il eût été mon fils, ou tout au moins mon neveu, je l'eusse bien ramené au droit sentier, car la conscience donne la force. Mais l'idée que j'allais battre un enfant dont j'avais tué le père me rendait toute correction impossible. Je donnai de bons conseils à ma sœur, qui, dans nos discussions, prenait sans cesse la défense du petit malheureux; et, comme elle m'avoua que, plusieurs fois, des sommes assez considérables lui avaient manqué, je lui indiquai un endroit où elle pouvait cacher notre petit trésor. Quant à moi, ma résolution était prise, Benedetto savait parfaitement lire, écrire et compter, car, lorsqu'il voulait s'adonner par hasard au travail, il apprenait en un jour ce que les autres apprenaient en une semaine; ma résolution, dis-je, était prise; je devais l'engager comme secrétaire sur quelque navire au long cours, et, sans le prévenir de rien, le faire prendre un beau matin et le faire transporter à bord; de cette façon, et en le recommandant au capitaine, tout son avenir dépendait de lui.

Ce plan arrêté, je partis pour la France.

Toutes nos opérations devaient cette fois s'exécuter dans le golfe de Lyon, et ces opérations devenaient de plus en plus difficiles, car nous étions en 1829.

La tranquillité était parfaitement rétablie, et, par conséquent, le service des côtes était redevenu plus régulier et plus sévère que jamais.

Cette surveillance était encore augmentée momentanément par la foire de Beaucaire, qui venait de s'ouvrir.

Les commencements de notre expédition s'exécutèrent sans encombre.

Nous amarrâmes notre barque, qui avait un double fond dans lequel nous cachions nos marchandises de contrebande, au milieu d'une quantité de bateaux qui bordaient les deux rives du Rhône depuis Beaucaire jusqu'à Arles.

Arrivés là, nous commençâmes à décharger nuitamment nos marchandises prohibées, et à les faire passer dans la ville par l'intermédiaire des gens qui étaient en relations avec nous, ou des aubergistes chez lesquels nous faisions des dépôts.

Soit que la réussite nous eût rendus imprudents, soit que nous ayons été trahis, un soir, vers les cinq heures de l'après-midi, comme nous allions nous mettre à goûter, notre petit mousse accourut tout effaré en disant qu'il avait vu une escouade de douaniers se diriger de notre côté.

Ce n'était pas précisément l'escouade qui nous effrayait : à chaque instant, surtout dans ce moment-là, des compagnies entières rôdaient sur les bords du Rhône, mais c'étaient les précautions qu'au dire de l'enfant cette escouade prenait pour ne pas être vue.

En un instant nous fûmes sur pied, mais il était déjà trop tard.

Notre barque, évidemment l'objet des recherches, était entourée.

Parmi les douaniers, je remarquai quelques gendarmes; et, aussi timide à la vue de ceux-ci que j'étais brave ordinairement à la vue de tout autre corps militaire, je descendis dans la cale, et, me glissant par un sabord, je me laissai couler dans le fleuve, puis je nageai entre deux eaux, ne respirant qu'à de longs intervalles, si bien que je gagnai sans être vu une tranchée que l'on venait de faire, et qui communiquait du Rhône au canal qui se rend de Beaucaire à Aigues-Mortes.

Une fois arrivé là, j'étais sauvé, car je pouvais suivre sans être vu cette tranchée.

Je gagnai donc le canal sans accident.

Ce n'était pas par hasard et sans préméditation que j'avais suivi ce chemin.

J'ai déjà parlé à Votre Excellence d'un aubergiste de Nîmes qui avait établi sur la route de Bellegarde à Beaucaire une petite hôtellerie.

— Oui, dit Monte-Christo, je me souviens parfaitement. Ce digne homme, si je ne me trompe, était même votre associé?

— C'est cela, répondit Bertuccio; mais, depuis sept ou huit ans, il avait cédé son établissement à un ancien tailleur de Marseille, qui, après s'être ruiné dans son état, avait voulu essayer de faire sa fortune dans un autre. Il va sans dire que les petits arrangements que nous avions faits avec le premier propriétaire furent maintenus avec le second; c'était donc à cet homme que je comptais demander asile.

— Et comment se nommait cet homme? demanda le comte, qui paraissait commencer à reprendre quelque intérêt au récit de Bertuccio.

— Il s'appelait Gaspard Caderousse, il était marié à une femme du village de la Carconte, et que nous ne connaissions pas sous un autre nom que celui de son village; c'était une pauvre femme atteinte de la fièvre des marais, qui s'en allait mourant de langueur. Quant à l'homme, c'était un robuste gaillard de quarante à quarante-cinq ans, qui, plus d'une fois, nous avait, dans des circonstances difficiles, donné des preuves de sa présence d'esprit et de son courage.

— Et vous dites, demanda Monte-Christo, que ces choses se passaient vers l'année...

— 1829, monsieur le comte.

— En quel mois?

— Au mois de juin.

— Au commencement ou à la fin?

— C'était le 3 au soir.

— Ah! fit Monte-Christo, le 3 juin 1829... Bien, continuez.

— C'était donc à Caderousse que je comptais demander asile; mais, comme d'habitude, et même dans les circonstances ordinaires, nous n'entrions pas chez lui par la porte qui donnait sur la route, je résolus de ne pas déroger à nos habitudes, j'enjambai la haie du jardin, je me glissai en rampant à travers les oliviers rabougris et les figuiers sauvages, et je gagnai, dans la crainte que Caderousse eût quelque voyageur dans son auberge, une espèce de soupente dans laquelle plus d'une fois j'avais passé la nuit aussi bien que dans le meilleur lit.

Cette soupente n'était séparée de la salle commune du rez-de-chaussée de l'auberge que par une cloison en planches dans laquelle des jours avaient été ménagés à notre intention, afin que de là nous pussions guetter le moment opportun de faire reconnaître que nous étions dans le voisinage.

Je comptais, si Caderousse était seul, le prévenir de mon arrivée, achever chez lui le repas interrompu par l'apparition des douaniers, et profiter de l'orage qui se préparait pour regagner les bords du Rhône

— J'enjambai la haie du jardin. — Page 36.

et m'assurer de ce qu'étaient devenus la barque et ceux qui la montaient.

Je me glissai donc dans la soupente, et bien m'en prit, car en ce moment-là même Caderousse rentrait chez lui avec un inconnu.

Je me tins coi et j'attendis, non point dans l'intention de surprendre les secrets de mon hôte, mais parce que je ne pouvais faire autrement; d'ailleurs dix fois même chose était déjà arrivée.

L'homme qui accompagnait Caderousse était évidemment étranger au midi de la France : c'était un de ces négociants forains qui viennent vendre des bijoux à la foire de Beaucaire, et qui, pendant un mois que dure cette foire, où affluent des marchands et des acquéreurs de toutes les parties de l'Europe, font quelquefois pour cent ou cent cinquante mille francs d'affaires.

Caderousse entra vivement et le premier.

Puis, voyant la salle d'en bas vide comme d'habitude et simplement gardée par son chien, il appela sa femme.

— Hé! la Carconte, dit-il, ce digne homme de prêtre ne nous avait pas trompés; le diamant était bon.

Une exclamation joyeuse se fit entendre, et presque aussitôt l'escalier craqua sous un pas alourdi par la faiblesse et la maladie.

— Qu'est-ce que tu dis? demanda la femme plus pâle qu'une morte.

— Je dis que le diamant était bon, que voilà monsieur, un des premiers bijoutiers de Paris, qui est prêt à nous en donner cinquante mille francs. Seulement, pour être sûr que le diamant est bien à nous, il demande que tu lui racontes, comme je l'ai déjà fait, de quelle façon miraculeuse le diamant est tombé entre nos mains. En attendant, monsieur, asseyez-vous, s'il vous plaît, et, comme le temps est lourd, je vais aller chercher de quoi vous rafraîchir.

Le bijoutier examinait avec attention l'intérieur de l'auberge et la pauvreté bien visible de ceux qui allaient lui vendre un diamant qui semblait sorti de l'écrin d'un prince.

— Racontez, madame, dit-il, voulant sans doute profiter de l'absence du mari pour qu'aucun signe de la part de celui-ci n'influençât la femme, et pour voir si les deux récits cadreraient bien l'un avec l'autre.

— Eh! mon Dieu! dit la femme avec volubilité, c'est une bénédiction du ciel à la laquelle nous étions loin de nous attendre. Imaginez-vous, mon cher monsieur, que mon mari a été lié en 1814 ou 1815 avec un marin nommé Edmond Dantès : ce pauvre garçon, que Caderousse avait complétement oublié, ne l'a pas oublié, lui, et lui a laissé en mourant le diamant que vous venez de voir.

— Mais comment était-il devenu possesseur de ce diamant? demanda le bijoutier. Il l'avait donc avant d'entrer en prison?

— Non, monsieur, répondit la femme; mais, en prison, il a fait, à ce qu'il paraît, la connaissance d'un Anglais très-riche; et, comme en prison son compagnon de chambre est tombé malade, et que Dantès en prit les mêmes soins que si c'était son frère, l'Anglais, en sortant de captivité, laissa au pauvre Dantès, qui, moins heureux que lui, est mort en prison, ce diamant, qu'il nous a légué à son tour en mourant, et qu'il a chargé le digne abbé qui est venu ce matin de nous remettre.

— C'est bien la même chose, murmura le bijoutier; et, au bout du compte, l'histoire peut être vraie, tout invraisemblable qu'elle paraisse au premier abord. Il n'y a donc que le prix sur lequel nous ne sommes pas d'accord.

— Comment! pas d'accord! dit Caderousse; je croyais que vous aviez consenti au prix que j'en demandais.

— C'est-à-dire, reprit le bijoutier, que j'en ai offert quarante mille francs.

— Quarante mille! s'écria la Carconte; nous ne le donnerons certainement pas pour ce prix-là. L'abbé nous a dit qu'il valait cinquante mille francs, et sans la monture encore.

— Et comment se nommait cet abbé? demanda l'infatigable questionneur.

— L'abbé Busoni, répondit la femme.

— C'était donc un étranger?

— C'était un Italien des environs de Mantoue, je crois.

— Montrez-moi ce diamant, reprit le bijoutier, que je le revoie une seconde fois, souvent on juge mal les pierres à une première vue.

Caderousse tira de sa poche un petit étui de chagrin noir, l'ouvrit et le passa au bijoutier.

A la vue du diamant, qui était gros comme une petite noisette, je me le rappelle comme si je le voyais encore, les yeux de la Carconte étincelèrent de cupidité.

— Et que pensiez-vous de tout cela, monsieur l'écouteur aux portes? demanda Monte-Christo; ajoutiez-vous foi à cette belle fable?

— Oui, Excellence; je ne regardais pas Caderousse comme un méchant homme, et je le croyais incapable d'avoir commis un crime ou même un vol.

— Cela fait plus honneur à votre cœur qu'à votre expérience, monsieur Bertuccio. Aviez-vous connu cet Edmond Dantès dont il était question?

— Non, Excellence, je n'en avais jamais entendu parler jusqu'alors, et je n'en ai jamais entendu reparler depuis qu'une seule fois par l'abbé Busoni lui-même, quand je le vis dans les prisons de Nîmes.

— Bien! continuez.

Le bijoutier prit la bague des mains de Caderousse, et tira de sa poche une petite pince en acier et une petite paire de balances de cuivre; puis, écartant les crampons d'or qui retenaient la pierre dans la bague, il fit sortir le diamant de son alvéole, et le pesa minutieusement dans les balances.

— J'irai jusqu'à quarante-cinq mille francs, dit-il, mais je ne donnerai pas un sou avec; d'ailleurs, comme c'était ce que valait le diamant, j'ai pris juste cette somme sur moi.

— Oh! qu'à cela ne tienne, dit Caderousse, je retournerai avec vous à Beaucaire pour chercher les cinq autres mille francs.

— Non, dit le bijoutier en rendant l'anneau et le diamant à Caderousse; non, cela ne vaut pas davantage, et encore je suis fâché d'avoir offert cette somme, attendu qu'il y a dans la pierre un défaut que je n'avais pas vu d'abord; mais n'importe, je n'ai qu'une parole, j'ai dit quarante-cinq mille francs, je ne m'en dédis pas.

— Au moins remettez le diamant dans la bague, dit aigrement la Carconte.

— C'est juste, dit le bijoutier. Il replaça la pierre dans le chaton.

— Bon! bon! bon! dit Caderousse en remettant l'étui dans sa poche, on le vendra à un autre.

— Oui, reprit le bijoutier, mais un autre ne sera pas si facile que moi; un autre ne se contentera pas des renseignements que vous m'avez donnés; il n'est pas naturel qu'un homme comme vous possède un diamant de cinquante mille francs, il ira prévenir les magistrats, il faudra retrouver l'abbé Busoni; et les abbés qui donnent des diamants de deux mille louis sont rares; la justice commencera par mettre la main dessus, on vous enverra en prison, et, si vous êtes reconnu innocents, qu'on vous mette dehors après trois ou quatre mois de captivité, la bague se sera égarée au greffe, ou l'on vous donnera une pierre fausse qui vaudra trois francs, au lieu d'un diamant qui en vaut cinquante mille, cinquante-cinq mille peut-être, mais que, vous en conviendrez, mon brave homme, on court certains risques à acheter.

Caderousse et sa femme s'interrogèrent du regard.

— Non, dit Caderousse, nous ne sommes pas assez riches pour perdre cinq mille francs.

— Comme vous voudrez, mon cher ami, dit le bijoutier; j'avais cependant, comme vous le voyez, apporté de la belle monnaie.

Et il tira d'une de ses poches une poignée d'or qu'il fit briller aux yeux éblouis de l'aubergiste, et, de l'autre, un paquet de billets de banque.

Un rude combat se livrait visiblement dans l'esprit de Caderousse : il était évident que ce petit étui de chagrin qu'il tournait et retournait dans sa main ne lui paraissait pas correspondre, comme valeur, à la somme énorme qui fascinait ses yeux.

Il se retourna vers sa femme.

— Qu'en dis-tu? lui demanda-t-il tout bas.

— Donne, donne, dit-elle; s'il retourne à Beaucaire sans le diamant, il nous dénoncera; et, comme il le dit, qui sait si nous pourrons jamais remettre la main sur l'abbé Busoni.

— Eh bien! soit, dit Caderousse, prenez donc le diamant pour quarante-cinq mille francs; mais ma femme veut une chaîne d'or, et moi une paire de boucles d'argent.

Le bijoutier tira de sa poche une boîte longue et plate qui contenait plusieurs échantillons des objets demandés.

— Tenez, dit-il, je suis rond en affaires; choisissez.

La femme choisit une chaîne d'or qui pouvait valoir cinq louis, et le mari une paire de boucles qui pouvait valoir quinze francs.

— J'espère que vous ne vous plaindrez pas? dit le bijoutier.

— L'abbé avait dit qu'il valait cinquante mille francs, murmura Caderousse.

— Allons, allons, donnez donc! Quel homme terrible, reprit le bijoutier en lui tirant des mains le diamant; je lui compte quarante-cinq mille francs, deux mille cinq cents livres de rente, c'est-à-dire une fortune comme je voudrais bien en avoir une, moi, et il n'est pas encore content!

— Et les quarante-cinq mille francs, demanda Caderousse d'une voix rauque, voyons, où sont-ils?

— Les voilà, dit le bijoutier.

Et il compta sur la table quinze mille francs en or et trente mille francs en billets de banque.

— Attendez que j'allume la lampe, dit la Carconte, il n'y fait plus clair, et on pourrait se tromper.

En effet, la nuit était venue pendant cette discussion, et, avec la nuit, l'orage qui menaçait depuis une demi-heure.

On entendait gronder sourdement le tonnerre dans le lointain; mais ni le bijoutier, ni Caderousse, ni la Carconte, ne paraissaient s'en occuper, possédés qu'ils étaient tous les trois du démon du gain.

Moi-même j'éprouvais une étrange fascination à la vue de tout cet or et de tous ces billets.

Il me semblait que je faisais un rêve, et, comme il arrive dans un rêve, je me sentais enchaîné à ma place.

Caderousse compta et recompta l'or et les billets, puis il les passa à sa femme, qui les compta et recompta à son tour.

Pendant ce temps, le bijoutier faisait miroiter le diamant sous le rayon de la lampe, et le diamant jetait des éclairs qui lui faisaient oublier ceux qui, précurseurs de l'orage, commençaient à enflammer les fenêtres.

— Eh bien! le compte y est-il? demanda le bijoutier.

— Oui, dit Caderousse, donne le portefeuille et cherche un sac, Carconte.

La Carconte alla à une armoire et revint, apportant un vieux portefeuille de cuir, duquel on tira quelques lettres graisseuses à la place desquelles on remit les billets, et un sac dans lequel étaient renfermés deux ou trois écus de six livres, qui composaient probablement toute la fortune du misérable ménage.

— Là, dit Caderousse, quoique vous nous ayez soulevé une dizaine de mille francs peut-être, voulez-vous souper avec nous? c'est de bon cœur.

— Merci, dit le bijoutier, il doit se faire tard, et il faut que je retourne à Beaucaire; ma femme serait inquiète.

Il tira sa montre.

— Morbleu! s'écria-t-il, neuf heures bientôt, je ne serai pas à Beaucaire avant minuit. Adieu, mes petits enfants : s'il vous revient par hasard des abbés Busoni, pensez à moi.

— C'est pour les deux premiers qui auraient envie de votre diamant, père Caderousse.

— Dans huit jours vous ne serez plus à Beaucaire, dit Caderousse, puisque la foire finit la semaine prochaine.

— Non, mais cela ne fait rien; écrivez-moi à Paris, à M. Joannès, au Palais-Royal, galerie de pierre, n° 15, je ferai le voyage exprès si cela en vaut la peine.

Un coup de tonnerre retentit, accompagné d'un éclair si violent, qu'il effaça presque la clarté de la lampe.

— Oh! oh! dit Caderousse, vous allez partir par ce temps-là?

— Oh! je n'ai pas peur du tonnerre, dit le bijoutier.

— Et des voleurs? demanda la Carconte. La route n'est jamais bien sûre, pendant la foire.

— Oh! quant aux voleurs, dit Joannès, voilà pour eux.

Et il tira de sa poche une paire de petits pistolets chargés jusqu'à la gueule.

— Voici, dit-il, des chiens qui aboient et mordent en même temps : c'est pour les deux premiers qui auraient envie de votre diamant, père Caderousse.

— Jésus ! dit la Carconte en se signant. — Page 42.

Caderousse et sa femme échangèrent un regard sombre.

Il paraît qu'ils avaient en même temps quelque terrible pensée.

— Alors, bon voyage! dit Caderousse.

— Merci! dit le bijoutier.

Il prit sa canne, qu'il avait posée contre un vieux bahut, et sortit.

Au moment où il ouvrit la porte, une telle bouffée de vent entra, qu'elle faillit éteindre la lampe.

— Oh! dit-il, il va faire un joli temps, et deux lieues de pays à faire avec ce temps-là!

— Restez, dit Caderousse, vous coucherez ici.

— Oui, restez, dit la Carconte d'une voix tremblante ; nous aurons bien soin de vous.

— Non pas, il faut que j'aille coucher à Beaucaire. Adieu.

Caderousse alla lentement jusqu'au seuil.

— Il ne fait ni ciel ni terre, dit le bijoutier déjà hors de la maison. Faut-il prendre à droite ou à gauche?

— A droite, dit Caderousse; il n'y a pas à s'y tromper, la route est bordée d'arbres de chaque côté.

— Bon, j'y suis, dit la voix presque perdue dans le lointain.

— Ferme donc la porte! dit la Carconte, je n'aime pas les portes ouvertes quand il tonne.

— Et quand il y a de l'argent dans la maison, n'est-ce pas? répondit Caderousse en donnant un double tour à la serrure.

Il rentra, alla à l'armoire, retira le sac et le portefeuille, et tous deux se mirent à recompter, pour la troisième fois, leur or et leurs billets.

Je n'ai jamais vu expression pareille à ces deux visages dont cette maigre lampe éclairait la cupidité.

La femme surtout était hideuse; le tremblement fiévreux qui l'animait habituellement avait redoublé.

Son visage, de pâle était devenu livide; ses yeux caves flamboyaient.

— Pourquoi donc, demanda-t-elle d'une voix sourde, lui avais-tu offert de coucher ici?

— Mais, répondit Caderousse en tressaillant, pour... pour qu'il n'eût pas la peine de retourner à Beaucaire.

— Ah! dit la femme avec une expression impossible à rendre, je croyais que c'était pour tout autre chose, moi.

— Femme! femme, s'écria Caderousse, pourquoi as-tu de pareilles idées, et pourquoi les ayant ne les gardes-tu pas pour toi?

— C'est égal, dit la Carconte après un instant de silence, tu n'es pas un homme.

— Comment cela? fit Caderousse.

— Si tu avais été un homme, il ne serait pas sorti d'ici.

— Femme!

— Ou bien il n'arriverait pas à Beaucaire.

— Femme!

— La route fait un coude, il est obligé de suivre la route, tandis qu'il y a le long du canal un chemin qui raccourcit.

— Femme, tu offenses le bon Dieu. Tiens, écoute...

En effet, on entendit un effroyable coup de tonnerre en même temps qu'un éclair bleuâtre enflammait toute la salle, et la foudre, décroissant lentement, sembla s'éloigner comme à regret de la maison maudite.

— Jésus! dit la Carconte en se signant.

Au même instant, et au milieu de ce silence de terreur qui suit ordinairement les coups de tonnerre, on entendit frapper à la porte.

Caderousse et sa femme tressaillirent et se regardèrent épouvantés.

— Qui va là? s'écria Caderousse en se levant et en réunissant en un seul tas l'or et les billets épars sur la table, et qu'il couvrit de ses deux mains.

— Moi! dit une voix.

— Qui, vous?

— Eh! pardieu! Joannès le bijoutier!

— Eh bien! que disais-tu donc, reprit la Carconte avec un effroyable sourire, que j'offensais le bon Dieu?... Voilà le bon Dieu qui nous le renvoie.

Caderousse retomba pâle et haletant sur sa chaise.

La Carconte, au contraire, se leva, et allant d'un pas ferme à la porte, qu'elle rouvrit:

— Entrez donc, cher monsieur Joannès! dit-elle.

— Ma foi, dit le bijoutier ruisselant de pluie, il paraît que le diable ne veut pas que je retourne à Beaucaire ce soir. Les plus courtes folies sont les meilleures, mon cher monsieur Caderousse; vous m'avez offert l'hospitalité, je l'accepte, et je reviens coucher chez vous.

Caderousse balbutia quelques mots en essuyant la sueur qui coulait sur son front.

La Carconte referma la porte à double tour derrière le bijoutier.

CHAPITRE VI.

LA PLUIE DE SANG.

n entrant, le bijoutier jeta un regard interrogateur autour de lui; mais rien ne semblait faire naître les soupçons s'il n'en avait pas, rien ne semblait les confirmer s'il en avait.

Caderousse tenait toujours des deux mains ses billets et son or. La Carconte souriait à son hôte le plus agréablement qu'elle pouvait.

— Ah! ah! dit le bijoutier, il paraît que vous aviez peur de ne pas avoir votre compte, que vous repassiez votre trésor après mon départ?

— Non pas, dit Caderousse; mais l'événement qui nous en a fait possesseurs est si inattendu, que nous n'y pouvons croire, et que, lorsque nous n'avons pas la preuve matérielle sous les yeux, nous croyons faire encore un rêve.

Le bijoutier sourit.

— Est-ce que vous avez des voyageurs dans votre auberge? demanda-t-il.

— Non, répondit Caderousse, nous ne donnons point à coucher; nous sommes trop près de la ville, et personne ne s'arrête.

— Alors, je vais vous gêner horriblement?

— Nous gêner, vous! mon cher monsieur! dit gracieusement la Carconte, pas du tout, je vous jure.

— Voyons, où me mettez-vous?

— Dans la chambre là-haut.

— Mais, n'est-ce pas votre chambre?

— Oh! n'importe; nous avons un second lit dans la pièce à côté de celle-ci.

Caderousse regarda avec étonnement sa femme.

Le bijoutier chantonna un petit air en se chauffant le dos à un fagot que la Carconte venait d'allumer dans la cheminée pour sécher son hôte.

Pendant ce temps, elle apportait sur un coin de la table où elle avait étendu une serviette les maigres restes d'un dîner, auquel elle joignit deux ou trois œufs frais.

Caderousse avait renfermé de nouveau les billets dans son portefeuille, son or dans son sac, et le tout dans son armoire. Il se promenait de long en large, sombre et pensif, levant de temps en temps la tête sur le bijoutier, qui se tenait tout fumant devant l'âtre, et qui, à mesure qu'il se séchait d'un côté, se tournait de l'autre.

— Là! dit la Carconte en portant une bouteille de vin sur la table, quand vous voudrez souper tout est prêt.

— Et vous? demanda Joannès.

— Moi, je ne souperai pas, répondit Caderousse.

— Nous avons dîné très-tard, se hâta de dire la Carconte.

— Je vais donc souper seul? fit le bijoutier.

— Nous vous servirons, répondit la Carconte avec un empressement qui ne lui était pas habituel, même envers ses hôtes payants.

De temps en temps Caderousse lançait sur elle un regard rapide comme un éclair.

L'orage continuait.

— Entendez-vous, entendez-vous? dit la Carconte; vous avez, ma foi, bien fait de revenir.

— Ce qui n'empêche pas, dit le bijoutier, que si, pendant mon souper, l'ouragan s'apaise, je me remettrai en route.

— C'est le mistral, dit Caderousse en secouant la tête; nous en avons pour jusqu'à demain.

Et il poussa un soupir.

— Ma foi, dit le bijoutier en se mettant à table, tant pis pour ceux qui sont dehors.

— Oui, reprit la Carconte, ils passeront une mauvaise nuit.

Le bijoutier commença de souper, et la Carconte continua d'avoir pour lui tous les petits soins d'une hôtesse attentive; elle d'ordinaire si quinteuse et si revêche, elle était devenue un modèle de prévenance et de politesse.

Si le bijoutier l'eût connue auparavant, un si grand changement l'eût certes étonné et n'eût pas manqué de lui inspirer quelque soupçon.

Quant à Caderousse, il ne disait pas une parole, continuant sa promenade et paraissant hésiter même à regarder son hôte.

Lorsque le souper fut terminé, Caderousse alla lui-même ouvrir la porte.

— Je crois que l'orage se calme, dit-il.

Mais en ce moment, comme pour lui donner un démenti, un coup de tonnerre terrible ébranla la maison, et une bouffée de vent mêlée de pluie entra qui éteignit la lampe.

Caderousse referma la porte; sa femme alluma une chandelle au brasier mourant.

— Tenez, dit-elle au bijoutier, vous devez être fatigué; j'ai mis des draps blancs au lit, montez vous coucher et dormez bien.

Joannès resta encore un instant pour s'assurer que l'ouragan ne se calmait point, et, lorsqu'il eut acquis la certitude que le tonnerre et la pluie ne faisaient qu'aller en augmentant, il souhaita le bonsoir à ses hôtes et monta l'escalier.

Il passait au-dessus de ma tête, et j'entendais chaque marche craquer sous ses pas.

La Carconte le suivit d'un œil avide, tandis qu'au contraire Caderousse lui tournait le dos et ne regardait pas même de son côté.

Tous ces détails, qui sont revenus à mon esprit depuis ce temps-là, ne me frappèrent point au moment où ils se passaient sous mes yeux : il n'y avait, à tout prendre, rien que de naturel dans ce qui arrivait, et, à part l'histoire du diamant, qui me paraissait bien un peu invraisemblable, tout allait de source.

Aussi, comme j'étais écrasé de fatigue, que je comptais profiter moi-même du premier répit que la tempête donnerait aux éléments, je résolus de dormir quelques heures et de m'éloigner au milieu de la nuit.

J'entendais dans la pièce au-dessus le bijoutier qui faisait de son côté toutes ses dispositions pour passer la meilleure nuit possible. Bientôt son lit craqua sous lui; il venait de se coucher.

Je sentais mes yeux qui se fermaient malgré moi, et, comme je n'avais conçu aucun soupçon, je ne tentai point de lutter contre le sommeil; je jetai un dernier regard sur l'intérieur de la cuisine.

Caderousse était assis à côté d'une longue table, sur un de ces bancs de bois qui dans les auberges de village remplacent les chaises; il me tournait le dos, de sorte que je ne pouvais voir sa physionomie; d'ailleurs, eût-il été dans la position contraire, la chose m'eût encore été impossible, attendu qu'il tenait sa tête ensevelie dans ses deux mains.

La Carconte le regarda quelque temps, haussa les épaules et vint s'asseoir en face de lui.

En ce moment la flamme mourante gagna un reste de bois sec oublié par elle; une lueur un peu plus vive éclaira le sombre intérieur.

La Carconte tenait ses yeux fixés sur son mari, et, comme celui-ci restait toujours dans la même position, je la vis étendre vers lui sa main crochue, et elle le toucha au front.

Caderousse tressaillit.

Il me sembla que la femme remuait les lèvres; mais, soit qu'elle parlât tout à fait bas, soit que mes sens fussent déjà engourdis par le sommeil, le bruit de sa parole n'arriva point jusqu'à moi.

Je ne voyais même plus qu'à travers un brouillard et avec ce doute précurseur du sommeil pendant lequel on croit que l'on commence un rêve.

Enfin mes yeux se fermèrent, et je perdis la conscience de moi-même.

J'étais au plus profond de mon sommeil, lorsque je fus réveillé par un coup de pistolet, suivi d'un cri terrible.

Quelques pas chancelants retentirent sur le plancher de la chambre, et une masse inerte vint s'abattre dans l'escalier, juste au-dessus de ma tête.

Je n'étais pas encore bien maître de moi.

J'entendais des gémissements, puis des cris étouffés comme ceux qui accompagnent une lutte.

Un dernier cri, plus prolongé que les autres, et qui dégénéra en gémissements, vint me tirer complétement de ma léthargie.

Je me soulevai sur un bras, j'ouvris les yeux, qui ne virent rien dans les ténèbres, et je portai la main à mon front, sur lequel il me semblait que dégouttait à travers les planches de l'escalier une pluie tiède et abondante.

Le plus profond silence avait succédé à ce bruit affreux.

J'entendis les pas d'un homme qui marchait au-dessus de ma tête; ses pas firent craquer l'escalier.

L'homme descendit dans la salle inférieure, s'approcha de la cheminée et alluma une chandelle.

Cet homme, c'était Caderousse; il avait le visage pâle, et sa chemise était ensanglantée.

La chandelle allumée, il remonta rapidement l'escalier, et j'entendis de nouveau ses pas rapides et inquiets.

Un instant après, il redescendit.

Il tenait à la main l'écrin; il s'assura que le diamant était bien dedans, chercha un instant dans laquelle de ses poches il le mettrait; puis, sans doute, ne considérant point la poche comme une cachette assez sûre, il le roula dans son mouchoir rouge qu'il tourna autour de son cou.

Puis il courut à l'armoire, en tira ses billets et son or, mit les uns dans le gousset de son pantalon, l'autre dans la poche de sa veste, prit deux ou trois chemises, et, s'élançant vers la porte, il disparut dans l'obscurité.

Alors tout devint clair et lucide pour moi; je me reprochai ce qui venait d'arriver, comme si j'eusse été le vrai coupable.

Il me sembla entendre des gémissements : le malheureux bijoutier pouvait n'être pas mort; peut-être était-il en mon pouvoir, en lui portant secours, de réparer une partie du mal, non pas que j'avais fait, mais que j'avais laissé faire.

J'appuyai mes épaules contre une de ces planches mal jointes qui séparaient l'espèce de tambour dans lequel j'étais couché de la salle inférieure.

Les planches cédèrent, et je me trouvai dans la maison.

Je courus à la chandelle, et je m'élançai dans

Cet homme, c'était Caderousse; il avait le visage pâle et sa chemise était ensanglantée. — Page 44.

l'escalier; un corps le barrait en travers, c'était le cadavre de la Carconte.

Le coup de pistolet que j'avais entendu avait été tiré sur elle : elle avait la gorge traversée de part en part, et, outre sa double blessure qui coulait à flot, elle vomissait le sang par la bouche.

Elle était tout à fait morte.

J'enjambai par-dessus son corps, et je passai.

La chambre offrait l'aspect du plus affreux désordre.

Deux ou trois meubles étaient renversés; les draps auxquels le malheureux bijoutier s'était cramponné traînaient par la chambre : lui-même était couché à terre, la tête appuyée contre le mur, nageant dans une mare de sang qui s'échappait de trois larges blessures reçues dans la poitrine.

Dans la quatrième était resté un long couteau de cuisine, dont on ne voyait que le manche.

Je marchai sur le second pistolet, qui n'était point parti, la poudre étant probablement mouillée.

Je m'approchai du bijoutier; il n'était pas mort effectivement; au bruit que je fis, à l'ébranlement du plancher surtout, il rouvrit des yeux hagards, parvint à les fixer un instant sur moi, remua les lèvres comme s'il voulait parler, et expira.

Cet affreux spectacle m'avait rendu presque insensé; du moment où je ne pouvais plus porter de secours à personne, je n'éprouvais plus qu'un besoin, celui de fuir.

Je me précipitai dans l'escalier, en enfonçant mes mains dans mes cheveux et en poussant un rugissement de terreur.

Dans la salle inférieure il y avait cinq ou six douaniers et deux ou trois gendarmes, toute une troupe armée.

On s'empara de moi; je n'essayai même pas de faire résistance; je n'étais plus le maître de mes sens.

J'essayai de parler, je poussai quelques cris inarticulés, voilà tout.

Je vis que les douaniers et les gendarmes me montraient au doigt; j'abaissai mes yeux sur moi-même, j'étais tout couvert de sang.

Cette pluie tiède que j'avais senti tomber sur moi à travers les planches de l'escalier, c'était le sang de la Carconte.

Je montrai du doigt l'endroit où j'étais caché.

— Que veut-il dire? demanda un gendarme

Un douanier alla voir.

— Il veut dire qu'il est passé par là, répondit-il.

Et il montra le trou par lequel j'avais passé effectivement.

Alors, je compris qu'on me prenait pour l'assassin.

Je retrouvai la voix, je retrouvai la force; je me dégageai des mains des deux hommes qui me tenaient, en m'écriant :

— Ce n'est pas moi! ce n'est pas moi!

Deux gendarmes me mirent en joue avec leurs carabines.

— Si tu fais un mouvement, dirent-ils, tu es mort.

— Mais, m'écriai-je, puisque je vous répète que ce n'est pas moi!

— Tu conteras ta petite histoire aux juges de Nîmes, répondirent-ils. En attendant, suis-nous; et, si nous avons un conseil à te donner, c'est de ne pas faire résistance.

Ce n'était point mon intention, j'étais brisé par l'étonnement et par terreur.

On me mit les menottes, on m'attacha à la queue d'un cheval, et l'on me conduisit à Nîmes.

J'avais été suivi par un douanier; il m'avait perdu de vue aux environs de la maison, il s'était douté que j'y passerais la nuit; il avait été prévenir ses compagnons, et ils étaient arrivés juste pour entendre le coup de pistolet et pour me prendre au milieu de telles preuves de culpabilité, que je compris tout de suite la peine que j'aurais à faire reconnaître mon innocence.

Aussi ne m'attachai-je qu'à une chose : ma première demande au juge d'instruction fut pour le prier de faire chercher partout un certain abbé Busoni, qui s'était arrêté dans la journée à l'auberge du Pont-du-Gard.

Si Caderousse avait inventé une histoire, si cet abbé n'existait pas, il était évident que j'étais perdu, à moins que Caderousse ne fût pris à son tour et n'avouât tout.

Deux mois s'écoulèrent pendant lesquels, je dois le dire à la louange de mon juge, toutes les recherches furent faites pour retrouver celui que je lui demandais.

J'avais déjà perdu tout espoir.

Caderousse n'avait point été pris.

J'allais être jugé à la première session lorsque, le 8 septembre, c'est-à-dire trois mois et cinq jours après l'événement, l'abbé Busoni, sur lequel je n'espérais plus, se présenta à la geôle, disant qu'il avait appris qu'un prisonnier désirait lui parler.

Il avait su, disait-il, la chose à Marseille, et il s'empressait de se rendre à mon désir.

Vous comprenez avec quelle ardeur je le reçus; je lui racontai tout ce dont j'avais été témoin; j'abordai avec inquiétude l'histoire du diamant; contre mon attente, elle était vraie de point en point; contre mon attente encore, il ajouta une foi entière à tout ce que je lui dis.

Ce fut alors qu'entraîné par sa douce charité, reconnaissant en lui une profonde connaissance des mœurs de mon pays, pensant que le pardon du seul crime que j'eusse commis pouvait peut-être descendre de ses lèvres si charitables, je lui racontai, sous le sceau de la confession, l'aventure d'Auteuil dans tous ses détails.

Ce que j'avais fait par entraînement obtint le même résultat que si je l'eusse fait par calcul; l'aveu de ce premier assassinat, que rien ne me forçait de lui révéler, lui prouva que je n'avais pas commis le second, et il me quitta en m'ordonnant d'espérer, et en promettant de faire tout ce qui serait en son pouvoir pour convaincre mes juges de mon innocence.

J'eus la preuve qu'en effet il s'était occupé de moi quand je vis ma prison s'adoucir graduellement, et quand j'appris qu'on attendrait pour me juger les assises qui devaient suivre celles pour lesquelles on se rassemblait.

Dans cet intervalle, la Providence permit que Caderousse fût pris à l'étranger et ramené en France.

Il avoua tout, rejetant la préméditation et surtout l'instigation sur sa femme.

Il fut condamné aux galères perpétuelles, et moi mis en liberté.

— Et ce fut alors, dit Monte-Christo, que vous vous présentâtes chez moi porteur d'une lettre de l'abbé Busoni.

— Oui, Excellence, il avait pris à moi un intérêt

visible. — Votre état de contrebandier vous perdra, me dit-il; si vous sortez d'ici, quittez-le.

— Mais, mon père, demandai-je, comment voulez-vous que je vive et que je fasse vivre ma pauvre sœur?

— Un de mes pénitents, me répondit-il, a une grande estime pour moi, et m'a chargé de lui chercher un homme de confiance. Voulez-vous être cet homme, je vous adresserai à lui.

— Oh! mon père, m'écriai-je, que de bonté!

— Mais vous me jurerez que je n'aurai jamais à me repentir.

J'étendis la main pour faire serment.

— C'est inutile, dit-il, je connais et j'aime les Corses, voici ma recommandation.

Et il écrivit les quelques lignes que je vous remis, et sur lesquelles Votre Excellence eut la bonté de me prendre à son service. Maintenant, je le demande avec orgueil à Votre Excellence, a-t-elle jamais eu à se plaindre de moi?

— Non, répondit le comte, et je le confesse avec plaisir, vous êtes un bon serviteur, Bertuccio, quoique vous manquiez de confiance.

— Moi, monsieur le comte!

— Oui, vous. Comment se fait-il que vous ayez une sœur et un fils adoptif, et que, cependant, vous ne m'ayez jamais parlé ni de l'une ni de l'autre?

— Hélas! Excellence, c'est qu'il me reste à vous dire la partie la plus triste de ma vie. Je partis pour la Corse. J'avais hâte, vous le comprenez bien, de revoir et de consoler ma pauvre sœur; mais, quand j'arrivai à Rogliano, je trouvai la maison en deuil; il y avait eu une scène horrible et dont les voisins gardent encore le souvenir! Ma pauvre sœur, selon mes conseils, résistait aux exigences de Benedetto, qui, à chaque instant, voulait se faire donner tout l'argent qu'il y avait à la maison. Un matin, il la menaça et disparut pendant toute la journée. Elle pleura, car cette chère Assunta avait pour le misérable un cœur de mère. Le soir vint, elle l'attendit sans se coucher. Lorsqu'à onze heures il rentra avec deux de ses amis, compagnons ordinaires de toutes ses folies, alors elle lui tendit les bras; mais eux s'emparèrent d'elle, et l'un des trois, je tremble que ce ne soit cet infernal enfant, l'un des trois s'écria :

— Jouons à la question, et il faudra bien qu'elle avoue où est son argent.

Justement le voisin Wasilio était à Bastia; sa femme seule était restée à la maison.

Nul, excepté elle, ne pouvait ni voir ni entendre ce qui se passait chez ma sœur.

Deux retinrent la pauvre Assunta, qui, ne pouvant croire à la possibilité d'un pareil crime, souriait à ceux qui allaient devenir ses bourreaux; le troisième alla barricader portes et fenêtres, puis il revint, et, tous trois réunis, étouffant les cris que la terreur lui arrachait devant ces préparatifs plus sérieux, approchèrent les pieds d'Assunta du brasier sur lequel ils comptaient pour lui faire avouer où était caché notre petit trésor; mais, dans la lutte, le feu prit à ses vêtements : ils lâchèrent alors la patiente, pour ne pas être brûlés eux-mêmes.

Tout en flammes, elle courut à la porte, mais la porte était fermée.

Elle s'élança vers la fenêtre, mais la fenêtre était barricadée.

Alors la voisine entendit des cris affreux : c'était Assunta qui appelait au secours.

Bientôt sa voix fut étouffée; les cris devinrent des gémissements, et le lendemain, après une nuit de terreur et d'angoisses, quand la femme Wasilio se hasarda de sortir de chez elle et fit ouvrir la porte de notre maison par le juge, on trouva Assunta à moitié brûlée, mais respirant encore, les armoires forcées, l'argent disparu.

Quant à Benedetto, il avait quitté Rogliano pour n'y plus revenir; depuis ce jour, je ne l'ai pas revu, et je n'ai pas même entendu parler de lui.

— Ce fut, reprit Bertuccio, après avoir appris ces tristes nouvelles que j'allai à Votre Excellence. Je n'avais plus à vous parler de Benedetto, puisqu'il avait disparu, ni de ma sœur, puisqu'elle était morte.

— Qu'avez-vous pensé de cet événement? demanda Monte-Christo.

— Que c'était le châtiment du crime que j'avais commis, répondit Bertuccio. Ah! ces Villefort, c'était une race maudite.

— Je le crois, murmura le comte avec un accent lugubre.

— Et maintenant, n'est-ce pas, reprit Bertuccio, Votre Excellence comprend que cette maison que je n'ai pas revue depuis, que ce jardin où je me suis retrouvé tout à coup, que cette place où j'ai tué un homme, ont pu me causer ces sombres émotions dont vous avez voulu connaître la source; car enfin je ne suis pas bien sûr que devant moi, là, à mes pieds, M. de Villefort ne soit pas couché dans la fosse qu'il avait creusée pour son enfant.

— En effet, tout est possible, dit Monte-Christo en se levant du banc où il était assis, même, ajouta-t-il tout bas, que le procureur du roi ne soit pas mort. L'abbé Busoni a bien fait de vous envoyer à moi. Vous avez bien fait aussi de me raconter votre histoire, car je n'aurai pas de mauvaises pensées à votre sujet. Quant à ce Benedetto si mal nommé, n'avez-vous jamais essayé de retrouver sa trace, n'avez-vous jamais cherché à savoir ce qu'il était devenu?

— Jamais. Si j'avais su où il était, au lieu d'aller à lui, j'aurais fui comme devant un monstre. Non, heureusement, jamais je n'en ai entendu parler par qui que ce soit au monde; j'espère qu'il est mort.

Ils approchèrent les pieds d'Assunta du brasier. — PAGE 47.

— N'espérez pas, Bertuccio, dit le comte : les méchants ne meurent pas ainsi, car Dieu semble les prendre sous sa garde pour en faire l'instrument de ses vengeances.

— Soit, dit Bertuccio. Tout ce que je demande au ciel, seulement, c'est de ne le revoir jamais. Maintenant, continua l'intendant en baissant la tête, vous savez tout, monsieur le comte ; vous êtes mon juge ici-bas, comme Dieu le sera là-haut; ne me direz-vous point quelques paroles de consolation?

— Vous avez raison, en effet, et je puis vous dire ce que vous dirait l'abbé Busoni : celui que vous avez frappé, ce Villefort, méritait un châtiment pour ce qu'il avait fait à vous et peut-être pour autre chose encore. Benedetto, s'il vit, servira, comme je vous l'ai dit, à quelque vengeance divine, puis sera puni à son tour. Quant à vous, vous n'avez, en réalité, qu'un reproche à vous adresser; demandez-vous pourquoi, ayant enlevé cet enfant à la mort, vous ne l'avez pas rendu à sa mère; là est le crime, Bertuccio.

— Oui, monsieur, là est le crime et le véritable crime, car en cela j'ai été lâche. Une fois que j'eus rappelé l'enfant à la vie, je n'avais qu'une chose à

La jeune femme prit la main qu'on lui tendait, et la baisa avec un certain amour mêlé de respect. — PAGE 50.

faire, vous l'avez dit, c'était de le renvoyer à sa mère. Mais, pour cela, il me fallait faire des recherches, attirer l'attention, me livrer peut-être ; je n'ai pas voulu mourir, je tenais à la vie par ma sœur, par l'amour-propre inné chez nous autres de rester entiers et victorieux dans notre vengeance ; et puis enfin, peut-être tenais-je simplement à la vie par l'amour même de la vie. Oh ! moi, je ne suis pas un brave comme mon pauvre frère !

Bertuccio cacha son visage dans ses deux mains, et Monte-Christo attacha sur lui un long et indéfinissable regard.

Puis, après un instant de silence, rendu plus solennel encore par l'heure et par le lieu :

— Pour terminer dignement cet entretien, qui sera le dernier sur ces aventures, monsieur Bertuccio, dit le comte avec un accent de mélancolie qui ne lui était pas habituel, retenez bien mes paroles, je les ai souvent entendu prononcer à l'abbé Busoni lui-même : à tous maux il est deux remèdes, le temps et le silence. Maintenant, monsieur Bertuccio, laissez-moi me promener un instant dans ce jardin. Ce qui est une émotion poignante pour vous, acteur dans cette terrible scène, sera pour moi une sensation presque douce et qui donnera un double prix à cette propriété. Les arbres, voyez-vous, monsieur Bertuccio, ne plaisent que parce qu'ils font de l'ombre, et l'ombre elle-même ne plaît que parce qu'elle est pleine de rêveries et de visions. Voilà que j'ai acheté un jardin croyant acheter un simple enclos fermé de murs, et point du tout; tout à coup cet enclos se trouve être un jardin tout plein de fantômes qui n'étaient point portés sur le contrat. Or, j'aime les fantômes, je n'ai jamais entendu dire que les morts eussent fait, en six mille ans, autant de mal que les vivants en font en un jour. Rentrez donc, monsieur Bertuccio, et allez dormir en paix. Si votre confesseur, au moment suprême, est moins indulgent que ne le fut l'abbé Busoni, faites-moi venir si je suis encore de ce monde, et je vous trouverai des paroles qui berceront doucement votre âme au moment où elle sera prête à se mettre en route pour faire ce rude voyage qu'on appelle l'éternité.

Bertuccio s'inclina respectueusement devant le comte, et s'éloigna en poussant un soupir.

Monte-Christo resta seul; et faisant quatre pas en avant :

— Ici, près de ce platane, murmura-t-il, la fosse où l'enfant fut déposé : là-bas, la petite porte par laquelle on entrait dans le jardin; à cet angle, l'escalier dérobé qui conduit à la chambre à coucher. Je ne crois pas avoir besoin d'inscrire tout cela sur mes tablettes, car voilà devant mes yeux, autour de moi, sous mes pieds, le plan en relief, le plan vivant.

Et le comte, après un dernier tour dans ce jardin, alla retrouver sa voiture; Bertuccio, qui le voyait rêveur, monta sans rien dire sur le siége auprès du cocher.

La voiture reprit le chemin de Paris.

Le soir même, à son arrivée à la maison des Champs-Élysées, le comte de Monte-Christo visita toute l'habitation comme eût pu le faire un homme familiarisé avec elle depuis longues années; pas une seule fois, quoiqu'il marchât le premier, il n'ouvrit une porte pour une autre, et ne prit un escalier ou un corridor qui ne le conduisît pas directement où il comptait aller.

Ali l'accompagnait dans cette revue nocturne.

Le comte donna à Bertuccio plusieurs ordres pour l'embellissement ou la distribution nouvelle du logis, et, tirant sa montre, il dit au Nubien attentif :

— Il est onze heures et demie, Haydée ne peut tarder à arriver. A-t-on prévenu les femmes françaises?

Ali étendit la main vers l'appartement destiné à la belle Grecque, et qui était tellement isolé, qu'en cachant la porte derrière une tapisserie, on pouvait visiter toute la maison sans se douter qu'il y eût là un salon et deux chambres habités; Ali, disons-nous donc, étendit la main vers l'appartement, montra le nombre trois avec les doigts de sa main gauche, et, sur cette même main mise à plat appuyant sa tête, ferma les yeux en guise de sommeil.

— Ah! fit Monte-Christo, habitué à ce langage, elles sont trois qui attendent dans la chambre à coucher, n'est-ce pas?

— Oui, fit Ali en agitant la tête du haut en bas.

— Madame sera fatiguée ce soir, continua Monte-Christo, et sans doute elle voudra dormir; qu'on ne la fasse pas parler : les suivantes françaises doivent seulement saluer leur nouvelle maîtresse et se retirer; vous veillerez à ce que la suivante grecque ne communique pas avec les suivantes françaises.

Ali s'inclina.

Bientôt on entendit héler le concierge; la grille s'ouvrit, une voiture roula dans l'allée et s'arrêta devant le perron.

Le comte descendit; la portière était déjà ouverte; il tendit la main à une jeune femme tout enveloppée d'une mante de soie verte toute brodée d'or qui lui couvrait la tête.

La jeune femme prit la main qu'on lui tendait, la baisa avec un certain amour mêlé de respect, et quelques mots furent échangés tendrement de la part de la jeune femme, et avec une douce gravité de la part du comte, dans cette langue sonore que le vieil Homère a mise dans la bouche de ses dieux.

Alors, précédée d'Ali qui portait un flambeau de cire rose, la jeune femme, laquelle n'était autre que cette belle Grecque, compagne ordinaire de Monte-Christo en Italie, fut conduite à son appartement, puis le comte se retira dans le pavillon qu'il s'était réservé.

A minuit et demi toutes les lumières étaient éteintes dans la maison, et l'on eût pu croire que tout le monde dormait.

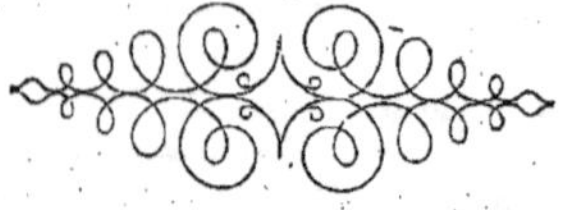

CHAPITRE VII.

LE CRÉDIT ILLIMITÉ.

Le lendemain, vers deux heures de l'après-midi, une calèche attelée de deux magnifiques chevaux anglais s'arrêta devant la porte de Monte-Christo; un homme vêtu d'un habit bleu, à boutons de soie de même couleur, d'un gilet blanc sillonné par une énorme chaîne d'or et d'un pantalon couleur noisette, coiffé de cheveux si noirs et descendant si bas sur les sourcils, que l'on eût pu hésiter à les croire naturels tant ils semblaient peu en harmonie avec celles des rides inférieures qu'ils ne parvenaient point à cacher; un homme enfin de cinquante à cinquante-cinq ans, et qui cherchait à en paraître quarante, passa sa tête par la portière d'un coupé sur le panneau duquel était peinte une couronne de baron, et envoya son groom demander au concierge si le comte de Monte-Christo était chez lui.

En attendant, cet homme considérait, avec une attention si minutieuse qu'elle devenait presque impertinente, l'extérieur de la maison, ce que l'on pouvait distinguer du jardin, et la livrée de quelques domestiques que l'on pouvait apercevoir allant et venant.

L'œil de cet homme était vif, mais plutôt rusé que spirituel; ses lèvres étaient si minces, qu'au lieu de saillir en dehors elles rentraient dans la bouche; enfin, la largeur et la proéminence des pommettes, signe infaillible d'astuce, la dépression du front, le renflement de l'occiput qui dépassait de beaucoup de larges oreilles des moins aristocratiques, contribuaient à donner, pour tout physionomiste, un caractère presque repoussant à la figure de ce personnage, fort recommandable, aux yeux du vulgaire, par ses chevaux magnifiques, l'énorme diamant qu'il portait à sa chemise et le ruban rouge qui s'étendait d'une boutonnière à l'autre de son habit.

Le groom frappa au carreau du concierge, et demanda :

— N'est-ce point ici que demeure M. le comte de Monte-Christo?

— C'est ici que demeure Son Excellence, répondit le concierge; mais...

Il consulta Ali du regard.

Ali fit un signe négatif.

— Mais? demanda le groom.

— Mais Son Excellence n'est pas visible, répondit le concierge.

— En ce cas, voici la carte de mon maître : M. le baron Danglars. Vous la remettrez à M. le comte de Monte-Christo, et vous lui direz qu'en allant à la Chambre mon maître s'est détourné pour avoir l'honneur de le voir.

— Je ne parle pas à Son Excellence, dit le concierge; le valet de chambre fera la commission.

Le groom retourna vers la voiture.

— Eh bien? demanda Danglars.

L'enfant, assez honteux de la leçon qu'il avait reçue, apporta à son maître la réponse qu'il avait reçue du concierge.

— Oh! fit celui-ci, c'est donc un prince que ce monsieur qu'on appelle Excellence, et qu'il n'y ait que son valet de chambre qui ait le droit de lui parler? N'importe, puisqu'il a un crédit sur moi, il faudra bien que je le voie quand il voudra de l'argent.

Et Danglars se rejeta dans le fond de sa voiture en criant au cocher, de manière à ce qu'on pût l'entendre de l'autre côté de la route :

— A la Chambre des députés!

Au travers d'une jalousie de son pavillon, Monte-Christo, prévenu à temps, avait vu le baron et l'avait étudié, à l'aide d'une excellente lorgnette, avec non moins d'attention que M. Danglars en avait mis lui-même à analyser la maison, le jardin et les livrées.

— Décidément, fit-il avec un geste de dégoût et en faisant rentrer les tuyaux de sa lunette dans leur fourreau d'ivoire, décidément c'est une laide créature que cet homme; comment, dès la première fois qu'on le voit, ne reconnaît-on pas le serpent au front aplati, le vautour au crâne bombé et la buse au bec tranchant!

— Ali! cria-t-il. Puis il frappa un coup sur le timbre de cuivre. Ali parut. Appelez Bertuccio, dit-il.

Au même moment Bertuccio entra...

— Votre Excellence me faisait demander? dit l'intendant.

— Oui, monsieur, dit le comte. Avez-vous vu les

chevaux qui viennent de s'arrêter devant ma porte?

— Certainement, Excellence, ils sont même fort beaux.

— Comment se fait-il, dit Monte-Christo en fronçant le sourcil, quand je vous ai demandé les deux plus beaux chevaux de Paris, qu'il y ait à Paris deux autres chevaux aussi beaux que les miens, et que ces chevaux ne soient pas dans mes écuries?

Au froncement de sourcil et à l'intonation sévère de cette voix, Ali baissa la tête et pâlit.

— Ce n'est pas ta faute, bon Ali, dit en arabe le comte avec une douceur qu'on n'aurait pas cru pouvoir rencontrer ni dans sa voix ni sur son visage, tu ne te connais pas en chevaux anglais, toi.

La sérénité reparut sur les traits d'Ali.

— Monsieur le comte, dit Bertuccio, les chevaux dont vous me parlez n'étaient pas à vendre.

Monte-Christo haussa les épaules.

— Sachez, monsieur l'intendant, dit-il, que tout est toujours à vendre pour qui sait y mettre le prix.

— M. Danglars les a payés seize mille francs, monsieur le comte.

— Eh bien! il fallait lui en offrir trente-deux mille; il est banquier, et un banquier ne manque jamais une occasion de doubler son capital.

— Monsieur le comte parle-t-il sérieusement? demanda Bertuccio.

Monte-Christo regarda l'intendant en homme étonné qu'on ose lui faire une question.

— Ce soir, dit-il, j'ai une visite à rendre; je veux que ces deux chevaux soient attelés à ma voiture avec un harnais neuf.

Bertuccio se retira en saluant; près de la porte, il s'arrêta :

— A quelle heure, dit-il, Son Excellence compte-t-elle faire cette visite?

— A cinq heures, dit Monte-Christo.

— Je ferai observer à Votre Excellence qu'il est deux heures, hasarda l'intendant.

— Je le sais, se contenta de répondre Monte-Christo.

Puis, se retournant vers Ali :

— Faites passer tous les chevaux devant madame, dit-il, qu'elle choisisse l'attelage qui lui conviendra le mieux, et qu'elle me fasse dire si elle veut dîner avec moi : dans ce cas on servira chez elle. Allez; en descendant, vous m'enverrez le valet de chambre.

Ali venait de disparaître à peine, que le valet de chambre entra à son tour.

— Monsieur Baptistin, dit le comte, depuis un an vous êtes à mon service; c'est le temps d'épreuve que j'impose d'ordinaire à mes gens : vous me convenez.

Baptistin s'inclina.

— Reste à savoir si je vous conviens.

— Oh! monsieur le comte! se hâta de dire Baptistin.

— Écoutez jusqu'au bout, reprit le comte. Vous gagnez par an quinze cents francs, c'est-à-dire les appointements d'un bon et brave officier qui risque tous les jours sa vie, vous avez une table telle que beaucoup de chefs de bureau, malheureux serviteurs infiniment plus occupés que vous, en désireraient une pareille. Domestique, vous avez vous-même des domestiques qui ont soin de votre linge et de vos effets. Outre vos quinze cents francs de gage, vous me volez, sur les achats que vous faites pour ma toilette, à peu près quinze cents autres francs par an.

— Oh! Excellence.

— Je ne m'en plains pas, monsieur Baptistin, c'est raisonnable; cependant je désire que cela s'arrête là. Vous ne retrouveriez donc nulle part un poste pareil à celui que votre bonne fortune vous a donné. Je ne bats jamais mes gens, je ne jure jamais, je ne me mets jamais en colère, je pardonne toujours une erreur, jamais une négligence ou un oubli. Mes ordres sont d'ordinaire courts, mais clairs et précis; j'aime mieux les répéter à deux fois et même à trois que de les voir mal interprétés. Je suis assez riche pour savoir tout ce que je veux savoir, et je suis fort curieux, je vous en préviens. Si j'apprenais donc que vous ayez parlé de moi en bien ou en mal, commenté mes actions, surveillé ma conduite, vous sortiriez de chez moi à l'instant même. Je n'avertis jamais mes domestiques qu'une seule fois; vous voilà averti, allez!

Baptistin s'inclina et fit trois ou quatre pas pour se retirer.

— A propos, reprit le comte, j'oubliais de vous dire que, chaque année, je place une certaine somme sur la tête de mes gens. Ceux que je renvoie perdent nécessairement cet argent, qui profite à ceux qui restent et qui y auront droit après ma mort. Voilà un an que vous êtes chez moi; votre fortune est commencée, continuez-la.

Cette allocution, faite devant Ali, qui demeurait immobile, attendu qu'il n'entendait pas un mot de français, produisit sur M. Baptistin un effet que comprendront tous ceux qui ont quelque peu étudié la physiologie du domestique français.

— Je tâcherai de me conformer en tous points aux désirs de Votre Excellence, dit-il; d'ailleurs je me modèlerai sur M. Ali.

— Oh! pas du tout, dit le comte avec une froideur de marbre. Ali a beaucoup de défauts mêlés à ses qualités; ne prenez donc pas exemple sur lui, car Ali est une exception; il n'a pas de gages, ce n'est pas un domestique; c'est mon esclave, c'est mon chien; s'il manquait à son devoir, je ne le chasserais pas, lui, je le tuerais.

Baptistin ouvrit de grands yeux.

— Vous doutez? dit Monte-Christo.

Et il répéta à Ali les mêmes paroles qu'il venait de dire en français à Baptistin.

Ali écouta, sourit, s'approcha de son maître, mit

Ce petit corollaire de la leçon mit le comble à la stupéfaction de M. Baptistin

un genou à terre, et lui baisa respectueusement la main.

Ce petit corollaire de la leçon mit le comble à la stupéfaction de M. Baptistin.

Le comte fit signe à Baptistin de sortir et à Ali de le suivre.

Tous deux passèrent dans son cabinet, et là ils causèrent longtemps.

A cinq heures, le comte frappa trois coups sur son timbre.

Un coup appelait Ali, deux coups Baptistin, trois coups Bertuccio.

L'intendant entra.

— Mes chevaux ! dit Monte-Christo.

— Ils sont à la voiture, Excellence, répliqua Bertuccio. Accompagnerai-je monsieur le comte ?

— Non, le cocher, Baptistin et Ali, voilà tout.

Le comte descendit et vit, attelés à sa voiture, les chevaux qu'il avait admirés le matin à la voiture de Danglars.

En passant près d'eux il leur jeta un coup d'œil.

— Ils sont beaux, en effet, dit-il, et vous avez bien fait de les acheter; seulement c'était un peu tard.

— Excellence, dit Bertuccio, j'ai eu bien de la peine à les avoir, et ils ont coûté bien cher.

— Les chevaux en sont-ils moins beaux? demanda le comte en haussant les épaules.

— Si Votre Excellence est satisfaite, dit Bertuccio, tout est bien. Où va Votre Excellence?

— Rue de la Chaussée-d'Antin, chez M. le baron Danglars.

Cette conversation se passait sur le haut du perron.

Bertuccio fit un pas pour descendre la première marche.

— Attendez, monsieur, dit Monte-Christo en l'arrêtant; j'ai besoin d'une terre sur les bords de la mer, en Normandie, par exemple, entre le Havre et Boulogne. Je vous donne de l'espace, comme vous voyez. Il faudrait que, dans cette acquisition, il y eût un petit port, une petite crique, une petite baie, où puisse entrer et se tenir ma corvette; elle ne tire que quinze pieds d'eau. Le bâtiment sera toujours prêt à mettre à la mer, à quelque heure du jour ou de la nuit qu'il me plaise de lui donner le signal. Vous vous informerez chez tous les notaires d'une propriété dans les conditions que je vous explique : quand vous en aurez connaissance, vous irez la visiter, et, si vous êtes content, vous l'achèterez en votre nom. La corvette doit être en route pour Fécamp, n'est-ce pas?

— Le soir même où nous avons quitté Marseille, je l'ai vue mettre à la mer.

— Et le yacht?

— Le yacht a ordre de demeurer aux Martigues.

— Bien! vous correspondrez de temps en temps avec les deux patrons qui les commandent, afin qu'ils ne s'endorment pas.

— Et pour le bateau à vapeur?...

— Qui est à Châlons?

— Oui.

— Mêmes ordres que pour les deux navires à voile.

— Bien!

— Aussitôt cette propriété achetée, j'aurai des relais de dix lieues en dix lieues sur la route du nord et sur la route du midi.

— Votre Excellence peut compter sur moi.

Le comte fit un signe de satisfaction, descendit les degrés, sauta dans sa voiture, qui, entraînée au trot du magnifique attelage, ne s'arrêta que devant l'hôtel du banquier.

Danglars présidait une commission nommée pour un chemin de fer lorsqu'on vint lui annoncer la visite du comte de Monte-Christo.

La séance, au reste, était presque finie.

Au nom du comte, il se leva.

— Messieurs, dit-il, en s'adressant à ses collègues, dont plusieurs étaient des honorables membres de l'une ou l'autre Chambre, pardonnez-moi si je vous quitte ainsi; mais imaginez-vous que la maison Thomson et French, de Rome, m'adresse un certain comte de Monte-Christo en lui ouvrant chez moi un crédit illimité. C'est la plaisanterie la plus drôle que mes correspondants de l'étranger se soient encore permise vis-à-vis de moi. Ma foi, vous le comprenez, la curiosité m'a saisi et me tient encore; je suis passé ce matin chez le prétendu comte. Si c'était un vrai comte, vous comprenez qu'il ne serait pas si riche. Monsieur n'était pas visible. Que vous en semble? ne sont-ce point des façons d'altesse ou de jolie femme que se donne là maître Monte-Christo? Au reste, la maison, située aux Champs-Élysées, et qui est à lui, je m'en suis informé, m'a paru propre. Mais un crédit illimité, reprit Danglars en riant de son vilain sourire, rend bien exigeant le banquier chez qui le crédit est ouvert. J'ai donc hâte de voir notre homme. Je me crois mystifié. Mais ils ne savent point là-bas à qui ils ont affaire; rira bien qui rira le dernier.

En achevant ces mots, et en leur donnant une emphase qui gonfla les narines de M. le baron, celui-ci quitta ses hôtes et passa dans un salon blanc et or qui faisait grand bruit dans la Chaussée-d'Antin.

C'est là qu'il avait ordonné d'introduire le visiteur pour l'éblouir du premier coup.

Le comte était debout, considérant quelques copies de l'Albane et du Fattore, qu'on avait fait passer au banquier pour des originaux, et qui, toutes copies qu'elles étaient, juraient fort avec les chicorées d'or de toutes couleurs qui garnissaient les plafonds.

Au bruit que fit Danglars en entrant, le comte se retourna.

Danglars salua légèrement de la tête, et fit signe au comte de s'asseoir dans un fauteuil de bois doré garni de satin blanc broché d'or.

Le comte s'assit.

— C'est à monsieur de Monte-Christo que j'ai l'honneur de parler?

— Et moi, répondit le comte, à monsieur le baron Danglars, chevalier de la Légion d'honneur, membre de la Chambre des députés?

Monte-Christo redisait tous les titres qu'il avait trouvés sur la carte du baron.

Danglars sentit la botte et se mordit les lèvres.

— Excusez-moi, monsieur, dit-il, de ne pas vous avoir donné du premier coup le titre sous lequel vous m'avez été annoncé; mais, vous le savez, nous vivons sous un gouvernement populaire, et moi je suis un représentant des intérêts du peuple.

— De sorte, répondit Monte-Christo, que, tout en conservant l'habitude de vous faire appeler baron, vous avez perdu celle d'appeler les autres comte.

— Ah! je n'y tiens pas même pour moi, monsieur, répondit négligemment Danglars; ils m'ont nommé baron et fait chevalier de la Légion d'honneur pour quelques services rendus, mais...

— Mais vous avez abdiqué vos titres, comme ont fait autrefois MM. de Montmorency et de Lafayette? C'était un bel exemple à suivre, monsieur.

— Pas tout à fait, cependant, reprit Danglars embarrassé; pour les domestiques, vous comprenez...

— Oui, vous vous appelez monseigneur pour vos gens; pour les journalistes, vous vous appelez monsieur; et, pour vos commettants, citoyen. Ce sont des nuances très-applicables au gouvernement constitutionnel. Je comprends parfaitement.

Danglars se pinça les lèvres; il vit que, sur ce terrain-là, il n'était pas de force avec Monte-Christo, il essaya donc de revenir sur un terrain qui lui était plus familier.

— Monsieur le comte, dit-il en s'inclinant, j'ai reçu une lettre d'avis de la maison Thomson et French.

— J'en suis charmé, monsieur le baron. Permettez-moi de vous traiter comme vous traitent vos gens; c'est une mauvaise habitude prise dans des pays où il y a encore des barons, justement parce qu'on n'en fait plus. J'en suis charmé, dis-je; je n'aurai pas besoin de me présenter moi-même, ce qui est toujours assez embarrassant. Vous aviez donc, disiez-vous, reçu une lettre d'avis?

— Oui, répondit Danglars; mais je vous avoue que je n'en ai pas parfaitement compris le sens.

— Bah!

— Et j'avais même eu l'honneur de passer chez vous pour vous demander quelques explications.

— Faites, monsieur, me voilà, j'écoute et je suis prêt à vous entendre.

— Cette lettre, reprit Danglars, je l'ai sur moi, je crois. (Il fouilla dans sa poche.) Oui, la voici : cette lettre ouvre à monsieur le comte de Monte-Christo un crédit illimité sur ma maison.

— Eh bien! monsieur le baron, que voyez-vous d'obscur là-dedans?

— Rien, monsieur : seulement, le mot *illimité*...

— Eh bien! ce mot-là n'est-il pas français? Vous comprenez, ce sont des Anglo-Allemands qui écrivent.

— Oh! si fait, monsieur, et, du côté de la syntaxe, il n'y a rien à redire, mais il n'en est pas de même du côté de la comptabilité.

— Est-ce que la maison Thomson et French, demanda Monte-Christo de l'air le plus naïf qu'il put prendre, n'est point parfaitement sûre, à votre avis, monsieur le baron? Diable! cela me contrarierait, car j'ai quelques fonds de placés chez elle.

— Ah! parfaitement sûre, répondit Danglars avec un sourire presque railleur; mais le sens du mot *illimité*, en matière de finances, est tellement vague...

— Qu'il est illimité, n'est-ce pas? dit Monte-Christo.

— C'est justement cela, monsieur, que je voulais dire. Or, le vague, c'est le doute, et, dit le sage, dans le doute, abstiens-toi.

— Ce qui signifie, reprit Monte-Christo, que, si la maison Thomson et French est disposée à faire des folies, la maison Danglars ne l'est pas à suivre son exemple.

— Comment cela, monsieur le comte?

— Oui, sans doute, MM. Thomson et French font les affaires sans chiffres; mais M. Danglars a une limite aux siennes; c'est un homme sage, comme il le disait tout à l'heure.

— Monsieur! répondit orgueilleusement le banquier, personne n'a encore compté avec ma caisse.

— Alors, répondit froidement Monte-Christo, il paraît que c'est moi qui commencerai.

— Qui vous dit cela?

— Les explications que vous me demandez, monsieur, et qui ressemblent fort à des hésitations.

Danglars se mordit les lèvres.

C'était la seconde fois qu'il était battu par cet homme, et, cette fois, sur un terrain qui était le sien.

Sa politesse railleuse n'était qu'affectée, et touchait à cet extrême si voisin qui est l'impertinence.

Monte-Christo, au contraire, souriait de la meilleure grâce du monde, et possédait, quand il le voulait, un certain air naïf qui lui donnait bien des avantages.

— Enfin, monsieur, dit Danglars après un moment de silence, je vais essayer de me faire comprendre, en vous priant de fixer vous-même la somme que vous comptez toucher chez moi.

— Mais, monsieur, reprit Monte-Christo décidé à ne pas perdre un pouce de terrain dans la discussion, si j'ai demandé un crédit illimité sur vous, c'est que je ne savais justement pas de quelles sommes j'avais besoin.

Le banquier crut que le moment était venu, enfin, de prendre le dessus.

Il se renversa dans son fauteuil, et, avec un lourd et orgueilleux sourire :

— Oh! monsieur, dit-il, ne craignez pas de désirer, vous pourrez vous convaincre alors que le chiffre de la maison Danglars, tout limité qu'il soit, peut satisfaire les plus larges exigences, et dussiez-vous demander un million...

— Plaît-il? fit Monte-Christo.

— Je dis un million, répéta Danglars avec l'aplomb de la sottise.

— Eh! que ferais-je d'un million? dit le comte, Bon Dieu! monsieur, s'il ne m'eût fallu qu'un million, je ne me serais pas fait ouvrir un crédit pour une pareille misère. Un million! mais j'ai toujours un million dans mon portefeuille ou dans mon nécessaire de voyage.

Danglars sentit la botte et se mordit les lèvres. — Page 54

Et Monte-Christo retira d'un petit carnet où étaient ses cartes de visites, deux bons de cinq cent mille francs chacun, payables au porteur sur le Trésor.

Il fallait assommer et non piquer un homme comme Danglars.

Le coup de massue fit son effet, le banquier chancela et eut le vertige.

Il ouvrit sur Monte-Christo deux yeux hébétés dont la prunelle se dilata effroyablement.

— Voyons, avouez-moi, dit Monte-Christo, que vous vous défiez de la maison Thomson et French. Mon Dieu, c'est tout simple! j'ai prévu le cas, et, quoique assez étranger aux affaires, j'ai pris mes précautions. Voici donc deux autres lettres pareilles à celle qui vous est adressée : l'une est de la maison Arestein et Eskoles de Vienne sur M. le baron de Rothschild, l'autre est de la maison Baring, de Londres, sur M. Laffitte. Dites un mot, monsieur, et je vous ôterai toute préoccupation en me présentant dans l'une ou dans l'autre de ces deux maisons.

Madame la baronne Danglars.

C'en était fait, Danglars était vaincu; il ouvrit avec un tremblement visible la lettre d'Allemagne et la lettre de Londres que lui tendait du bout des doigts le comte, vérifia l'authenticité des signatures avec une minutie qui eût été insultante pour Monte-Christo, s'il n'eût pas fait la part de l'égarement du banquier.

— Oh! monsieur, voilà trois signatures qui valent bien des millions, dit Danglars en se levant comme pour saluer la puissance de l'or personnifiée en cet homme qu'il avait devant lui. Trois crédits illimités sur nos trois maisons!... Pardonnez-moi, monsieur le comte; mais, tout en cessant d'être défiant, on peut demeurer encore étonné.

— Oh! ce n'est pas une maison comme la vôtre qui s'étonnerait ainsi! dit Monte-Christo avec toute sa politesse; ainsi, vous pourrez donc m'envoyer quelque argent, n'est-ce pas?

— Parlez, monsieur le comte; je suis à vos ordres.

— Eh bien! reprit Monte-Christo, à présent que

Paris. — Imp. de Edouard Blot, rue St-Louis, 46.

nous nous entendons, car nous nous entendons, n'est-ce pas?

Danglars fit un signe de tête affirmatif.

— Et vous n'avez plus aucune défiance? continua Monte-Christo.

— Oh! monsieur le comte, s'écria le banquier, je n'en ai jamais eu.

— Non; vous désiriez une preuve, voilà tout. Eh bien! répéta le comte, maintenant que nous nous entendons, maintenant que vous n'avez plus aucune défiance, fixons, si vous le voulez bien, une somme générale pour la première année, six millions par exemple.

— Six millions, soit! dit Danglars, suffoqué.

— S'il me faut plus, reprit nonchalamment Monte-Christo, nous mettrons plus; mais je ne compte rester qu'une année en France, et, pendant cette année, je ne crois pas dépasser ce chiffre... enfin nous verrons... Veuillez, pour commencer, me faire porter cinq cent mille francs demain, je serai chez moi jusqu'à midi; et, d'ailleurs, si je n'y étais pas, je laisserais un reçu à mon intendant.

— L'argent sera chez vous demain à dix heures du matin, monsieur le comte, répondit Danglars. Voulez-vous de l'or, ou des billets de banque, ou de l'argent.

— Or et billets par moitié, s'il vous plaît.

Et le comte se leva.

— Je dois vous confesser une chose, monsieur le comte, dit Danglars à son tour; je croyais avoir des notions exactes sur toutes les belles fortunes de l'Europe, et cependant la vôtre, qui me paraît considérable, m'était, je l'avoue, tout à fait inconnue; elle est récente?

— Non, monsieur, répondit Monte-Christo, elle est, au contraire, de fort vieille date : c'était une espèce de trésor de famille auquel il était défendu de toucher, dont les intérêts accumulés ont triplé le capital; l'époque fixée par le testateur est révolue depuis quelques années seulement, ce n'est donc que depuis quelques années que j'en use, et votre ignorance à ce sujet n'a rien que de naturel; au reste, vous la connaîtrez mieux dans quelque temps.

Et le comte accompagna ces mots d'un de ces sourires pâles qui faisaient si grande peur à Franz d'Épinay.

— Avec vos goûts et vos intentions, monsieur, continua Danglars, vous allez déployer dans la capitale un luxe qui va nous écraser tous, nous autres pauvres petits millionnaires, cependant, comme vous me paraissez amateur, car lorsque je suis entré vous regardiez mes tableaux, je vous demande la permission de vous faire voir ma galerie; tous tableaux anciens, tous tableaux de maîtres, garantis comme tels; je n'aime pas les modernes.

— Vous avez raison, monsieur, car ils ont en général un grand défaut, c'est celui de n'avoir pas encore eu le temps de devenir des anciens.

— Puis-je vous montrer quelques statues de Thorwaldsen, de Bartholoni, de Canova, tous artistes étrangers, comme vous voyez? Je n'apprécie pas les artistes français.

— Vous avez le droit d'être injuste avec eux, monsieur, ce sont vos compatriotes.

— Mais tout cela sera pour plus tard, quand nous aurons fait meilleure connaissance; pour aujourd'hui, je me contenterai, si vous le permettez toutefois, de vous présenter à madame la baronne Danglars; excusez mon empressement, monsieur le comte, mais un client comme vous fait presque partie de la famille.

Monte-Christo s'inclina en signe qu'il acceptait l'honneur que le financier voulait bien lui faire.

Danglars sonna : un laquais, vêtu d'une livrée éclatante, parut.

— Madame la baronne est-elle chez elle? demanda Danglars.

— Oui, monsieur le baron, répondit le laquais.

— Seule?

— Non, madame a du monde.

— Ce ne sera pas indiscret de vous présenter devant quelqu'un, n'est-ce pas, monsieur le comte? vous ne gardez pas l'incognito?

— Non, monsieur le baron, dit en souriant Monte-Christo, je ne me reconnais pas ce droit-là.

— Et qui est près de madame? M. Debray? demanda Danglars avec une bonhomie qui fit sourire intérieurement Monte-Christo, déjà renseigné sur les transparents secrets d'intérieur du financier.

— M Debray, oui, monsieur le baron, répondit le laquais.

Danglars fit un signe de tête.

Puis, se tournant vers Monte-Christo :

— M. Lucien Debray, dit-il, est un ancien ami à nous, secrétaire intime du ministre de l'intérieur : quant à ma femme, elle a dérogé en m'épousant, car elle appartient à une ancienne famille : c'est une demoiselle de Servières, veuve en premières noces de M. le colonel marquis de Nargonne.

— Je n'ai pas l'honneur de connaître madame Danglars, mais j'ai déjà rencontré M. Lucien Debray.

— Bah! dit Danglars, où donc cela?

— Chez M. de Morcerf.

— Ah! vous connaissez le petit vicomte? dit Danglars.

— Nous nous sommes trouvés ensemble à Rome à l'époque du carnaval.

— Ah! oui, dit Danglars, n'ai-je pas entendu parler de quelque chose comme une aventure singulière avec des bandits, des voleurs dans des ruines? Il a été tiré de là miraculeusement. Je crois qu'il a raconté quelque chose de tout cela à ma femme et à ma fille à son retour d'Italie.

— Madame la baronne attend ces messieurs, revint dire le laquais

— Je passe devant pour vous montrer le chemin, fit Danglars en saluant.

— Et moi, je vous suis, dit Monte-Christo.

CHAPITRE VIII.

L'ATTELAGE GRIS-POMMELÉ.

Le baron, suivi du comte, traversa une longue file d'appartements remarquables par leur lourde somptuosité et leur fastueux mauvais goût, et arriva jusqu'au boudoir de madame Danglars, petite pièce octogone tendue de satin rose recouvert de mousseline des Indes; les fauteuils étaient en vieux bois doré et en vieilles étoffes; les dessus des portes représentaient des bergeries dans le genre de Boucher; enfin deux jolis pastels en médaillon, en harmonie avec le reste de l'ameublement, faisaient de cette petite chambre la seule pièce de l'hôtel qui eût quelque caractère; il est vrai qu'elle avait échappé au plan général arrêté entre M. Danglars et son architecte, une des plus hautes et des plus éminentes célébrités de l'empire, et que c'étaient la baronne et Lucien Debray seulement qui s'en étaient réservé la décoration.

Aussi, M. Danglars, grand admirateur de l'antique

à la manière dont le comprenait le Directoire, méprisait-il fort ce coquet petit réduit, où, au reste, il n'était admis en général qu'à la condition qu'il ferait excuser sa présence en amenant quelqu'un.

Ce n'était donc pas en réalité Danglars qui présentait, c'était au contraire lui qui était présenté, et qui était bien ou mal reçu selon que le visage du visiteur était agréable ou désagréable à la baronne.

Madame Danglars, dont la beauté pouvait encore être citée, malgré ses trente-six ans, était à son piano, petit chef-d'œuvre de marqueterie, tandis que Lucien Debray, assis devant une table à ouvrage, feuilletait un album.

Lucien avait déjà, avant son arrivée, eu le temps de raconter à la baronne bien des choses relatives au comte.

On sait combien, pendant le déjeuner chez Albert, Monte-Christo avait fait impression sur ses convives.

Cette impression, si peu impressionnable qu'il fût, n'était pas encore effacée chez Debray, et les renseignements qu'il avait donnés à la baronne sur le comte s'en étaient ressentis.

La curiosité de madame Danglars, excitée par les anciens détails venus de Morcerf et les nouveaux détails venus de Lucien, était donc portée à son comble.

Aussi cet arrangement de piano et d'album n'était qu'une de ces petites ruses du monde à l'aide desquelles on voile les plus fortes préoccupations.

La baronne reçut en conséquence M. Danglars avec un sourire, ce qui de sa part n'était pas chose habituelle.

Quant au comte, il eut en échange de son salut une cérémonieuse, mais en même temps gracieuse révérence.

Lucien, de son côté, échangea avec le comte un salut de demi-connaissance, et avec Danglars un geste d'intimité.

— Madame la baronne, dit Danglars, permettez que je vous présente M. le comte de Monte-Christo, qui m'est adressé par mes correspondants de Rome avec les recommandations les plus instantes; je n'ai qu'un mot à en dire et qui va en un instant le rendre la coqueluche de toutes nos belles dames; il vient à Paris avec l'intention d'y rester un an et de dépenser six millions pendant cette année; cela promet une série de bals, de dîners, de médianoches dans lesquels j'espère que monsieur le comte ne nous oubliera pas plus que nous ne l'oublierons nous-mêmes dans nos petites fêtes.

Quoique la présentation fût assez grossièrement louangeuse, c'est, en général, une chose si rare qu'un homme venant à Paris pour dépenser en une année la fortune d'un prince, que madame Danglars jeta sur le comte un coup d'œil qui n'était pas dépourvu d'un certain intérêt.

— Et vous êtes arrivé, monsieur?... demanda la baronne.

— Depuis hier matin, madame.

— Et vous venez, selon votre habitude, à ce qu'on m'a dit, du bout du monde?

— De Cadix cette fois, madame, purement et simplement.

— Oh! vous arrivez dans une affreuse saison; Paris est détestable l'été; il n'y a plus ni bals, ni réunions, ni fêtes. L'Opéra italien est à Londres, l'Opéra français est partout, excepté à Paris; et, quant au Théâtre-Français, vous savez qu'il n'est plus nulle part. Il nous reste donc pour toute distraction quelques malheureuses courses au Champ-de-Mars et à Satory. Ferez-vous courir, monsieur le comte?

— Moi, madame, dit Monte-Christo, je ferai tout ce qu'on fait à Paris, si j'ai le bonheur de trouver quelqu'un qui me renseigne convenablement sur les habitudes françaises.

— Vous êtes amateur de chevaux, monsieur le comte?

— J'ai passé une partie de ma vie en Orient, madame, et les Orientaux, vous le savez, n'estiment que deux choses au monde : la noblesse des chevaux et la beauté des femmes.

— Ah! monsieur le comte, dit la baronne, vous auriez dû avoir la galanterie de mettre les femmes les premières.

— Vous voyez, madame, que j'avais bien raison quand tout à l'heure je souhaitais un précepteur qui pût me guider dans les habitudes françaises.

En ce moment la camérière favorite de madame la baronne Danglars entra, et, s'approchant de sa maîtresse, lui glissa quelques mots à l'oreille.

Madame Danglars pâlit.

— Impossible! dit-elle.

— C'est l'exacte vérité, cependant, madame, répondit la caméristе.

Madame Danglars se retourna du côté de son mari.

— Quoi! madame? demanda Danglars visiblement agité.

— Ce que me dit cette fille...

— Et que vous dit-elle?

— Elle me dit qu'au moment où mon cocher a été pour mettre mes chevaux à ma voiture, il ne les a plus trouvés à l'écurie; que signifie cela, je vous le demande?

— Madame, dit Danglars, écoutez-moi.

— Oh! je vous écoute, monsieur, car je suis curieuse de savoir ce que vous allez me dire; je ferai ces messieurs juges entre nous, et je vais commencer par leur dire ce qu'il en est. Messieurs, continua la baronne, M. le baron Danglars a dix chevaux à l'écurie; parmi ces dix chevaux, il y en a deux

La baronne haussa les épaules avec un air de profond mépris.

qui sont à moi, des chevaux charmants, les plus beaux chevaux de Paris ; vous les connaissez, monsieur Debray, mes gris-pommelé ! Eh bien ! au moment où madame de Villefort m'emprunte ma voiture, où je la lui promets pour aller demain au bois, voilà les deux chevaux qui ne se retrouvent plus. M. Danglars aura trouvé à gagner dessus quelques milliers de francs, et il les aura vendus. Oh ! la vilaine race, mon Dieu ! que celle des spéculateurs !

— Madame, répondit Danglars, les chevaux étaient trop vifs, ils avaient quatre ans à peine, ils me faisaient pour vous des peurs horribles.

— Eh ! monsieur, dit la baronne, vous savez bien que j'ai depuis un mois à mon service le meilleur cocher de Paris, à moins toutefois que vous ne l'ayez vendu avec les chevaux.

— Chère amie, je vous trouverai les pareils, de plus beaux même, s'il y en a, mais des chevaux doux, calmes, et qui ne m'inspirent plus pareille terreur.

La baronne haussa les épaules avec un air de profond mépris.

Danglars ne parut pas s'apercevoir de ce geste

plus que conjugal, et se retournant vers Monte-Christo :

— En vérité, je regrette de ne pas vous avoir connu plus tôt, monsieur le comte, dit-il; vous montez votre maison?

— Mais oui, dit le comte.

— Je vous les eusse proposés. Imaginez-vous que je les ai donnés pour rien; mais, comme je vous l'ai dit, je voulais m'en défaire : ce sont des chevaux de jeune homme.

— Monsieur, dit le comte, je vous remercie; j'en ai acheté ce matin d'assez bons et pas trop cher. Tenez, voyez, monsieur Debray, vous êtes amateur, je crois?

Pendant que Debray s'approchait de la fenêtre, Danglars s'approcha de sa femme.

— Imaginez-vous, madame, lui dit-il tout bas, qu'on est venu m'offrir un prix exorbitant de ces chevaux. Je ne sais quel est le fou en train de se ruiner qui m'a envoyé ce matin son intendant, mais le fait est que j'ai gagné seize mille francs dessus; ne me boudez pas, et je vous en donnerai quatre mille, et deux mille à Eugénie.

Madame Danglars laissa tomber sur son mari un regard écrasant.

— Oh! mon Dieu! s'écria Debray.

— Quoi donc? demanda la baronne.

— Mais je ne me trompe pas, ce sont vos chevaux, vos propres chevaux attelés à la voiture du comte.

— Mes gris-pommelé! s'écria madame Danglars.

Et elle s'élança vers la fenêtre.

— En effet, ce sont eux, dit-elle.

Danglars était stupéfait.

— Est-ce possible? dit Monte-Christo en jouant l'étonnement.

— C'est incroyable! murmura le banquier.

La baronne dit deux mots à l'oreille de Debray, qui s'approcha à son tour de Monte-Christo.

— La baronne vous fait demander combien son mari vous a vendu son attelage.

— Mais je ne sais trop, dit le comte, c'est une surprise que mon intendant m'a faite et. . qui m'a coûté trente mille francs, je crois.

Debray alla reporter la réponse à la baronne.

Danglars était si pâle et si décontenancé, que le comte eut l'air de le prendre en pitié

— Voyez, lui dit-il, combien les femmes sont ingrates! cette prévenance de votre part n'a pas touché un instant la baronne; ingrates n'est pas le mot, c'est folles que je devrais dire. Mais que voulez-vous? on aime toujours ce qui nuit; aussi le plus court, croyez-moi, cher baron, est toujours de les laisser faire à leur tête; si elles se la brisent, au moins, ma foi! elles ne peuvent s'en prendre qu'à elles.

Danglars ne répondit rien, il prévoyait dans un prochain avenir une scène désastreuse.

Déjà le sourcil de madame la baronne s'était froncé, et, comme celui de Jupiter Olympien, présageait un orage.

Debray, qui le sentait grossir, prétexta une affaire et partit.

Monte-Christo, qui ne voulait pas gâter la position qu'il comptait conquérir en demeurant plus longtemps, salua madame Danglars et se retira, livrant le baron à la colère de sa femme.

— Bon! pensa Monte-Christo en se retirant, j'en suis arrivé où j'en voulais venir; voilà que je tiens dans mes mains la paix du ménage et que je vais gagner d'un seul coup le cœur de monsieur et le cœur de madame; quel bonheur! Mais, ajouta-t-il, dans tout cela, je n'ai point été présenté à mademoiselle Eugénie Danglars, que j'eusse été cependant fort aise de connaître.

Mais, reprit-il avec ce sourire qui lui était particulier, nous voici à Paris, et nous avons du temps devant nous... Ce sera pour plus tard!...

Sur cette réflexion, le comte monta en voiture et rentra chez lui.

Deux heures après, madame Danglars reçut une lettre charmante du comte de Monte-Christo, dans laquelle il lui déclarait que, ne voulant pas commencer ses débuts dans le monde parisien en désespérant une jolie femme, il la suppliait de reprendre ses chevaux.

Ils avaient le même harnais qu'elle leur avait vu le matin.

Seulement, au centre de chaque rosette qu'ils portaient sur l'oreille, le comte avait fait coudre un diamant.

Danglars aussi eut sa lettre.

Le comte lui demandait la permission de passer à la baronne ce caprice de millionnaire, le priant d'excuser les façons orientales dont le renvoi des chevaux était accompagné.

Pendant la soirée, Monte-Christo partit pour Auteuil, accompagné d'Ali.

Le lendemain, vers trois heures, Ali, appelé par un coup du timbre, entra dans le cabinet du comte.

— Ali, lui dit-il, tu m'as souvent parlé de ton adresse à lancer le lasso?

Ali fit signe que oui et se redressa fièrement.

— Bien!... Ainsi avec le lasso, tu arrêterais un bœuf?

Ali fit signe de la tête que oui.

— Un tigre?

Ali fit le même signe.

— Un lion?

Ali fit le geste d'un homme qui lance le lasso et imita un rugissement étranglé.

— Bien! je comprends, dit Monte-Christo; tu as chassé le lion?

Ali fit un signe de tête orgueilleux.

— Mais arrêterais-tu dans leur course deux chevaux emportés?

Ali sourit.

— Eh bien! écoute, dit Monte-Christo. Tout à l'heure une voiture passera emportée par deux chevaux gris-pommelé, les mêmes que j'avais hier. Dusses-tu te faire écraser, il faut que tu arrêtes cette voiture devant ma porte.

Ali descendit dans la rue et traça devant la porte une ligne sur le pavé.

Puis il rentra et montra la ligne au comte, qui l'avait suivi des yeux.

Le comte lui frappa doucement sur l'épaule : c'était sa manière de remercier Ali.

Puis le Nubien alla fumer sa chibouck sur la borne qui formait l'angle de la maison et de la rue, tandis que Monte-Christo rentrait sans plus s'occuper de rien.

Cependant, vers cinq heures, c'est-à-dire à l'heure où le comte attendait la voiture, on eût pu voir naître en lui les signes presque imperceptibles d'une légère impatience.

Il se promenait dans une chambre donnant sur la rue, prêtant l'oreille par intervalles et de temps en temps se rapprochant de la fenêtre par laquelle il apercevait Ali poussant des bouffées de fumée avec une régularité indiquant que le Nubien était tout entier à cette importante occupation.

Tout à coup on entendit un roulement lointain, mais qui se rapprochait avec la rapidité de la foudre.

Puis une calèche apparut dont le cocher essayait inutilement de retenir les chevaux, qui s'avançaient furieux, hérissés, bondissant avec des élans insensés.

Dans la calèche, une jeune femme et un enfant de sept à huit ans, se tenant embrassés, avaient perdu par l'excès de la terreur jusqu'à la force de pousser un cri.

Il eût suffi d'une pierre sous la roue ou d'un arbre accroché pour briser tout à fait la voiture, qui craquait.

La voiture tenait le milieu du pavé, et on entendait dans la rue les cris de terreur de ceux qui la voyaient venir.

Soudain Ali pose sa chibouck, tire de sa poche le lasso, le lance, enveloppe d'un triple tour les jambes de devant du cheval de gauche, se laisse entraîner trois ou quatre pas par la violence de l'impulsion; mais, au bout de ces trois ou quatre pas, le cheval enchaîné s'abat, tombe sur la flèche, qu'il brise, et paralyse les efforts que fait le cheval resté debout pour continuer sa course.

Le cocher saisit cet instant de répit pour sauter en bas de son siége; mais déjà Ali a saisi les naseaux du second cheval avec ses doigts de fer, et l'animal, hennissant de douleur, s'est allongé convulsivement près de son compagnon.

Il a fallu à tout cela le temps qu'il faut à la balle pour frapper le but.

Cependant il a suffi pour que de la maison en face de laquelle l'accident est arrivé un homme se soit élancé suivi de plusieurs serviteurs.

Au moment où le cocher ouvre la portière, il enlève de la calèche la dame, qui d'une main se cramponne au coussin, tandis que de l'autre elle serre contre sa poitrine son fils évanoui.

Monte Christo les emporte tous les deux dans le salon, et les déposant sur un canapé :

— Ne craignez plus rien, madame, lui dit-il; vous êtes sauvée.

La femme revint à elle, et, pour réponse, elle lui présenta son fils avec un regard plus éloquent que toutes les prières.

En effet, l'enfant était toujours évanoui.

— Oui, madame, je comprends, dit le comte en examinant l'enfant; mais, soyez tranquille, il ne lui est arrivé aucun mal, et c'est la peur seule qui l'a mis dans cet état.

— Oh! monsieur, s'écria la mère, ne me dites-vous pas cela pour me rassurer? Voyez comme il est pâle! Mon fils! mon enfant! mon Édouard! réponds donc à ta mère! Ah! monsieur! envoyez chercher un médecin. Ma fortune à qui me rend mon fils!

Monte-Christo fit de la main un geste pour calmer la mère éplorée, et, ouvrant un coffret, il en tira un flacon de Bohême, incrusté d'or, contenant une liqueur rouge comme du sang et dont il laissa tomber une seule goutte sur les lèvres de l'enfant.

L'enfant, quoique toujours pâle, rouvrit aussitôt les yeux.

A cette vue, la joie de la mère fut presque un délire.

— Où suis-je? s'écria-t-elle, et à qui dois-je tant de bonheur après une si cruelle épreuve?

— Vous êtes, madame, répondit Monte-Christo, chez l'homme le plus heureux d'avoir pu vous épargner un chagrin.

— Oh! maudite curiosité! dit la dame. Tout Paris parlait de ces magnifiques chevaux de madame Danglars, et j'ai eu la folie de vouloir les essayer.

— Comment! s'écria le comte avec une surprise admirablement jouée, ces chevaux sont ceux de la baronne?

— Oui, monsieur; la connaissez-vous?

— Madame Danglars?... j'ai cet honneur, et ma joie est double de vous voir sauvée du péril que ces chevaux vous ont fait courir : car ce péril, c'est à moi que vous eussiez pu l'attribuer : j'avais acheté hier ces chevaux au baron; mais la baronne a paru tellement les regretter, que je les lui ai renvoyés hier en la priant de les accepter de ma main.

— Mais alors vous êtes donc le comte de Monte-Christo dont Hermine m'a tant parlé hier?

— Oui, madame, fit le comte.

— J'ai sauvé cette vie, madame, par conséquent elle m'appartient.

— Moi, monsieur, je suis madame Héloïse de Villefort.

Le comte salua en homme devant lequel on prononce un nom parfaitement inconnu.

— Oh! que M. de Villefort sera reconnaissant! reprit Héloïse; car enfin il vous devra notre vie à tous deux : vous lui avez rendu sa femme et son fils. Assurément, sans votre généreux serviteur, ce cher enfant et moi, nous étions tués.

— Hélas! madame, je frémis encore du péril que vous avez couru.

— Oh! j'espère que vous me permettrez de récompenser dignement le dévouement de cet homme.

— Madame, répondit Monte-Christo, ne me gâtez pas Ali, je vous prie, ni par des louanges ni par des récompenses : ce sont des habitudes que je ne veux pas qu'il prenne. Ali est mon esclave; en vous sauvant la vie il me sert, et c'est de son devoir de me servir.

— Mais il a risqué sa vie! dit madame de Villefort, à qui ce ton de maître imposait singulièrement.

— J'ai sauvé cette vie, madame, répondit Monte-Christo; par conséquent elle m'appartient.

Madame de Villefort.

Madame de Villefort se tut.

Peut-être réfléchissait-elle à cet homme qui, du premier abord, faisait une si profonde impression sur les esprits.

Pendant cet instant de silence, le comte put considérer à son aise l'enfant que sa mère couvrait de baisers.

Il était petit, grêle, blanc de peau comme les enfants roux, et cependant une forêt de cheveux noirs, rebelles à toute frisure, couvrait son front bombé, et, tombant sur ses épaules en encadrant son visage, redoublait la vivacité de ses yeux pleins de malice sournoise et de juvénile méchanceté; sa bouche, à peine redevenue vermeille, était fine de lèvres et large d'ouverture; les traits de cet enfant de huit ans annonçaient déjà douze ans au moins.

Son premier mouvement fut de se débarrasser par une brusque secousse des bras de sa mère, et d'aller ouvrir le coffret d'où le comte avait tiré le flacon d'élixir.

Puis aussitôt, sans en demander la permission à personne et en enfant habitué à satisfaire tous ses caprices, il se mit à déboucher les fioles.

— Ne touchez pas à cela, mon ami, dit vivement

le comte, quelques-unes de ces liqueurs sont dangereuses, non-seulement à boire, mais même à respirer.

Madame de Villefort pâlit et arrêta le bras de son fils qu'elle ramena vers elle; mais, sa crainte calmée, elle jeta aussitôt sur le coffret un court, mais expressif regard que le comte saisit au passage.

En ce moment Ali entra.

Madame de Villefort fit un mouvement de joie, et, ramenant l'enfant plus près d'elle encore :

— Édouard, dit-elle, vois-tu ce bon serviteur : il a été bien courageux, car il a exposé sa vie pour arrêter les chevaux qui nous emportaient et la voiture qui allait se briser. Remercie-le donc, car probablement sans lui, à cette heure, serions-nous morts tous les deux.

L'enfant allongea les lèvres et tourna dédaigneusement la tête.

— Il est trop laid, dit-il.

Le comte sourit comme si l'enfant venait de remplir une de ses espérances.

Quant à madame de Villefort, elle gourmanda son fils avec une modération qui n'eût certes pas été du goût de Jean-Jacques Rousseau si le petit Édouard se fût appelé Émile.

— Vois-tu, dit en arabe le comte à Ali, cette dame prie son fils de te remercier pour la vie que tu leur as sauvée à tous deux, et l'enfant répond que tu es trop laid.

Ali détourna un instant sa tête intelligente et regarda l'enfant sans expression apparente, mais un simple frémissement de sa narine apprit à Monte-Christo que l'Arabe venait d'être blessé au cœur.

— Monsieur, demanda madame de Villefort en se levant pour se retirer, est-ce votre demeure habituelle que cette maison?

— Non, madame, répondit le comte, c'est une espèce de pied-à-terre que j'ai acheté; j'habite avenue des Champs-Élysées, n° 30. Mais je vois que vous êtes tout à fait remise, et que vous désirez vous retirer. Je viens d'ordonner qu'on attelle ces mêmes chevaux à ma voiture, et Ali, ce garçon si laid, dit-il en souriant à l'enfant, va avoir l'honneur de vous reconduire chez vous, tandis que votre cocher restera ici pour faire raccommoder la calèche. Aussitôt cette petite besogne indispensable terminée, un de mes attelages la reconduira directement chez madame Danglars.

— Mais, dit madame de Villefort, avec ces mêmes chevaux, je n'oserai jamais m'en aller.

— Oh! vous allez voir, madame, dit Monte-Christo; sous la main d'Ali, ils vont devenir doux comme des agneaux.

En effet, Ali s'était approché des chevaux qu'on avait remis sur leurs jambes avec beaucoup de peine.

Il tenait à la main une petite éponge imbibée de vinaigre aromatique; il en frotta les naseaux et les tempes des chevaux, couverts de sueur et d'écume, et presque aussitôt ils se mirent à souffler bruyamment et à frissonner de tout leur corps durant quelques secondes.

Puis, au milieu d'une foule nombreuse que les débris de la voiture et le bruit de l'événement avaient attirée devant la maison, Ali fit atteler les chevaux au coupé du comte, rassembla les rênes, monta sur le siége, et, au grand étonnement des assistants qui avaient vu ces chevaux emportés comme par un tourbillon, il fut obligé d'user vigoureusement du fouet pour les faire partir, et encore ne put-il obtenir des fameux gris-pommelé, maintenant stupides, pétrifiés, morts, qu'un trot si mal assuré et si languissant, qu'il fallut près de deux heures à madame de Villefort pour regagner le faubourg Saint-Honoré, où elle demeurait.

A peine arrivée chez elle, et les premières émotions de famille apaisées, elle écrivit le billet suivant à madame Danglars :

« Chère Hermine,

« Je viens d'être miraculeusement sauvée avec mon fils par ce même comte de Monte-Christo dont nous avons tant parlé hier soir, et que j'étais loin de me douter que je verrais aujourd'hui.

« Hier vous m'avez parlé de lui avec un enthousiasme que je n'ai pu m'empêcher de railler de toute la force de mon pauvre petit esprit, mais aujourd'hui je trouve cet enthousiasme bien au-dessous de l'homme qui l'inspirait.

« Vos chevaux s'étaient emportés au Ranelagh comme s'ils eussent été pris de frénésie, et nous allions probablement être mis en morceaux, mon pauvre Édouard et moi, contre le premier arbre de la route ou la première borne du village, quand un Arabe, un nègre, un Nubien, un homme noir enfin, au service du comte, a, sur un signe de lui, je crois, arrêté l'élan des chevaux, au risque d'être brisé lui-même; et c'est vraiment un miracle qu'il ne l'ait pas été.

« Alors le comte est accouru, nous a emportés chez lui, Édouard et moi, et là a rappelé mon fils à la vie.

« C'est dans sa propre voiture que j'ai été ramenée à l'hôtel; la vôtre vous sera renvoyée demain.

« Vous trouverez vos chevaux bien affaiblis depuis cet accident, ils sont comme hébétés; on dirait qu'ils ne peuvent se pardonner à eux-mêmes de s'être laissé dompter par un homme.

« Le comte m'a chargée de vous dire que deux jours de repos sur la litière et de l'orge pour toute nourriture les remettront dans un état aussi florissant, ce qui veut dire aussi effrayant qu'ils étaient hier.

« Adieu! Je ne vous remercie pas de ma promenade; et, quand je réfléchis, c'est cependant de l'ingratitude que de vous garder rancune pour les caprices de votre attelage, car c'est à l'un de ces caprices que je dois d'avoir vu le comte de Monte-Christo, et l'illustre étranger me paraît, à part les millions dont il dispose, un problème si curieux et si intéressant, que je compte l'étudier à tout prix, dussé-je recommencer une promenade au bois avec vos propres chevaux.

« Édouard a supporté l'accident avec un courage miraculeux.

« Il s'est évanoui, mais il n'a pas poussé un cri auparavant, et n'a pas versé une larme après.

« Vous me direz encore que mon amour maternel m'aveugle; mais il y a une âme de fer dans ce pauvre petit corps si frêle et si délicat.

« Notre chère Valentine dit bien des choses à votre chère Eugénie ; moi, je vous embrasse de tout cœur.

« HÉLOÏSE DE VILLEFORT. »

« *P. S.* Faites-moi donc trouver chez vous d'une façon quelconque avec ce comte de Monte-Christo, je veux absolument le revoir. Au reste, je viens d'obtenir de M. de Villefort qu'il lui fasse une visite; j'espère qu'il la lui rendra. »

Le soir, l'événement d'Auteuil faisait le sujet de toutes les conversations.

Albert la racontait à sa mère, Château-Renaud au Jockey-Club, Debray dans le salon du ministre; Beauchamp lui-même fit au comte la galanterie, dans son journal, d'un *faits-divers* de vingt lignes, qui posa le noble étranger en héros auprès de toutes les femmes de l'aristocratie.

Beaucoup de gens allèrent se faire inscrire chez madame de Villefort afin d'avoir le droit de renouveler leur visite en temps utile et d'entendre alors de sa bouche tous les détails de cette pittoresque aventure.

Quant à M. de Villefort, comme l'avait dit Héloïse, il prit un habit noir, des gants blancs, sa plus belle livrée, et monta dans son carrosse, qui vint, le même soir, s'arrêter à la porte du numéro 30 de la maison des Champs-Élysées.

CHAPITRE IX.

IDÉOLOGIE.

Si le comte de Monte-Christo eût vécu depuis longtemps dans le monde parisien, il eût apprécié de toute sa valeur la démarche que faisait près de lui M. de Villefort.

Bien en cour, que le roi régnant fût de la branche aînée ou de la branche cadette ; que le ministre gouvernant fût doctrinaire, libéral ou conservateur; réputé habile par tous, comme on répute généralement habiles les gens qui n'ont jamais éprouvé d'échecs politiques ; haï de beaucoup, mais chaudement protégé par quelques-uns, sans cependant être aimé de personne, M. de Villefort avait une des hautes positions de la magistrature, et se tenait à cette hauteur comme un Harlay ou comme un Molé.

Son salon, régénéré par une jeune femme et par une fille de son premier mariage à peine âgée de dix-huit ans, n'en était pas moins un de ces salons sévères de Paris où l'on observe le culte des traditions et la religion de l'étiquette.

La politesse froide, la fidélité absolue aux principes gouvernementaux, un mépris profond des théories et des théoriciens, la haine profonde des idéologues, tels étaient les éléments de la vie intérieure et publique affichés par M. de Villefort.

M. de Villefort n'était pas seulement magistrat, c'était presque un diplomate.

Ses relations avec l'ancienne cour, dont il parlait toujours avec dignité et respect, le faisaient respecter de la nouvelle, et il savait tant de choses, que, non-seulement on le ménageait toujours, mais encore qu'on le consultait quelquefois.

Peut-être n'en eût-il pas été ainsi si l'on eût pu se débarrasser de M. de Villefort; mais il habitait, comme ces seigneurs féodaux rebelles à leur suzerain, une forteresse inexpugnable.

Cette forteresse, c'était sa charge de procureur du roi, dont il exploitait merveilleusement tous les avantages, et qu'il n'eût quittée que pour se faire député et pour remplacer ainsi la neutralité par de l'opposition.

En général, M. de Villefort faisait ou rendait peu de visites.

Sa femme visitait pour lui; c'était chose reçue dans le monde, où l'on mettait sur le compte des graves et nombreuses occupations du magistrat ce qui n'était, en réalité, qu'un calcul d'orgueil, qu'une quintessence d'aristocratie, l'application, enfin, de cet axiome : *Fais semblant de t'estimer et on t'estimera*, axiome plus utile cent fois dans notre société que celui des Grecs : *Connais-toi toi-même*, remplacé de nos jours par l'art moins difficile et plus avantageux de connaître les autres.

Pour ses amis, M. de Villefort était un protecteur puissant; pour ses ennemis, c'était un adversaire sourd, mais acharné; pour les indifférents, c'était la statue de la loi faite homme : abord hautain, physionomie impassible, regard terne et dépoli ou insolemment perçant et scrutateur, tel était l'homme dont quatre révolutions habilement entassées l'une sur l'autre avaient d'abord construit, puis cimenté le piédestal.

M. de Villefort avait la réputation d'être l'homme le moins curieux et le moins banal de France ; il donnait un bal tous les ans et n'y paraissait qu'un quart d'heure, c'est-à-dire quarante-cinq minutes de moins que ne le fait le roi aux siens ; jamais on ne le voyait ni aux théâtres, ni aux concerts, ni dans aucun lieu public; quelquefois, mais rarement, il faisait une partie de whist, et l'on avait soin alors de lui choisir des joueurs dignes de lui : c'était quelque ambassadeur, quelque archevêque, quelque prince, quelque président, ou, enfin, quelque duchesse douairière.

Voilà quel était l'homme dont la voiture venait de s'arrêter devant la porte du comte de Monte-Christo.

Le valet de chambre annonça M. de Villefort au moment où le comte, incliné sur une grande table, suivait sur une carte un itinéraire de Saint-Pétersbourg en Chine.

Le procureur du roi entra du même pas grave et compassé qu'il entrait au tribunal; c'était bien le même homme, ou plutôt la suite du même homme que nous avons vu autrefois substitut à Marseille.

De mince, il était devenu maigre, de pâle, il était devenu jaune.

La nature, conséquente avec ses principes, n'avait rien changé pour lui au corps qu'elle devait suivre.

De mince, il était devenu maigre, de pâle, il était devenu jaune ; ses yeux enfoncés étaient caves, et ses lunettes aux branches d'or, en posant sur l'orbite, semblaient faire partie de la figure ; excepté sa cravate blanche, le reste de son costume était complétement noir ; et cette couleur funèbre n'était tranchée que par le léger liséré de ruban rouge qui passait imperceptible par sa boutonnière et qui semblait une ligne de sang tracée au pinceau

Si maître de lui que fût Monte-Christo, il examina avec une visible curiosité, en lui rendant son salut, le magistrat, qui, défiant par habitude et peu crédule surtout quant aux merveilles sociales, était plus disposé à voir dans le noble étranger, c'était ainsi qu'on appelait déjà Monte-Christo, un chevalier d'industrie venant exploiter un nouveau théâtre, ou un malfaiteur en état de rupture de ban, qu'un prince du saint-siége ou un sultan des *Mille et une Nuits*.

— Monsieur, dit Villefort avec ce ton glapissant affecté par les magistrats dans leurs périodes oratoires, et dont ils ne peuvent ou ne veulent pas se défaire dans la conversation ; monsieur, le service signalé que vous avez rendu hier à ma femme et à mon fils me fait un devoir de vous remercier. Je viens donc m'acquitter de ce devoir et vous exprimer toute ma reconnaissance.

Et, en prononçant ces paroles, l'œil sévère du magistrat n'avait rien perdu de son arrogance habituelle.

Ces paroles qu'il venait de dire, il les avait articulées avec sa voix de procureur général, avec cette roideur inflexible de col et d'épaules qui faisait, comme nous le répétons, dire à ses flatteurs qu'il était la statue vivante de la loi.

— Monsieur, répliqua le comte à son tour avec une froideur glaciale, je suis fort heureux d'avoir pu conserver un fils à sa mère, car on dit que le sentiment de la maternité est le plus saint de tous, et ce bonheur qui m'arrive vous dispensait, monsieur, de remplir un devoir dont l'exécution m'honore sans doute, car je sais que M. de Villefort ne prodigue pas la faveur qu'il me fait, mais qui, si précieuse qu'elle soit cependant, ne vaut pas pour moi la satisfaction intérieure.

Villefort, étonné de cette sortie, à laquelle il ne s'attendait pas, tressaillit comme un soldat qui sent le coup qu'on lui porte sous l'armure dont il est couvert, et un pli de sa lèvre dédaigneuse indiqua que, dès l'abord, il ne tenait pas le comte de Monte-Christo pour un gentilhomme bien civil.

Il jeta les yeux autour de lui pour raccrocher à quelque chose la conversation tombée, et qui semblait s'être brisée en tombant.

Il vit la carte qu'interrogeait Monte-Christo au moment où il était entré, et il reprit :

— Vous vous occupez de géographie, monsieur? C'est une riche étude pour vous surtout, qui, à ce qu'on assure, avez vu autant de pays qu'il y en a de gravés sur cet atlas.

— Oui, monsieur, répondit le comte, j'ai voulu faire sur l'espèce humaine prise en masse ce que vous pratiquez chaque jour sur des exceptions, c'est-à-dire une étude physiologique. J'ai pensé qu'il me serait plus facile de descendre ensuite du tout à la partie que de la partie au tout. C'est un axiome algébrique qui veut que l'on procède du connu à l'inconnu et non de l'inconnu au connu... Mais, asseyez-vous donc, monsieur, je vous en supplie.

Et Monte-Christo indiqua de la main au procureur du roi un fauteuil que celui-ci fut obligé de prendre la peine d'avancer lui-même, tandis que lui n'eut que celle de se laisser retomber dans celui sur lequel il était agenouillé quand le procureur du roi était entré : de cette façon, le comte se trouva à demi tourné vers son visiteur, ayant le dos à la fenêtre et le coude appuyé sur la carte géographique qui faisait pour le moment l'objet de la conversation, conversation qui prenait, comme elle avait fait chez Morcerf et chez Danglars, une tournure tout à fait analogue, sinon à la situation, du moins aux personnages.

— Ah ! vous philosophez, reprit Villefort après un instant de silence pendant lequel, comme un athlète qui rencontre un rude adversaire, il avait fait provision de forces. Eh bien ! monsieur, parole d'honneur, si, comme vous, je n'avais rien à faire, je chercherais une moins triste occupation.

— C'est vrai, monsieur, reprit Monte-Christo, et l'homme est une laide chenille pour celui qui l'étudie au microscope solaire ; mais vous venez de dire, je crois, que je n'avais rien à faire. Voyons, par hasard, croyez-vous avoir quelque chose à faire, vous, monsieur? ou, pour parler plus clairement, croyez-vous que ce que vous faites vaille la peine de s'appeler quelque chose ?

L'étonnement de Villefort redoubla à ce second coup si rudement porté par cet étrange adversaire; il y avait longtemps que le magistrat ne s'était entendu dire un paradoxe de cette force, ou plutôt, pour parler plus exactement, c'était la première fois qu'il l'entendait.

Le procureur du roi se mit à l'œuvre pour répondre.

— Monsieur, dit-il, vous êtes étranger, et, vous le dites vous-même, je crois, une portion de votre vie s'est écoulée dans les pays orientaux ; vous ne savez donc pas combien la justice humaine, expéditive dans ces contrées barbares, a chez nous des allures prudentes et compassées?

— Si fait, monsieur, si fait ; c'est le *pede claudo* antique. Je sais tout cela, car c'est surtout de la justice de tous les pays que je me suis occupé, c'est la procédure criminelle de toutes les nations que j'ai comparée à la justice naturelle ; et, je dois le dire, monsieur, c'est encore cette loi des peuples primitifs, c'est-à-dire la loi du talion, que j'ai le plus trouvée selon le cœur de Dieu.

— Si cette loi était adoptée, monsieur, dit le procureur du roi, elle simplifierait fort nos codes, et c'est pour le coup que nos magistrats n'auraient, comme vous le disiez tout à l'heure, plus grand'-chose à faire

— Cela viendra peut-être, dit Monte-Christo ; vous savez que les inventions humaines marchent du composé au simple, et que le simple est toujours la perfection.

— En attendant, monsieur, dit le magistrat, nos codes existent avec leurs articles contradictoires, tirés des coutumes gauloises, des lois romaines, des usages francs ; or, la connaissance de toutes ces lois-là, vous en conviendrez, ne s'acquiert pas sans de longs travaux, et il faut une longue étude pour acquérir cette connaissance, et une grande puissance de tête, cette connaissance une fois acquise, pour ne pas l'oublier.

— Je suis de cet avis-là, monsieur ; mais tout ce que vous savez, vous, à l'égard de ce code français, je le sais, moi, non-seulement à l'égard de ce code, mais à l'égard du code de toutes les nations : les lois anglaises, turques, japonaises, indoues, me sont aussi familières que les lois françaises ; et j'avais donc raison de dire que, relativement (vous savez que tout est relatif, monsieur), que, relativement à tout ce que j'ai fait, vous avez bien peu de choses à faire, et que, relativement à ce que j'ai appris, vous avez encore bien des choses à apprendre.

— Mais dans quel but avez-vous appris tout cela? reprit Villefort étonné.

Monte-Christo sourit.

— Bien, monsieur, dit-il; je vois que, malgré la réputation qu'on vous a faite d'homme supérieur, vous voyez toutes choses au point de vue matériel et vulgaire de la société, commençant à l'homme et finissant à l'homme, c'est-à-dire au point de vue le plus restreint et le plus étroit qu'il a été permis à l'intelligence humaine d'embrasser.

— Expliquez-vous, monsieur, dit Villefort de plus en plus étonné; je ne vous comprends pas... très-bien...

— Je dis, monsieur, que, les yeux fixés sur l'organisation sociale des nations, vous ne voyez que les ressorts de la machine, et non l'ouvrier sublime qui la fait agir; je dis que vous ne reconnaissez devant vous et autour de vous que les titulaires des places dont les brevets ont été signés par des ministres ou par un roi, et que les hommes que Dieu a mis au-dessus des titulaires, des ministres et des rois, en leur donnant une mission à poursuivre au lieu d'une place à remplir, je dis que ceux-là échappent à votre courte vue. C'est le propre de la faiblesse humaine aux organes débiles et incomplets. Tobie prenait l'ange qui devait lui rendre la vue pour un jeune homme ordinaire. Les nations prenaient Attila, qui devait les anéantir, pour un conquérant comme tous les conquérants, et il a fallu que tous révélassent leurs missions célestes pour qu'on les reconnût, il a fallu que l'un dît : — Je suis l'ange du Seigneur, — et l'autre : — Je suis le marteau de Dieu, — pour que l'essence divine de tous deux fût révélée.

— Alors, dit Villefort de plus en plus étonné et croyant parler à un illuminé ou à un fou, vous vous regardez comme un de ces êtres extraordinaires que vous venez de citer?

— Pourquoi pas? dit froidement Monte-Christo.

— Pardon, monsieur, reprit Villefort abasourdi, mais vous m'excuserez si, en me présentant chez vous, j'ignorais me présenter chez un homme dont les connaissances et dont l'esprit dépassent de si loin les connaissances ordinaires et l'esprit habituel des hommes. Ce n'est point l'usage chez nous, malheureux corrompus de la civilisation, que les gentilshommes possesseurs comme vous d'une fortune immense, du moins à ce qu'on assure, remarquez que je n'interroge pas, que seulement je répète, ce n'est pas l'usage, dis-je, que ces privilégiés des richesses perdent leur temps à des spéculations sociales, à des rêves philosophiques faits tout au plus pour consoler ceux que le sort a déshérités des biens de la terre.

— Eh! monsieur, reprit le comte, en êtes-vous donc arrivé à la situation éminente que vous occupez sans avoir admis, et même sans avoir rencontré des exceptions, et n'exercez-vous jamais votre regard, qui aurait cependant tant besoin de finesse et de sûreté, à deviner d'un seul coup sur quel homme est tombé votre regard? Un magistrat ne devrait-il pas être, non pas le meilleur applicateur de la loi, non pas le plus rusé interprète des obscurités de la chicane, mais une sonde d'acier pour éprouver les cœurs, mais une pierre de touche pour essayer l'or dont chaque âme est toujours faite avec plus ou moins d'alliage?

— Monsieur, dit Villefort, vous me confondez, sur ma parole, et je n'ai jamais entendu parler personne comme vous faites.

— C'est que vous êtes constamment resté enfermé dans le cercle des conditions générales, et que vous n'avez jamais osé vous élever d'un coup d'aile dans les sphères supérieures que Dieu a peuplées d'êtres invisibles ou exceptionnels.

— Et vous admettez, monsieur, que ces sphères existent, que les êtres exceptionnels et invisibles se mêlent à nous?

— Pourquoi pas? est-ce que vous voyez l'air que vous respirez et sans lequel vous ne pourriez pas vivre?

— Alors nous ne voyons pas ces êtres dont vous parlez?

— Si fait, vous les voyez quand Dieu permet qu'ils se matérialisent; vous les touchez, vous les coudoyez, vous leur parlez, et ils vous répondent.

— Ah! dit Villefort en souriant, j'avoue que je voudrais bien être prévenu quand un de ces êtres se trouvera en contact avec moi.

— Vous avez été servi à votre guise, monsieur, car vous avez été prévenu tout à l'heure, et maintenant encore je vous préviens.

— Ainsi, vous-même...

— Je suis un de ces êtres exceptionnels, oui, monsieur, et je crois que, jusqu'à ce jour, aucun homme ne s'est trouvé dans une position semblable à la mienne. Les royaumes des rois sont limités, soit par des montagnes, soit par des rivières, soit par un changement de mœurs, soit par une mutation de langage. Mon royaume, à moi, est grand comme le monde, car je ne suis ni Italien, ni Français, ni Indou, ni Américain, ni Espagnol; je suis cosmopolite. Nul pays ne peut dire qu'il m'a vu naître, Dieu seul sait quelle contrée me verra mourir. J'adopte tous les usages, je parle toutes les langues. Vous me croyez Français, vous, n'est-ce pas,

— Ali me croit Arabe, Bertuccio me croit Romain, Haydée me croit Grec.

car je parle français avec la même facilité et la même pureté que vous; eh bien! Ali, mon Nubien, me croit Arabe; Bertuccio, mon intendant, me croit Romain; Haydée, mon esclave, me croit Grec. Donc vous comprenez, n'étant d'aucun pays, ne demandant protection à aucun gouvernement, ne reconnaissant aucun homme pour mon frère; pas un seul des scrupules qui arrêtent les puissants ou des obstacles qui paralysent les faibles ne me paralyse ou ne m'arrête. Je n'ai que deux adversaires; je ne dirai pas deux vainqueurs, car, avec de la persistance, je les soumets : c'est la distance et le temps. Le troisième, et le plus terrible, c'est ma condition d'homme mortel. Celle-là seule peut m'arrêter dans le chemin où je marche, et avant que je n'aie atteint le but auquel je tends : tout le reste, je l'ai calculé. Ce que les hommes appellent les chances du sort, c'est-à-dire la ruine, le changement, les éventualités, je les ai toutes prévues; et, si quelques unes peuvent m'atteindre, aucune ne peut me renverser. A moins que je meure, je serai toujours ce que je suis; voilà pourquoi je vous dis des choses que vous n'avez jamais entendues, même de la bouche des rois, car les rois ont besoin de vous, et le

J'ai été enlevé par Satan sur la plus haute montagne de la terre. — Page 74.

autres hommes en ont peur. Qui est-ce qui ne se dit pas, dans une société aussi ridiculement organisée que la nôtre :

« Peut-être un jour aurai-je affaire au procureur du roi! »

— Mais, vous-même, monsieur, pouvez-vous dire cela? car, du moment que vous habitez la France, vous êtes naturellement soumis aux lois françaises.

— Je le sais, monsieur, répondit Monte-Christo; mais, quand je dois aller dans un pays, je commence à étudier, par des moyens qui me sont propres, tous les hommes dont je puis avoir quelque chose à espérer ou à craindre, et j'arrive à les connaître aussi bien, et mieux peut-être, qu'ils ne se connaissent eux-mêmes. Cela amène ce résultat que le procureur du roi, quel qu'il fût, à qui j'aurais affaire, serait très-certainement plus embarrassé que moi-même.

— Ce qui veut dire, reprit avec hésitation Villefort, que, la nature humaine étant faible, tout homme, selon vous, a commis... des fautes.

— Des fautes... ou des crimes, répondit négligemment Monte-Christo.

— Et que vous seul, parmi les hommes que vous

ne reconnaissez pas pour vos frères, vous l'avez dit vous-même, reprit Villefort d'une voix légèrement altérée, et que vous seul êtes parfait!

— Non point parfait, répondit le comte, impénétrable, voilà tout. Mais brisons là-dessus, monsieur, si la conversation vous déplaît; je ne suis pas plus menacé de votre justice que vous ne l'êtes de ma double vue.

— Non! non! monsieur, dit vivement Villefort, qui, sans doute, craignait de paraître abandonner le terrain; non! Par votre brillante et presque sublime conversation, vous m'avez élevé au-dessus des niveaux ordinaires; nous ne causons plus, nous dissertons. Or, vous savez combien les théologiens en chaire de Sorbonne, ou les philosophes dans leurs disputes, se disent parfois de cruelles vérités : supposons que nous faisons de la théologie sociale et de la philosophie théologique, je vous dirai donc celle-ci, toute rude qu'elle est : Mon frère, vous sacrifiez à l'orgueil; vous êtes au-dessus des autres, mais au-dessus de vous il y a Dieu.

— Au-dessus de tous, monsieur, répondit Monte-Christo avec un accent si profond, que Villefort en frissonna involontairement. J'ai mon orgueil pour les hommes, serpents toujours prêts à se dresser contre celui qui les dépasse du front sans les écraser du pied. Mais je dépose cet orgueil devant Dieu, qui m'a tiré du néant pour me faire ce que je suis.

— Alors, monsieur le comte, je vous admire, dit Villefort, qui, pour la première fois dans cet étrange dialogue, venait d'employer cette formule aristocratique vis-à-vis de l'étranger qu'il n'avait jusque-là appelé que monsieur. Oui, je vous le dis, si vous êtes réellement fort, réellement supérieur, réellement saint ou impénétrable, ce qui, vous avez raison, revient à peu près au même, soyez superbe, monsieur; c'est la loi des dominations. Mais vous avez bien cependant une ambition quelconque?

— J'en ai eu une, monsieur.

— Laquelle?

— Moi aussi, comme cela est arrivé à tout homme une fois dans sa vie, j'ai été enlevé par Satan sur la plus haute montagne de la terre; arrivé là, il me montra le monde tout entier, et, comme il avait dit autrefois au Christ, il m'a dit à moi : « Voyons, enfant des hommes, pour m'adorer, que veux-tu? » Alors j'ai réfléchi longtemps, car depuis longtemps une terrible ambition dévorait effectivement mon cœur; puis je lui répondis : « Écoute, j'ai toujours entendu parler de la Providence, et cependant je ne l'ai jamais vue, ni rien qui lui ressemble, ce qui me fait croire qu'elle n'existe pas; je veux être la Providence, car ce que je sais de plus beau, de plus grand et de plus sublime au monde, c'est de récompenser et de punir. » Mais Satan baissa la tête et poussa un soupir. « Tu te trompes, dit-il, la Providence existe; seulement tu ne la vois pas, parce que, fille de Dieu, elle est invisible comme son Père. Tu n'as rien vu qui lui ressemble, parce qu'elle procède par des ressorts cachés et marche par des voies obscures; tout ce que je puis faire pour toi, c'est de te rendre un des agents de cette Providence. » Le marché fut fait, j'y perdrai peut-être mon âme; mais n'importe, reprit Monte-Christo, et le marché serait à refaire, que je le ferais encore.

Villefort regardait Monte-Christo avec un suprême étonnement.

— Monsieur le comte, dit-il, avez-vous des parents?

— Non, monsieur, je suis seul au monde.

— Tant pis!

— Pourquoi? demanda Monte-Christo.

— Parce que vous auriez pu voir un spectacle propre à briser votre orgueil. Vous ne craignez que la mort, dites-vous?

— Je ne dis pas que je la craigne, je dis qu'elle seule peut m'arrêter.

— Et la vieillesse?

— Ma mission sera remplie avant que je ne sois vieux.

— Et la folie?

— J'ai manqué de devenir fou, et vous connaissez l'axiome *non bis in idem;* c'est un axiome criminel, et qui, par conséquent, est de votre ressort.

— Monsieur, reprit Villefort, il y a encore autre chose à craindre que la mort, que la vieillesse ou que la folie; il y a par exemple l'apoplexie, ce coup de foudre qui vous frappe sans vous détruire, et après lequel cependant tout est fini. C'est toujours vous, et cependant vous n'êtes plus vous : vous qui touchiez, comme Ariel, à l'ange, vous n'êtes plus qu'une masse inerte, qui, comme Caliban, touche à la bête; cela s'appelle tout bonnement, comme je vous le disais, dans la langue humaine, une apoplexie. Venez, s'il vous plaît, continuer cette conversation chez moi, monsieur le comte, un jour que vous aurez envie de rencontrer un adversaire capable de vous comprendre et avide de vous réfuter, et je je vous montrerai mon père, M. Noirtier de Villefort, un des plus fougueux jacobins de la révolution française, c'est-à-dire la plus brillante audace mise au service de la plus vigoureuse organisation, un homme qui, comme vous, n'avait peut-être pas vu tous les royaumes de la terre, mais avait aidé à bouleverser un des plus puissants, un homme enfin qui, comme vous, se prétendait un des envoyés, non pas de Dieu, mais de l'Être suprême, non pas de la Providence, mais de la fatalité; eh bien! monsieur, la rupture d'un vaisseau sanguin dans un lobe du cerveau a brisé tout cela, non pas en un jour, non pas en une heure, mais en une seconde. La veille, M. Noirtier, ancien jacobin, ancien sénateur, ancien carbonaro, riant de la guillotine, riant du canon, riant du poignard, M. Noirtier, jouant avec les révolutions, M. Noirtier, pour qui la France n'était qu'un vaste échiquier duquel pions, tours, cavaliers et reines devaient disparaître, pourvu que le roi fût mat, M. Noirtier, si redoutable, était le lendemain *ce pauvre monsieur Noirtier*, vieillard immobile, livré aux volontés de l'être le plus faible de la maison, c'est-à-dire de sa petite-fille Valentine; un cadavre muet et glacé enfin, qui ne vit sans souffrance que pour donner le temps à la matière d'arriver sans secousse à son entière décomposition.

— Hélas! monsieur, dit Monte-Christo, ce spectacle n'est étranger ni à mes yeux ni à ma pensée; je suis quelque peu médecin, et j'ai, comme mes confrères, cherché plus d'une fois l'âme dans la matière vivante ou dans la matière morte; et, comme la Providence, elle est restée invisible à mes yeux, quoique présente à mon cœur. Cent auteurs, depuis Socrate, depuis Senèque, depuis saint Augustin, depuis Gall, ont fait en prose ou en vers le rapprochement que vous venez de faire; mais cependant je comprends que les souffrances d'un père puissent opérer de grands changements dans l'esprit de son fils. J'irai, monsieur, puisque vous voulez bien m'y engager, contempler au profit de mon humilité ce terrible spectacle, qui doit fort attrister votre maison.

— Cela serait sans doute, si Dieu ne m'avait point donné une large compensation. En face du vieillard qui descend en se traînant vers la tombe sont deux enfants qui entrent dans la vie : Valentine, une jeune fille de mon premier mariage avec mademoiselle Renée de Saint-Méran, et Édouard, ce fils à qui vous avez sauvé la vie.

— Et que concluez-vous de cette compensation, monsieur? demanda Monte-Christo.

— Je conclus, monsieur, répondit Villefort, que mon père, égaré par les passions, a commis quelques-unes de ces fautes qui échappent à la justice humaine, mais qui relèvent de la justice de Dieu!... et que Dieu, ne voulant punir qu'une seule personne, n'a frappé que lui seul.

Monte-Christo, le sourire sur les lèvres, poussa au fond du cœur un rugissement qui eût fait fuir Villefort, si Villefort eût pu l'entendre.

— Adieu, monsieur, reprit le magistrat, qui, depuis quelque temps déjà, s'était levé et parlait debout; je vous quitte, emportant de vous un souvenir d'estime qui, je l'espère, pourra vous être agréable lorsque vous me connaîtrez mieux, car je ne suis point un homme banal, tant s'en faut. Vous vous êtes fait d'ailleurs dans madame de Villefort une amie éternelle.

Le comte salua et se contenta de reconduire jusqu'à la porte de son cabinet seulement Villefort, lequel regagna sa voiture, précédé de deux laquais qui, sur un signe de leur maître, s'empressèrent de la lui ouvrir.

Puis, quand le procureur du roi eut disparu

— Allons, dit Monte-Christo en tirant avec effort un soupir de sa poitrine oppressée; allons, assez de poison comme cela, et, maintenant que mon cœur en est plein, allons chercher l'antidote.

Et frappant un coup sur le timbre retentissant :

— Je monte chez madame, dit-il à Ali; que dans une demi-heure la voiture soit prête!

CHAPITRE X.

HAYDÉE.

On se rappelle quelles étaient les nouvelles ou plutôt les anciennes connaissances du comte de Monte-Christo, qui demeuraient rue Meslay : c'étaient Maximilien, Julie et Emmanuel.

L'espoir de cette bonne visite qu'il allait faire, de ces quelques moments heureux qu'il allait passer, de cette lueur du paradis glissant dans l'enfer où il s'était volontairement engagé, avait répandu, à partir du moment où il avait perdu de vue Villefort, la plus charmante sérénité sur le visage du comte, et Ali, qui était accouru au bruit du timbre, en voyant ce visage ainsi rayonnant d'une joie si rare, s'était retiré sur la pointe du pied et la respiration suspendue, comme pour ne pas effaroucher les bonnes pensées qu'il croyait voir voltiger autour de son maître.

Il était midi.

Le comte s'était réservé une heure pour monter chez Haydée; on eût dit que la joie ne pouvait rentrer tout à coup dans cette âme si longtemps brisée, et qu'elle avait besoin de se préparer aux émotions douces, comme les autres âmes ont besoin de se préparer aux émotions violentes.

La jeune Grecque était, comme nous l'avons dit, dans un appartement entièrement séparé de l'appartement du comte.

Cet appartement était tout entier meublé à la manière orientale ; c'est-à-dire que les parquets étaient couverts d'épais tapis de Turquie, que des étoffes de brocart retombaient le long des murailles, et que, dans chaque pièce, un large divan régnait tout autour de la chambre avec des piles de coussins qui se déplaçaient à la volonté de ceux qui en usaient.

Haydée avait trois femmes françaises et une femme grecque.

Les trois femmes françaises se tenaient dans la première pièce, prêtes à accourir au bruit d'une petite sonnette d'or et à obéir aux ordres de l'esclave romaïque, laquelle savait assez de français pour transmettre les volontés de sa maîtresse à ses trois camérières, auxquelles Monte-Christo avait recommandé d'avoir pour Haydée les égards que l'on aurait pour une reine.

La jeune fille était dans la pièce la plus reculée de son appartement, c'est-à-dire dans une espèce de boudoir rond, éclairé seulement par le haut, et dans lequel le jour ne pénétrait qu'à travers des carreaux de verre rose.

Elle était couchée à terre sur des coussins de satin bleu brochés d'argent, à demi renversée en arrière sur le divan, encadrant sa tête avec son bras droit mollement arrondi, tandis que, du gauche, elle fixait à ses lèvres le tube de corail dans lequel était enchâssé le tuyau flexible d'un narguillé, qui ne laissait arriver la vapeur à sa bouche que parfumée par l'eau de benjoin, à travers laquelle sa douce aspiration la forçait de passer.

Sa pose, toute naturelle pour une femme d'Orient, eût été pour une Française d'une coquetterie peut-être un peu affectée.

Quant à sa toilette, c'était celle des femmes épirotes, c'est-à-dire un caleçon de satin blanc broché de fleurs roses, et qui laissait à découvert deux pieds d'enfant qu'on eût cru de marbre de Paros, si on ne les eût vus se jouer avec deux petites sandales à la pointe recourbée, brodées d'or et de perles; une veste à longues raies bleues et blanches, à larges manches fendues par les bras, avec des boutonnières d'argent et des boutons de perles ; enfin une espèce de corset, laissant, par sa coupe ouverte en cœur, voir le cou et tout le haut de la poitrine, et se boutonnant au-dessous du sein par trois boutons de diamant.

Quant au bas du corset et au haut du caleçon, ils étaient perdus dans une de ces ceintures aux vives couleurs et aux longues franges soyeuses qui font l'ambition de nos élégantes Parisiennes.

La tête était coiffée d'une petite calotte d'or brodée de perles, inclinée sur le côté, et au-dessous de la calotte, du côté où elle inclinait, une belle rose naturelle de couleur pourpre ressortait mêlée à des cheveux si noirs, qu'ils paraissaient bleus.

Quant à la beauté de ce visage, c'était la beauté grecque dans toute la perfection de son type, avec ses grands yeux noirs veloutés, son nez droit, ses lèvres de corail et ses dents de perles.

— N'es-tu plus mon maître, ne suis-je plus ton esclave?

Puis, sur ce charmant ensemble, la fleur de la jeunesse était répandue avec tout son éclat et tout son parfum.

Haydée pouvait avoir dix-neuf ou vingt ans.

Monte-Christo appela la suivante grecque, et fit demander à Haydée la permission d'entrer auprès d'elle.

Pour toute réponse, Haydée fit signe à la suivante de relever la tapisserie qui pendait devant la porte, dont le chambranle carré encadra la jeune fille couchée comme un tableau charmant.

Monte-Christo s'avança.

Haydée se souleva sur le coude qui tenait le narguillé, et tendant au comte sa main en même temps qu'elle l'accueillait avec un sourire :

— Pourquoi, dit-elle dans la langue sonore des filles de Sparte et d'Athènes, pourquoi me fais-tu demander la permission d'entrer chez moi? N'es-tu plus mon maître, ne suis-je plus ton esclave?

Monte-Christo sourit à son tour.

— Haydée, dit-il, vous savez...

— Pourquoi ne me dis-tu pas *tu* comme d'habitude? interrompit la jeune Grecque; ai-je donc commis quelque faute? En ce cas il faut me punir, mais non pas me dire *vous*.

— Haydée, reprit le comte, tu sais que nous sommes en France, et, par conséquent, que tu es libre.

— Libre de quoi faire? demanda la jeune fille.

— Libre de me quitter.

— Te quitter!... et pourquoi te quitterais-je?

— Que sais-je, moi! nous allons voir le monde.

— Je ne veux voir personne.

— Et si parmi les beaux jeunes gens que tu rencontreras, tu en trouvais quelqu'un qui te plût, je ne serais pas assez injuste...

— Je n'ai jamais vu d'hommes plus beaux que toi, et je n'ai jamais aimé que mon père et toi.

— Pauvre enfant! dit Monte-Christo, c'est que tu n'as guère parlé qu'à ton père et à moi.

— Eh bien! qu'ai-je besoin de parler à d'autres? Mon père m'appelait *sa joie*, toi tu m'appelles *ton amour*, et tous deux vous m'appelez *votre enfant*.

— Tu te rappelles ton père, Haydée?

La jeune fille sourit.

— Il est là et là, dit-elle en mettant la main sur ses yeux et sur son cœur.

— Et moi, où suis-je? demanda en souriant Monte-Christo.

— Toi, dit-elle, tu es partout.

Monte-Christo prit la main à Haydée pour la baiser; mais la naïve enfant retira sa main et présenta son front.

— Maintenant, Haydée, lui dit-il, tu sais que tu es libre, que tu es maîtresse, que tu es reine, tu peux garder ton costume ou le quitter à ta fantaisie; tu resteras ici quand tu voudras rester, tu sortiras quand tu voudras sortir : il y aura toujours une voiture attelée pour toi; Ali et Myrto t'accompagneront partout et seront à tes ordres; seulement, une seule chose, je te prie.

— Dis.

— Garde le secret sur ta naissance, ne dis pas un mot sur ton passé; ne prononce, dans aucune occasion, le nom de ton illustre père ni celui de ta pauvre mère.

— Je te l'ai déjà dit, seigneur, je ne verrai personne.

— Écoute, Haydée; peut-être cette réclusion tout orientale sera-t-elle impossible à Paris; continue d'apprendre la vie de nos pays du nord comme tu l'as fait à Rome, à Florence, à Milan et à Madrid; cela te servira toujours, que tu continues à vivre ici ou que tu retournes en Orient.

La jeune fille leva sur le comte ses grands yeux humides, et répondit :

— Ou que nous retournions en Orient, veux-tu dire, n'est-ce pas, mon seigneur?

— Oui, ma fille, dit Monte-Christo; tu sais bien que ce n'est jamais moi qui te quitterai. Ce n'est point l'arbre qui quitte la fleur, c'est la fleur qui quitte l'arbre.

— Je ne te quitterai jamais, seigneur, dit Haydée, car je suis sûre que je ne pourrais pas vivre sans toi.

— Pauvre enfant! dans dix ans je serai vieux et dans dix ans tu seras toute jeune encore.

— Mon père avait une longue barbe blanche : cela ne m'empêchait point de l'aimer; mon père avait soixante ans, et il me paraissait plus beau que tous les jeunes hommes que je voyais.

— Mais, voyons, dis-moi, crois-tu que tu t'habitueras ici.

— Te verrai-je?

— Tous les jours.

— Eh bien! que me demandes-tu donc, seigneur?

— Je crains que tu ne t'ennuies.

— Non, seigneur, car le matin je penserai que tu viendras, et le soir je me rappellerai que tu es venu; d'ailleurs, quand je suis seule, j'ai de grands souvenirs, je revois d'immenses tableaux, de grands horizons avec le Pinde et l'Olympe dans le lointain; puis j'ai dans le cœur trois sentiments avec lesquels on ne s'ennuie jamais : de la tristesse, de l'amour et de la reconnaissance.

— Tu es une digne fille de l'Épire, Haydée, gracieuse et poétique, et l'on voit que tu descends de cette famille de déesses qui est née dans ton pays. Sois donc tranquille, ma fille, je ferai en sorte que ta jeunesse ne soit pas perdue, car, si tu m'aimes comme ton père, moi je t'aime comme mon enfant.

— Tu te trompes, seigneur, je n'aimais point mon père comme je t'aime, mon amour pour toi est un autre amour : mon père est mort et je ne suis pas morte, tandis que toi, si tu mourais, je mourrais.

Le comte tendit la main à la jeune fille avec un sourire plein de profonde tendresse; elle y imprima ses lèvres comme d'habitude.

Et le comte, ainsi disposé à l'entrevue qu'il allait avoir avec Morrel et sa famille, partit en murmurant ces vers de Pindare :

« La jeunesse est une fleur dont l'amour est le fruit... Heureux le vendangeur qui le cueille après l'avoir vu lentement mûrir. »

Selon ses ordres, la voiture était prête.

Il y monta, et la voiture, comme toujours, partit au galop.

CHAPITRE XI.

LA FAMILLE MORREL.

Le comte arriva en quelques minutes rue Meslay, n° 7.

La maison était blanche, riante et précédée d'une cour dans laquelle deux petits massifs contenaient d'assez belles fleurs.

Dans le concierge qui lui ouvrit cette porte, le comte reconnut le vieux Coclès.

Mais, comme celui-ci, on se le rappelle, n'avait qu'un œil, et que depuis neuf ans cet œil avait encore considérablement faibli, Coclès ne reconnut pas le comte.

Les voitures, pour s'arrêter devant l'entrée, devaient tourner afin d'éviter un petit jet d'eau jaillissant d'un bassin en rocaille, magnificence qui avait excité bien des jalousies dans le quartier, et qui était cause qu'on appelait cette maison le *Petit Versailles*.

Inutile de dire que, dans le bassin, manœuvraient une foule de poissons rouges et jaunes.

La maison, élevée au-dessus d'un étage de cuisines et de caveaux, avait, outre le rez-de-chaussée, deux étages pleins et des combles.

Les jeunes gens l'avaient achetée avec les dépendances, qui consistaient en un immense atelier, en deux pavillons au fond d'un jardin et dans le jardin lui-même.

Emmanuel avait, du premier coup d'œil, vu dans cette disposition une petite spéculation à faire; il s'était réservé la maison, la moitié du jardin et avait tiré une ligne, c'est-à-dire qu'il avait bâti un mur entre lui et les ateliers qu'il avait loués à bail avec les pavillons et la portion de jardin qui y était afférente; de sorte qu'il se trouvait logé pour une somme assez modique, et aussi bien clos chez lui que le plus minutieux propriétaire d'un hôtel du faubourg Saint-Germain.

La salle à manger était de chêne; le salon d'acajou et de velours bleu, la chambre à coucher de citronnier et de damas vert.

Il y avait, en outre, un cabinet de travail pour Emmanuel, qui ne travaillait pas, et un salon de musique pour Julie, qui n'était pas musicienne.

Le second étage tout entier était consacré à Maximilien.

Il avait là une répétition exacte du logement de sa sœur : la salle à manger seulement avait été convertie en une salle de billard où il amenait ses amis.

Il surveillait lui-même le pansage de son cheval, et fumait son cigare à l'entrée du jardin quand la voiture du comte s'arrêta à la porte.

Coclès ouvrit la porte, comme nous l'avons dit, et Baptistin, s'élançant de son siége, demanda si M. et madame Herbault et M. Maximilien Morrel étaient visibles pour le comte de Monte-Christo.

— Pour le comte de Monte-Christo! s'écria Morrel en jetant son cigare et en s'élançant au-devant de son visiteur : je le crois bien que nous sommes visibles pour lui. Ah! merci, cent fois merci, monsieur le comte, de ne pas avoir oublié votre promesse.

Et le jeune officier serra si cordialement la main du comte, que celui-ci ne put se méprendre à la franchise de la manifestation, et il vit bien qu'il avait été attendu avec impatience et était reçu avec empressement.

— Venez, venez, dit Maximilien, je veux vous servir d'introducteur; un homme comme vous ne doit pas être annoncé par un domestique; ma sœur est dans son jardin, elle casse ses roses fanées; mon frère lit ses deux journaux, la *Presse* et les *Débats*, à six pas d'elle, car, partout où l'on voit madame Herbault, on n'a qu'à regarder dans un rayon de quatre mètres, M. Emmanuel s'y trouve, et, réciproquement, comme on dit à l'école polytechnique.

Le bruit des pas fit lever la tête à une jeune femme de vingt à vingt-cinq ans, vêtue d'une robe de chambre de soie, et épluchant avec un soin tout particulier un magnifique rosier noisette.

Cette femme, c'était notre petite Julie, devenue, comme le lui avait prédit le mandataire de la maison Thomson et French, madame Emmanuel Herbault.

Elle poussa un cri en voyant un étranger.

Maximilien se mit à rire.

— Ne te dérange pas, ma sœur, dit-il; monsieur

— Pour le comte de Monte-Christo! Je le crois bien, que nous sommes visibles pour lui! — Page 79.

le comte n'est que depuis deux ou trois jours à Paris, mais il sait déjà ce que c'est qu'une rentière du Marais, et, s'il ne le sait pas, tu vas le lui apprendre.

— Ah! monsieur, dit Julie, vous amener ainsi, c'est une trahison de mon frère, qui n'a pas pour sa pauvre sœur la moindre coquetterie... Penelon!... Penelon!...

Un vieillard qui bêchait une plate-bande de rosiers du Bengale ficha sa bêche en terre et s'approcha, la casquette à la main, en dissimulant du mieux qu'il le pouvait une chique enfoncée momentanément dans les profondeurs de ses joues.

Quelques mèches blanches argentaient sa chevelure encore épaisse, tandis que son teint bronzé et son œil hardi et vif annonçaient le vieux marin, bruni au soleil de l'équateur et hâlé au souffle des tempêtes.

— Je crois que vous m'avez hélé, mademoiselle Julie? dit-il; me voilà.

Penelon avait conservé l'habitude d'appeler la fille de son patron mademoiselle Julie, et n'avait

Penelon.

jamais pu prendre celle de l'appeler madame Herbault.

— Penelon, dit Julie, allez prévenir M. Emmanuel de la bonne visite qui nous arrive, tandis que Maximilien conduira monsieur au salon.

Puis, se tournant vers Monte-Christo :

— Monsieur me permettra bien de m'enfuir une minute, n'est-ce pas ? dit-elle.

Et, sans attendre l'assentiment du comte, elle s'élança derrière un massif et gagna la maison par une allée latérale.

— Ah çà ! mon cher monsieur Morrel, dit Monte-Christo, je m'aperçois avec douleur que je fais révolution dans votre famille.

— Tenez, tenez, dit Maximilien en riant, voyez-vous là-bas le mari qui, de son côté, va troquer sa veste contre une redingote? Oh! c'est qu'on vous connaît rue Meslay; vous étiez annoncé, je vous prie de le croire.

— Vous me paraissez avoir là, monsieur, une heureuse famille, dit le comte répondant à sa propre pensée.

3 Paris — Imp. de Edouard Blot, rue St-Louis, 46.

— Oh! oui, je vous en réponds, monsieur le comte; que voulez-vous, il ne leur manque rien pour être heureux: ils sont jeunes, ils sont gais, ils s'aiment, et, avec leurs vingt-cinq mille livres de rente, ils se figurent, eux qui ont cependant côtoyé tant d'immenses fortunes, ils se figurent posséder la richesse des Rothschild.

— C'est peu, cependant, vingt-cinq mille livres de rente, dit Monte-Christo avec une douceur si suave, qu'elle pénétra le cœur de Maximilien comme eût pu le faire la voix d'un tendre père; mais ils ne s'arrêteront pas là nos jeunes gens, ils deviendront à leur tour millionnaires. Monsieur votre beau-frère est avocat... médecin...

— Il était négociant, monsieur le comte, et avait pris la maison de mon pauvre père. M. Morrel est mort en laissant cinq cent mille francs de fortune; j'en avais une moitié et ma sœur l'autre, car nous n'étions que deux enfants. Son mari, qui l'avait épousée sans avoir d'autre patrimoine que sa noble probité, son intelligence de premier ordre et sa réputation sans tache, a voulu posséder autant que sa femme. Il a travaillé jusqu'à ce qu'il eût amassé deux cent cinquante mille francs; six ans ont suffi. C'était, je vous le jure, monsieur le comte, un touchant spectacle que celui de ces deux enfants si laborieux, si unis, destinés par leur capacité à la plus haute fortune, et qui, n'ayant rien voulu changer aux habitudes de la maison paternelle, ont mis six ans à faire ce que les novateurs eussent pu faire en deux ou trois; aussi Marseille retentit encore des louanges qu'on n'a pu refuser à tant de courageuse abnégation. Enfin, un jour Emmanuel vint trouver sa femme, qui achevait de payer l'échéance.

— Julie, lui dit-il, voici le dernier rouleau de cent francs que vient de me remettre Coclès, et qui complète les deux cent cinquante mille francs que nous avons fixés comme limite de nos gains. Seras-tu contente de ce peu dont il va falloir nous contenter désormais? Écoute, la maison fait pour un million d'affaires par an, et peut rapporter quarante mille francs de bénéfices. Nous vendrons, si nous le voulons, la clientèle trois cent mille francs dans une heure, car voici une lettre de M. Delaunay qui nous les offre en échange de notre fonds, qu'il veut réunir au sien. Vois ce que tu penses qu'il y ait à faire.

— Mon ami, dit ma sœur, la maison Morrel ne peut être tenue que par un Morrel. Sauver à tout jamais des mauvaises chances de la fortune le nom de notre père, cela ne vaut-il pas bien trois cent mille francs?

— Je le pensais, répondit Emmanuel; cependant je voulais prendre ton avis.

— Eh bien! mon ami, le voilà. Toutes nos rentrées sont faites, tous nos billets sont payés; nous pouvons tirer une barre au-dessous du compte de cette quinzaine et fermer nos comptoirs: tirons cette barre et fermons-les. Ce qui fut fait à l'instant même. Il était trois heures : à trois heures un quart, un client se présenta pour faire assurer le passage de deux navires; c'était un bénéfice net de quinze mille francs comptant.

— Monsieur, dit Emmanuel, veuillez vous adresser, pour cette assurance, à notre confrère, M. Delaunay. Quant à nous, nous avons quitté les affaires.

— Et depuis quand? demanda le client étonné.

— Depuis un quart d'heure.

— Et voilà, monsieur, continua en souriant Maximilien, comment ma sœur et mon beau-frère n'ont que vingt-cinq mille livres de rente.

Maximilien achevait à peine sa narration pendant laquelle le cœur du comte s'était dilaté de plus en plus, lorsque Emmanuel reparut, restauré d'un chapeau et d'une redingote; il salua en homme qui connaît la qualité du visiteur, puis, après avoir fait faire au comte le tour du petit enclos fleuri, il le ramena vers la maison.

Le salon était déjà embaumé de fleurs contenues à grand'peine dans un immense vase du Japon à anses naturelles.

Julie, convenablement vêtue et coquettement coiffée (elle avait accompli ce tour de force en dix minutes!), se présenta pour recevoir le comte à son entrée.

On entendait caqueter les oiseaux d'une volière voisine.

Les branches des faux ébéniers et des acacias roses venaient border de leurs grappes les rideaux de velours bleu.

Tout dans cette charmante petite retraite respirait le calme, depuis le chant de l'oiseau jusqu'au sourire des maîtres.

Le comte, depuis son entrée dans la maison, s'était déjà imprégné de ce bonheur; aussi restait-il muet et rêveur, oubliant qu'on l'attendait pour reprendre la conversation interrompue après les premiers compliments.

Il s'aperçut de ce silence devenu presque inconvenant, et s'arrachant avec effort à sa rêverie :

— Madame, dit-il enfin, pardonnez-moi une émotion qui doit vous étonner, vous, accoutumée à cette paix et à ce bonheur que je rencontre ici; mais, pour moi, c'est chose si nouvelle que la satisfaction sur un visage humain, que je ne me lasse pas de vous regarder, vous et votre mari.

— Nous sommes bien heureux, en effet, monsieur, répliqua Julie; mais nous avons été longtemps à souffrir, et peu de gens ont acheté leur bonheur aussi cher que nous.

La curiosité se peignit sur les traits du comte.

— Oh! c'est toute une histoire de famille, comme

vous le disait l'autre jour Château-Renaud, reprit Maximilien; pour vous, monsieur le comte, habitué à voir d'illustres malheurs et des joies splendides, il y aurait peu d'intérêt dans ce tableau d'intérieur. Toutefois, nous avons, comme vient de vous le dire Julie, souffert de bien vives douleurs, quoiqu'elles fussent renfermées dans ce petit cadre...

— Et Dieu vous a versé, comme il le fait pour tous, la consolation sur la souffrance? demanda Monte-Christo.

— Oui, monsieur le comte, dit Julie : nous pouvons le dire, car il a fait pour nous ce qu'il ne fait que pour ses élus; il nous a envoyé un de ses anges.

Le rouge monta aux joues du comte, et il toussa pour avoir un moyen de dissimuler son émotion en portant son mouchoir à sa bouche.

— Ceux qui sont nés dans un berceau de pourpre et qui n'ont jamais rien désiré, dit Emmanuel, ne savent pas ce que c'est que le bonheur de vivre; de même que ceux-là ne connaissent pas le prix d'un ciel pur, qui n'ont jamais livré leur vie à la merci de quatre planches jetées sur une mer en fureur.

Monte-Christo se leva, et, sans rien répondre, car au tremblement de sa voix on eût pu reconnaître l'émotion dont il était agité, il se mit à parcourir pas à pas le salon.

— Notre magnificence vous fait sourire, monsieur le comte? dit Maximilien, qui suivait Monte-Christo des yeux.

— Non, non, répondit Monte-Christo fort pâle, et comprimant d'une main les battements de son cœur, tandis que, de l'autre, il montrait au jeune homme un globe de cristal sous lequel une bourse de soie reposait précieusement couchée sur un coussin de velours noir. Je me demandais seulement à quoi sert cette bourse, qui, d'un côté, contient un papier, ce me semble, et de l'autre un assez beau diamant.

Maximilien prit un air grave et répondit :

— Ceci, monsieur le comte, c'est le plus précieux de nos trésors de famille.

— En effet, ce diamant est assez beau, répliqua Monte-Christo.

— Oh! mon frère ne vous parle pas du prix de la pierre, quoiqu'elle soit estimée cent mille francs, monsieur le comte; il veut seulement vous dire que les objets que renferme cette bourse sont les reliques de l'ange dont nous vous parlions tout à l'heure.

— Voilà ce que je ne saurais comprendre, et cependant ce que je ne dois pas demander, madame, répliqua Monte-Christo en s'inclinant; pardonnez-moi, je n'ai pas voulu être indiscret.

— Indiscret, dites-vous, oh! que vous nous rendez heureux, monsieur le comte, au contraire, en nous offrant une occasion de nous étendre sur ce sujet! Si nous cachions comme un secret la belle action que rappelle cette bourse, nous ne l'exposerions pas ainsi à la vue. Oh! nous voudrions pouvoir la publier dans tout l'univers, pour qu'un tressaillement de notre bienfaiteur inconnu nous révélât sa présence.

— Ah! vraiment! fit Monte-Christo d'une voix étouffée.

— Monsieur, dit Maximilien en soulevant le globe de cristal et en baisant religieusement la bourse de soie, ceci a touché la main d'un homme par lequel mon père a été sauvé de la mort, nous de la ruine et notre nom de la honte; d'un homme grâce auquel nous autres, pauvres enfants voués à la misère et aux larmes, nous pouvons entendre aujourd'hui des gens s'extasier sur notre bonheur. Cette lettre, et Maximilien tirant un billet de la bourse le présenta au comte, cette lettre fut écrite par lui un jour où mon père avait pris une résolution bien désespérée, et ce diamant fut donné en dot à ma sœur par ce généreux inconnu.

Monte-Christo ouvrit la lettre et la lut avec une indéfinissable expression de bonheur; c'était le billet que nos lecteurs connaissent, adressé à Julie et signé Simbad le Marin.

— Inconnu, dites-vous? Ainsi, l'homme qui vous a rendu ce service est resté inconnu pour vous?

— Oui, monsieur, jamais nous n'avons eu le bonheur de serrer sa main; ce n'est pas faute cependant d'avoir demandé à Dieu cette faveur, reprit Maximilien; mais il y a eu dans toute cette aventure une mystérieuse direction que nous ne pouvons comprendre encore; tout a été conduit par une main invisible, puissante comme celle d'un enchanteur.

— Oh! dit Julie, je n'ai pas encore perdu tout espoir de baiser un jour cette main comme je baise la bourse qu'elle a touchée. Il y a quatre ans, Penelon était à Trieste : Penelon, monsieur le comte, c'est ce brave marin que vous avez vu une bêche à la main, et qui, de contre-maître, s'est fait jardinier. Penelon, étant donc à Trieste, vit sur le quai un Anglais qui allait s'embarquer dans un yacht, et il reconnut celui qui vint chez mon père le 5 juin 1829, et qui m'écrivit ce billet le 5 septembre. C'était bien le même, à ce qu'il assure, mais il n'osa point lui parler.

— Un Anglais! fit Monte-Christo rêveur, et qui s'inquiétait de chaque regard de Julie; un Anglais, dites-vous?

— Oui, reprit Maximilien, un Anglais qui se présenta chez nous comme mandataire de la maison Thomson et French, de Rome. Voilà pourquoi, lorsque vous avez dit l'autre jour chez M. de Morcerf que MM. Thomson et French étaient vos banquiers, vous m'avez vu tressaillir. Au nom du ciel, monsieur, cela se passait, comme nous l'avons dit, en 1829, avez-vous connu cet Anglais?

— Mais ne m'avez-vous pas dit aussi que la maison Thomson et French avait constamment nié vous avoir rendu ce service?

— Oui.

— Alors cet Anglais ne serait-il pas un homme, qui, reconnaissant envers votre père de quelque bonne action qu'il aurait oubliée lui-même, aurait pris ce prétexte pour lui rendre un service?

— Tout est supposable, monsieur, en pareille circonstance, même un miracle.

— Comment s'appelait - il? demanda Monte-Christo.

— Il n'a laissé d'autre nom, répondit Julie en regardant le comte avec une profonde attention, que le nom qu'il a signé au bas du billet : Simbad le Marin.

— Ce qui n'est pas un nom évidemment, mais un pseudonyme.

Puis, comme Julie le regardait plus attentivement encore, et essayait encore de saisir au vol et de rassembler quelques notes de sa voix.

— Voyons, continua-t-il, n'est-ce point un homme de ma taille à peu près, un peu plus grand peut-être, un peu plus mince, emprisonné dans une haute cravate, boutonné, sanglé, corsé et toujours le crayon à la main?

— Oh! mais vous le connaissez donc? s'écria Julie les yeux étincelants de joie.

— Non, dit Monte-Christo, je suppose seulement. J'ai connu un lord Wilmore qui semait ainsi des traits de générosité.

— Sans se faire connaître?

— C'était un homme bizarre et qui ne croyait pas à la reconnaissance.

— Oh! mon Dieu! s'écria Julie avec un accent sublime et en joignant les mains, à quoi croit-il donc, le malheureux!

— Il n'y croyait pas, du moins, à l'époque où je l'ai connu, dit Monte-Christo, que cette voix partie du fond de l'âme avait remué jusqu'à la dernière fibre; mais, depuis ce temps, peut-être a-t-il eu quelque preuve que la reconnaissance existait.

— Et vous connaissez cet homme, monsieur? demanda Emmanuel.

— Oh! si vous le connaissez, monsieur, s'écria Julie, dites, dites, pouvez vous nous mener à lui, nous le montrer, nous dire où il est? Dis donc, Maximilien, dis donc, Emmanuel, si nous le retrouvions jamais, il faudrait bien qu'il crût à la mémoire du cœur!

Monte-Christo sentit deux larmes rouler dans ses yeux.

Il fit encore quelques pas dans le salon.

— Au nom du ciel, monsieur, dit Maximilien, si vous savez quelque chose de cet homme, dites-nous ce que vous en savez!

— Hélas! dit Monte-Christo en comprimant l'émotion de sa voix, si c'est lord Wilmore qui est votre bienfaiteur, je crains bien que jamais vous ne le retrouviez. Je l'ai quitté il y a deux ou trois ans à Palerme, et il partait pour les pays les plus fabuleux; si bien que je doute fort qu'il en revienne jamais.

— Ah! monsieur, vous êtes cruel! s'écria Julie avec effroi.

Et les larmes vinrent aux yeux de la jeune femme.

— Madame, dit gravement Monte-Christo en dévorant du regard les deux perles liquides qui roulaient sur les joues de Julie, si lord Wilmore avait vu ce que je viens de voir ici, il aimerait encore la vie, car les larmes que vous versez le raccommoderaient avec le genre humain.

Et il tendit la main à Julie, qui lui donna la sienne, entraînée qu'elle se trouvait par le regard et par l'accent du comte.

— Mais ce lord Wilmore, dit-elle se rattachant à une dernière espérance, il avait un pays, une famille, des parents, il était connu enfin? est-ce que nous ne pourrions pas?...

— Oh! ne cherchez point, madame, dit le comte, ne bâtissez point de douces chimères sur cette parole que j'ai laissé échapper. Non, lord Wilmore n'est probablement pas l'homme que vous cherchez, il était mon ami, je connaissais tous ses secrets, il m'eût raconté celui-là.

— Et il ne vous a rien dit? s'écria Julie

— Rien.

— Jamais un mot qui pût vous faire supposer?...

— Jamais.

— Cependant vous l'avez nommé tout de suite.

— Ah! vous savez... en pareil cas on suppose.

— Ma sœur, ma sœur, dit Maximilien, venant en aide au comte, monsieur a raison. Rappelle-toi ce que nous a dit si souvent notre bon père : ce n'est pas un Anglais qui nous a fait ce bonheur.

Monte-Christo tressaillit.

— Votre père vous disait, monsieur Morrel?.. reprit-il vivement.

— Mon père, monsieur, voyait dans cette action un miracle. Mon père croyait à un bienfaiteur sorti pour nous de la tombe. Oh! la touchante superstition, monsieur, que celle-là, et comme, tout en n'y croyant pas moi-même, j'étais bien loin de vouloir détruire cette croyance dans son noble cœur! Aussi combien de fois y rêva-t-il, en prononçant tout bas un nom d'ami bien cher, un nom d'ami perdu; et, lorsqu'il fut près de mourir, lorsque l'approche de l'éternité eut donné à son esprit quelque chose de

Cette pensée, qui jusque-là n'avait été qu'un doute, devint une conviction, et les dernières paroles qu'il prononça en mourant furent celles-ci : « Maximilien, c'était Edmond Dantès ! »

l'illumination de la tombe, cette pensée, qui n'avait jusque-là été qu'un doute, devint une conviction, et les dernières paroles qu'il prononça en mourant furent celles-ci : « Maximilien, c'était Edmond Dantès ! »

La pâleur du comte, qui, depuis quelques secondes, allait croissant, devint effrayante à ces paroles.

Tout son sang venait d'affluer au cœur, il ne pouvait parler.

Il tira sa montre, comme s'il eût oublié l'heure, prit son chapeau, présenta à madame Herbault un compliment brusque et embarrassé, et serrant les mains d'Emmanuel et de Maximilien :

— Madame, dit-il, permettez-moi de venir quelquefois vous rendre mes devoirs. J'aime votre maison, et je vous suis reconnaissant de votre accueil, car voici la première fois que je me suis oublié depuis bien des années.

Et il sortit à grands pas.

— C'est un homme singulier que ce comte de Monte-Christo, dit Emmanuel.

— Oui, répondit Maximilien, mais je crois qu'il a un cœur excellent, et je suis sûr qu'il nous aime.

— Et moi! dit Julie, sa voix m'a été au cœur, et deux ou trois fois il m'a semblé que ce n'était point la première fois que je l'entendais.

CHAPITRE XII.

PYRAME ET THISBÉ.

Aux deux tiers du faubourg Saint-Honoré, derrière un bel hôtel remarquable entre les remarquables habitations de ce riche quartier, s'étend un vaste jardin dont les marronniers touffus dépassent les énormes murailles, hautes comme des remparts, et laissent, quand vient le printemps, tomber leurs fleurs roses et blanches dans deux vases de pierre cannelée placés parallèlement sur deux pilastres quadrangulaires dans lesquels s'enchâsse une grille de fer du temps de Louis XIII.

Cette entrée grandiose est condamnée, malgré les magnifiques géraniums qui poussent dans les deux vases et qui balancent au vent leurs feuilles marbrées et leurs fleurs de pourpre, depuis que les propriétaires de l'hôtel, et cela date de longtemps déjà, se sont restreints à la possession de l'hôtel, de la cour plantée d'arbres qui donne sur le faubourg, et du jardin que ferme cette grille, laquelle donnait autrefois sur un magnifique potager d'un arpent, annexé à la propriété.

Mais le démon de la spéculation ayant tiré une ligne, c'est-à-dire une rue à l'extrémité de ce potager, et la rue, avant d'exister, ayant déjà, grâce à une plaque de fer bruni, reçu un nom, on pensa pouvoir vendre ce potager pour bâtir sur la rue, et faire concurrence à cette grande artère de Paris qu'on appelle le faubourg Saint-Honoré.

Mais, en matière de spéculation, l'homme propose et l'argent dispose.

La rue baptisée mourut au berceau.

L'acquéreur du potager, après l'avoir parfaitement payé, ne put trouver à le revendre la somme qu'il en voulait, et, en attendant une hausse de prix qui ne peut manquer, un jour ou l'autre, de l'indemniser bien au delà de ses pertes passées et de son capital au repos, il se contenta de louer cet enclos à des maraîchers, moyennant la somme de cinq cents francs par an.

C'est de l'argent placé à demi pour cent, ce qui n'est pas cher par le temps qui court, où il y a tant de gens qui le placent à cinquante et qui trouvent encore que l'argent est d'un bien pauvre rapport.

Néanmoins, comme nous l'avons dit, la grille du jardin, qui autrefois donnait sur le potager, est condamnée, et la rouille ronge ses gonds.

Il y a même plus : pour que d'ignobles maraîchers ne souillent pas de leurs regards vulgaires l'intérieur de l'enclos aristocratique, une cloison de planches est appliquée aux barreaux jusqu'à la hauteur de six pieds.

Il est vrai que les planches ne sont pas si bien jointes qu'on ne puisse glisser un regard furtif entre les intervalles.

Mais cette maison est une maison sévère, et qui ne craint point les indiscrétions.

Dans ce potager, au lieu de choux, de carottes, de radis, de pois et de melons, poussent de grandes luzernes, seule culture qui annonce que l'on songe encore à ce lieu abandonné.

Une petite porte basse, s'ouvrant sur la rue projetée, donne entrée en ce terrain clos de murs, que ses locataires viennent d'abandonner à cause de sa stérilité, et qui, depuis huit jours, au lieu de rapporter un demi pour cent, comme par le passé, ne rapporte plus rien du tout.

Du côté de l'hôtel, les marronniers dont nous avons parlé couronnent la muraille, ce qui n'empêche pas d'autres arbres luxuriants et fleuris de glisser dans leurs intervalles leurs branches avides d'air.

A un angle où le feuillage devient tellement touffu qu'à peine si la lumière y pénètre, un large banc de pierre et des siéges de jardin indiquent un lieu de réunion ou une retraite favorite à quelque habitant de l'hôtel situé à cent pas, et que l'on aperçoit à peine à travers le rempart de verdure qui l'enveloppe.

Enfin, le choix de cet asile mystérieux est à la fois justifié par l'absence du soleil, par la fraîcheur éternelle, même pendant les jours les plus brûlants de l'été, par le gazouillement des oiseaux et par l'éloignement de la maison et de la rue, c'est-à-dire des affaires et du bruit.

Vers le soir d'une des plus chaudes journées que le printemps eût encore accordées aux habitants de Paris, il y avait sur ce banc de pierre un livre, une ombrelle, un panier à ouvrage et un mouchoir de batiste dont la broderie était commencée, et, non loin de ce banc, près de la grille, debout devant les planches, l'œil appliqué à la cloison à claire-voie, une jeune femme dont le regard plongeait par une fente dans le terrain désert que nous connaissons.

Presque au même moment, la petite porte de ce terrain se refermait sans bruit, et un jeune homme, grand, vigoureux, vêtu d'une blouse de toile écrue, d'une casquette de velours, mais dont les moustaches, la barbe et les cheveux noirs extrêmement soignés juraient quelque peu avec ce costume populaire, après un rapide coup d'œil jeté autour de lui pour s'assurer que personne ne l'épiait, passant par cette porte, qu'il referma derrière lui, se dirigeait d'un pas précipité vers la grille.

A la vue de celui qu'elle attendait, mais non pas probablement sous ce costume, la jeune fille eut peur et se rejeta en arrière.

Et cependant déjà, à travers les fentes de la porte, le jeune homme, avec ce regard qui n'appartient qu'aux amants, avait vu flotter la robe blanche et la longue ceinture bleue.

Il s'élança vers la cloison, et appliquant sa bouche à une ouverture :

— N'ayez pas peur, Valentine, dit-il, c'est moi.

La jeune fille s'approcha.

— Oh! monsieur, dit-elle, pourquoi donc êtes-vous venu si tard aujourd'hui? Savez-vous que l'on va dîner bientôt, et qu'il m'a fallu bien de la diplomatie et bien de la promptitude pour me débarrasser de ma belle-mère qui m'épie, de ma femme de chambre qui m'espionne et de mon frère qui me tourmente, pour venir travailler ici à cette broderie, qui, j'en ai bien peur, ne sera pas finie de longtemps? Puis, quand vous vous serez excusé sur votre retard, vous me direz quel est ce nouveau costume qu'il vous a plu d'adopter et qui presque a été cause que je ne vous ai pas reconnu.

— Chère Valentine, dit le jeune homme, vous êtes trop au-dessus de mon amour pour que j'ose vous en parler, et cependant, toutes les fois que je vous vois, j'ai besoin de vous dire que je vous adore, afin que l'écho de mes propres paroles me caresse doucement le cœur lorsque je ne vous vois plus. Maintenant je vous remercie de votre gronderie : elle est toute charmante, car elle me prouve, je n'ose pas dire que vous m'attendiez, mais que vous pensiez à moi. Vous vouliez savoir la cause de mon retard et le motif de mon déguisement; je vais vous les dire, et j'espère que vous les excuserez; j'ai fait choix d'un état.

— D'un état!... Que voulez-vous dire, Maximilien? Et sommes-nous donc assez heureux pour que vous parliez de ce qui nous regarde en plaisantant?

— Oh! Dieu me préserve, dit le jeune homme, de plaisanter avec ce qui est ma vie; mais, fatigué d'être

Valentine.

un coureur de champs et un escaladeur de murailles, sérieusement effrayé de l'idée que vous me fîtes naître l'autre soir que votre père me ferait juger un jour comme voleur, ce qui compromettrait l'honneur de l'armée française tout entière, non moins effrayé de la possibilité que l'on s'étonne de voir éternellement tourner autour de ce terrain, où il n'y a pas la plus petite citadelle à assiéger ou le plus petit blockaus à défendre, un capitaine de spahis, je me suis fait maraîcher, et j'ai adopté le costume de ma profession.

— Bon! quelle folie!

— C'est au contraire la chose la plus sage, je crois, que j'aie faite de ma vie, car elle nous donne toute sécurité.

— Voyons, expliquez-vous.

— Eh bien! j'ai été trouver le propriétaire de cet enclos, le bail avec les anciens locataires était fini, et je le lui ai loué à nouveau. Toute cette luzerne que vous voyez m'appartient, Valentine; rien ne m'empêche de me faire bâtir une cabane dans ces foins et de vivre désormais à vingt pas de vous. Oh! ma joie et mon bonheur, je ne puis les contenir. Comprenez-vous, Valentine, que l'on parvienne à

Maximilien sauta sur une bêche et se mit à retourner impitoyablement la luzerne. — Page 92.

payer ces choses-là? C'est impossible, n'est-ce pas? Eh bien! toute cette félicité, tout ce bonheur, toute cette joie, pour lesquels j'eusse donné dix ans de ma vie, me coûtent, devinez combien?.. Cinq cents francs par an, payables par trimestre. Ainsi, vous le voyez, désormais plus rien à craindre. Je suis ici chez moi, je puis mettre les échelles contre mon mur et regarder par-dessus, et j'ai, sans crainte qu'une patrouille vienne me déranger, le droit de vous dire que je vous aime, tant que votre fierté ne se blessera pas d'entendre sortir ce mot de la bouche d'un pauvre journalier vêtu d'une blouse et coiffé d'une casquette.

Valentine poussa un petit cri de surprise joyeuse; puis tout à coup :

— Hélas! Maximilien, dit-elle tristement et comme si un nuage jaloux était soudain venu voiler le rayon de soleil qui illuminait son cœur, maintenant nous serons trop libres; notre bonheur nous fera tenter Dieu; nous abuserons de notre sécurité, et notre sécurité nous perdra.

— Pouvez-vous me dire cela, mon amie, à moi

qui, depuis que je vous connais, vous prouve chaque jour que j'ai subordonné mes pensées et ma vie à votre vie et à vos pensées? Qui vous a donné confiance en moi? mon honneur, n'est-ce pas? Quand vous m'avez dit qu'un vague instinct vous assurait que vous couriez quelque grand danger, j'ai mis mon dévouement à votre service, sans vous demander d'autre récompense que le bonheur de vous servir. Depuis ce temps, vous ai-je, par un mot, par un signe, donné l'occasion de vous repentir de m'avoir distingué au milieu de ceux qui eussent été heureux de mourir pour vous? Vous m'avez dit, pauvre enfant, que vous étiez fiancée à M. d'Épinay, que votre père avait décidé cette alliance, c'est-à-dire qu'elle était certaine; car tout ce que veut M. de Villefort arrive infailliblement. Eh bien! je suis resté dans l'ombre, attendant tout, non pas de ma volonté, non pas de la vôtre, mais des événements, de la Providence, de Dieu, et cependant vous m'aimez, vous avez eu pitié de moi, Valentine, et vous me l'avez dit; merci pour cette douce parole, que je ne vous demande que de me répéter de temps en temps et qui me fera tout oublier.

— Et voilà ce qui vous a enhardi, Maximilien, voilà ce qui me fait à la fois une vie bien douce et bien malheureuse, au point que je me demande souvent lequel vaut mieux pour moi, du chagrin que me causait autrefois la rigueur de ma belle-mère et sa préférence aveugle pour son enfant, ou du bonheur plein de dangers que je goûte en vous voyant.

— Du danger! s'écria Maximilien; pouvez-vous dire un mot si dur et si injuste! Avez-vous jamais vu un esclave plus soumis que moi? Vous m'avez permis de vous adresser quelquefois la parole, Valentine, mais vous m'avez défendu de vous suivre; j'ai obéi. Depuis que j'ai trouvé le moyen de me glisser dans cet enclos, de causer avec vous à travers cette porte, d'être enfin si près de vous sans vous voir, ai-je jamais, dites-le-moi, demandé à toucher le bas de votre robe à travers ces grilles? ai-je jamais fait un pas pour franchir ce mur, ridicule obstacle pour ma jeunesse et ma force? Jamais un reproche sur votre rigueur, jamais un désir exprimé tout haut; j'ai été rivé à ma parole comme un chevalier des temps passés. Avouez cela du moins, pour que je ne vous croie pas injuste.

— C'est vrai, dit Valentine en passant entre deux planches le bout d'un de ses doigts effilés sur lequel Maximilien posa ses lèvres; c'est vrai, vous êtes un honnête ami. Mais, enfin, vous n'avez agi qu'avec le sentiment de votre intérêt, mon cher Maximilien; vous saviez bien que, du jour où l'esclave deviendrait exigeant, il lui faudrait tout perdre. Vous m'avez promis l'amitié d'un frère, à moi qui n'ai pas d'amis, moi que mon père oublie, moi que ma belle-mère persécute, et qui n'ai pour consolation que le vieillard immobile, muet, glacé, dont la main ne peut serrer ma main, dont l'œil seul peut me parler, et dont le cœur bat sans doute pour moi d'un reste de chaleur. Dérision amère du sort qui me fait ennemie et victime de tous ceux qui sont plus forts que moi, et qui me donne un cadavre pour soutien et pour ami! Oh! vraiment, Maximilien, je vous le répète, je suis bien malheureuse, et vous avez raison de m'aimer pour moi et non pour vous.

— Valentine, dit le jeune homme avec une émotion profonde, je ne dirai pas que je n'aime que vous au monde, car j'aime aussi ma sœur et mon beau-frère, mais c'est d'un amour doux et calme qui ne ressemble en rien au sentiment que j'éprouve pour vous : quand je pense à vous, mon sang bout, ma poitrine se gonfle, mon cœur déborde; mais cette force, cette ardeur, cette puissance surhumaine, je les emploierai à vous aimer seulement jusqu'au jour où vous me direz de les employer à vous servir. M. Franz d'Épinay sera absent un an encore, dit-on; en un an, que de chances favorables peuvent nous servir, que d'événements peuvent nous seconder! Espérons donc toujours, c'est si bon et si doux d'espérer! Mais en attendant, vous, Valentine, vous qui me reprochez mon égoïsme, qu'avez-vous été pour moi? La belle et froide statue de la Vénus pudique. En échange de ce dévouement, de cette obéissance, de cette retenue, que m'avez vous promis, vous? Rien : que m'avez-vous accordé? Bien peu de chose. Vous me parlez de M. d'Épinay, votre fiancé, et vous soupirez à cette idée d'être un jour à lui. Voyons, Valentine, est-ce là tout ce que vous avez dans l'âme? Quoi! je vous engage ma vie, je vous donne mon âme, je vous consacre jusqu'au plus insignifiant battement de mon cœur, et, quand je suis tout à vous, moi, quand je me dis tout bas que je mourrai si je vous perds, vous ne vous épouvantez pas, vous, à la seule idée d'appartenir à un autre! Oh! Valentine! Valentine! si j'étais ce que vous êtes, si je me sentais aimé comme vous êtes sûre que je vous aime, déjà cent fois j'eusse passé ma main entre les barreaux de cette grille, et j'eusse serré la main du pauvre Maximilien en lui disant : « A vous, à vous seul, Maximilien, dans ce monde et dans l'autre. »

Valentine ne répondit rien, mais le jeune homme l'entendit soupirer et pleurer.

La réaction fut prompte sur Maximilien.

— Oh! s'écria-t-il, Valentine! Valentine! oubliez mes paroles s'il y a dans mes paroles quelque chose qui ait pu vous blesser!

— Non! dit-elle, vous avez raison; mais ne voyez-vous pas que je suis une pauvre créature, abandonnée dans une maison presque étrangère, car mon père m'est presque un étranger, et dont la volonté a été brisée depuis dix ans, jour par jour, heure par heure, minute par minute, par la volonté de fer des maîtres qui pèsent sur moi? Personne ne voit ce que je souffre, et je ne l'ai dit à personne qu'à vous.

En apparence, et aux yeux de tout le monde, tout m'est bon, tout m'est affectueux, en réalité tout m'est hostile. Le monde dit : M. de Villefort est trop grave et trop sévère pour être bien tendre envers sa fille ; mais elle a eu du moins le bonheur de retrouver, dans madame de Villefort, une seconde mère. Eh bien ! le monde se trompe, mon père m'abandonne avec indifférence, et ma belle-mère me hait avec un acharnement d'autant plus terrible, qu'il est voilé par un éternel sourire.

— Vous haïr ! vous, Valentine ! et comment peut-on vous haïr ?

— Hélas ! mon ami, dit Valentine, je suis forcée d'avouer que cette haine pour moi vient d'un sentiment presque naturel. Elle adore son fils, mon frère Édouard.

— Eh bien ?

— Eh bien ! cela me semble étrange de mêler à ce que nous disions une question d'argent ; eh bien ! mon ami, je crois que sa haine vient de là, du moins. Comme elle n'a pas de fortune de son côté, que moi je suis déjà riche du chef de ma mère, et que cette fortune sera encore plus que doublée par celle de M. et madame de Saint-Méran qui doit me revenir un jour, eh bien ! je crois qu'elle est envieuse. Oh ! mon Dieu ! si je pouvais lui donner la moitié de cette fortune et me retrouver chez M. de Villefort comme une fille dans la maison de son père, certes je le ferais à l'instant même.

— Pauvre Valentine !

— Oui, je me sens enchaînée, et en même temps je me sens si faible, qu'il me semble que ces liens me soutiennent, et que j'ai peur de les rompre. D'ailleurs, mon père n'est pas un homme dont on puisse enfreindre impunément les ordres : il est puissant contre moi, il le serait contre vous, il le serait contre le roi lui-même, protégé qu'il est par un irréprochable passé et par une position presque inattaquable. Oh ! Maximilien ! je vous le jure, je ne lutte pas, parce que c'est vous autant que moi que je crains de briser dans cette lutte.

— Mais enfin, Valentine, reprit Maximilien, pourquoi désespérer ainsi, et voir l'avenir toujours sombre ?

— Ah ! mon ami, parce que je le juge par le passé.

— Voyons, cependant, si je ne suis pas un parti illustre, au point de vue aristocratique, je tiens cependant, par beaucoup de points, au monde dans lequel vous vivez ; le temps où il y avait deux Frances dans la France n'existe plus, les plus hautes familles de la monarchie se sont fondues dans les familles de l'Empire : l'aristocratie de la lance a épousé la noblesse du canon. Eh bien ! moi, j'appartiens à cette dernière : j'ai un bel avenir dans l'armée, je jouis d'une fortune bornée, mais indépendante ; la mémoire de mon père, enfin, est vénérée dans notre pays comme celle d'un des plus honnêtes négociants qui aient existé. Je dis notre pays, Valentine, parce que vous êtes presque de Marseille.

— Ne me parlez pas de Marseille, Maximilien, ce seul mot me rappelle ma bonne mère, cet ange que tout le monde a regretté, et qui, après avoir veillé sur sa fille pendant son court séjour sur la terre, veille encore sur elle, je l'espère du moins, pendant son éternel séjour au ciel. Oh ! si ma pauvre mère vivait, Maximilien, je n'aurais plus rien à craindre ; je lui dirais que je vous aime, et elle vous protégerait.

— Hélas ! Valentine, reprit Maximilien, si elle vivait, je ne vous connaîtrais pas, sans doute ; car, vous l'avez dit, vous seriez heureuse si elle vivait, et Valentine heureuse m'eût regardé bien dédaigneusement du haut de sa grandeur.

— Ah ! mon ami, s'écria Valentine, c'est vous qui êtes injuste à votre tour... Mais, dites-moi...

— Que voulez-vous que je vous dise ? reprit Maximilien voyant que Valentine hésitait.

— Dites-moi, continua la jeune fille, est-ce qu'autrefois, à Marseille, il y a eu quelque sujet de mésintelligence entre votre père et le mien ?

— Non pas que je sache, répondit Maximilien, si ce n'est cependant que votre père était un partisan plus que zélé des Bourbons, et le mien un homme dévoué à l'empereur. C'est, je le présume, tout ce qu'il y a jamais eu de dissidence entre eux. Mais pourquoi cette question, Valentine ?

— Je vais vous le dire, reprit la jeune fille, car vous devez tout savoir. Eh bien ! c'était le jour où votre nomination d'officier de la Légion d'honneur fut publiée dans le journal. Nous étions tous chez mon grand-père, M. Noirtier, et, de plus, il y avait encore M. Danglars, vous savez, ce banquier dont les chevaux ont, avant-hier, failli tuer ma mère et mon frère ? Je lisais le journal tout haut à mon grand-père pendant que ces messieurs causaient du mariage de mademoiselle Danglars. Lorsque j'en vins au paragraphe qui vous concernait et que j'avais déjà lu, car, dès la veille au matin, vous m'aviez annoncé cette bonne nouvelle ; lorsque j'en vins, dis-je, au paragraphe qui vous concernait, j'étais bien heureuse... mais aussi bien tremblante d'être forcée de prononcer tout haut votre nom, et, certainement, je l'eusse omis sans la crainte que j'éprouvais qu'on interprétât à mal mon silence ; donc, je rassemblai tout mon courage et je lus.

— Chère Valentine !

— Eh bien ! aussitôt que résonna votre nom, mon père tourna la tête. J'étais si persuadée (voyez comme je suis folle !) que tout le monde allait être frappé de ce nom comme d'un coup de foudre, que je crus voir tressaillir mon père et même (pour celui-là c'était une illusion, j'en suis sûre), et même M. Danglars.

— Morrel, dit mon père, attendez donc ! (Il fronça

le sourcil.) Serait-ce un de ces Morrel de Marseille, un de ces enragés bonapartistes qui nous ont donné tant de mal en 1815?

— Oui, répondit M. Danglars, je crois même que c'est le fils de l'ancien armateur.

— Vraiment! fit Maximilien. Et que répondit votre père, dites, Valentine?

— Oh! une chose affreuse et que je n'ose vous redire.

— Dites toujours, reprit Maximilien en souriant.

— Leur empereur, continua-t-il en fronçant le sourcil, savait les mettre à leur place, tous ces fanatiques; il les appelait de la chair à canon, et c'était le seul nom qu'ils méritassent. Je vois avec joie que le gouvernement nouveau remet en vigueur ce salutaire principe. Quand ce ne serait que pour cela qu'il garde l'Algérie, j'en féliciterais le gouvernement, quoiqu'elle nous coûte un peu cher.

— C'est en effet d'une politique assez brutale, dit Maximilien. Mais ne rougissez point, chère amie, de ce qu'a dit là M. de Villefort; mon brave père ne cédait en rien au vôtre sur ce point, et il répétait sans cesse : « Pourquoi donc l'empereur, qui fait tant de belles choses, ne fait il pas un régiment de juges et d'avocats, et ne les envoie-t-il pas toujours au premier feu? » Vous le voyez, chère amie, les partis se valent pour le pittoresque de l'expression et pour la douceur de sa pensée. Mais M. Danglars, que dit-il à cette sortie du procureur du roi?

— Oh! lui se mit à rire de ce rire sournois qui lui est particulier et que je trouve féroce; puis ils se levèrent l'instant d'après et partirent. Je vis alors seulement que mon bon grand-père était tout agité. Il faut vous dire, Maximilien, que moi seule je devine ses agitations, à ce pauvre paralytique, et je me doutais, d'ailleurs, que la conversation qui avait eu lieu devant lui (car on ne fait plus attention à lui, pauvre grand-père!) l'avait fort impressionné, attendu qu'on avait dit du mal de son empereur, et que, à ce qu'il paraît, il a été fanatique de l'empereur.

— C'est, en effet, dit Maximilien, un des noms connus de l'Empire : il a été sénateur, et, comme vous le savez ou comme vous ne le savez pas, Valentine, il fut à peu près de toutes les conspirations bonapartistes que l'on fit sous la Restauration.

— Oui, j'entends quelquefois dire tout bas de ces choses-là, qui me semblent étranges : le grand-père bonapartiste, le père royaliste; enfin, que voulez-vous?... Je me retournai donc vers lui.

Il me montra le journal du regard.

— Qu'avez-vous, bon papa? lui dis-je; êtes-vous content?

Il fit de la tête signe que oui.

— De ce que mon père vient de dire? demandai-je.

Il fit signe que non.

— De ce que M. Danglars a dit?

Il fit signe que non encore.

— C'est donc de ce que M. Morrel, je n'osai pas dire Maximilien, est nommé officier de la Légion d'honneur?

Il fit signe que oui.

— Le croiriez-vous, Maximilien? il était content que vous fussiez nommé officier de la Légion d'honneur, lui qui ne vous connaît pas. C'est peut-être de la folie de sa part, car il tourne, dit-on, à l'enfance; mais je l'aime bien pour ce oui-là.

— C'est bizarre, pensa Maximilien. Votre père me haïrait donc, tandis qu'au contraire votre grand-père... Étranges choses que ces amours et ces haines de partis!

— Chut! s'écria tout à coup Valentine. Cachez-vous, sauvez-vous; on vient!

Maximilien sauta sur une bêche et se mit à retourner impitoyablement la luzerne.

— Mademoiselle! mademoiselle, cria une voix derrière les arbres, madame de Villefort vous cherche partout et vous appelle; il y a une visite au salon.

— Une visite! dit Valentine tout agitée; et qui nous fait cette visite?

— Un grand seigneur, un prince, à ce qu'on dit, M. le comte de Monte-Christo.

— J'y vais, dit tout haut Valentine.

Ce nom fit tressaillir, de l'autre côté de la grille, celui à qui le *j'y vais* de Valentine servait d'adieu à la fin de chaque entrevue.

— Tiens! se dit Maximilien en s'appuyant tout pensif sur sa bêche, comment le comte de Monte-Christo connaît-il M. de Villefort?

— Mademoiselle de Villefort, ma belle-fille, dit madame de Villefort à Monte-Christo. — PAGE 94.

CHAPITRE XIII.

TOXICOLOGIE.

'était bien réellement M. le comte de Monte-Christo qui venait d'entrer chez madame de Villefort, dans l'intention de rendre à M. le procureur du roi la visite qu'il lui avait faite, et, à ce nom, toute la maison comme on le comprend bien, avait été mise en émoi.

Madame de Villefort, qui était seule au salon lorsqu'on annonça le comte, fit aussitôt venir son fils pour que l'enfant réitérât ses remercîments au comte, et Édouard, qui n'avait cessé d'entendre parler depuis deux jours du grand personnage, se hâta d'accourir, non par obéissance pour sa mère, non pour remercier le comte, mais par curiosité et pour faire quelque remarque à l'aide de laquelle il pût placer un de ces lazzis qui faisaient dire à sa mère :

« Oh! le méchant enfant; mais il faut bien que je lui pardonne, il a tant d'esprit! »

Après les premières politesses d'usage, le comte s'informa de M. de Villefort.

— Mon mari dîne chez M. le chancelier, répondit la jeune femme; il vient de partir à l'instant même, et il regrettera bien, j'en suis sûre, d'avoir été privé du bonheur de vous voir.

Deux visiteurs qui avaient précédé le comte dans le salon, et qui le dévoraient des yeux, se retirèrent après le temps raisonnable exigé à la fois par la politesse et par la curiosité.

— A propos, que fait donc ta sœur Valentine? dit madame de Villefort à Édouard; qu'on la prévienne, afin que j'aie l'honneur de la présenter à M. le comte.

— Vous avez une fille, madame? demanda le comte; mais ce doit être une enfant.

— C'est la fille de M. de Villefort, répliqua la jeune femme; une fille d'un premier mariage, une grande et belle personne.

— Mais mélancolique, interrompit le jeune Édouard en arrachant, pour en faire une aigrette à son chapeau, les plumes de la queue d'un magnifique ara, qui criait de douleur sur son perchoir doré.

Madame de Villefort se contenta de dire :

— Silence, Édouard!

Puis elle ajouta :

— Ce jeune étourdi a presque raison, et répète là ce qu'il m'a bien des fois entendue dire avec douleur; car mademoiselle de Villefort est, malgré tout ce que nous pouvons faire pour la distraire, d'un caractère triste et d'une humeur taciturne qui nuit souvent à l'effet de sa beauté. Mais elle ne vient pas; Édouard, voyez donc pourquoi cela.

— Parce qu'on la cherche où elle n'est pas.

— Où la cherche-t-on?

— Chez grand-papa Noirtier.

— Et elle n'est pas là, vous croyez?

— Non, non, non, non, non, elle n'y est pas, répondit Édouard en chantonnant.

— Et où est-elle? Si vous le savez, dites-le.

— Elle est sous le grand marronnier, continua le méchant garçon en présentant, malgré les cris de sa mère, des mouches vivantes au perroquet, qui paraissait fort friand de cette sorte de gibier.

Madame de Villefort étendait la main pour sonner et pour indiquer à la femme de chambre le lieu où elle trouverait Valentine lorsque celle-ci entra.

Elle semblait triste en effet, et, en la regardant attentivement, on eût même pu voir dans ses yeux des traces de larmes.

Valentine, que nous avons, entraîné par la rapidité du récit, présentée à nos lecteurs sans la leur faire connaître, était une grande et svelte jeune fille de dix-neuf ans, aux cheveux châtain clair, aux yeux bleu foncé, à la démarche languissante et empreinte de cette exquise distinction qui caractérisait sa mère; ses mains blanches et effilées, son cou nacré, ses joues marbrées de fugitives couleurs, lui donnaient au premier aspect l'air d'une de ces belles Anglaises qu'on a comparées assez poétiquement dans leurs allures à des cygnes qui se mirent.

Elle entra donc, et, voyant près de sa mère l'étranger dont elle avait tant entendu parler déjà, elle salua sans aucune minauderie de jeune fille et sans baisser les yeux, avec une grâce qui redoubla l'attention du comte.

Celui-ci se leva.

— Mademoiselle de Villefort, ma belle-fille, dit madame de Villefort à Monte-Christo en se penchant sur son sofa et en montrant de la main Valentine.

— Et M. le comte de Monte-Christo, roi de la Chine, empereur de la Cochinchine, dit le jeune drôle en lançant un regard sournois à sa sœur.

Pour cette fois, madame de Villefort pâlit et faillit s'irriter contre ce fléau domestique qui répondait au nom d'Édouard; mais tout au contraire le comte sourit et parut regarder l'enfant avec complaisance, ce qui porta au comble la joie et l'enthousiasme de sa mère.

— Mais, madame, reprit le comte en renouant la conversation et en regardant tour à tour madame de Villefort et Valentine, est-ce que je n'ai pas déjà eu l'honneur de vous voir quelque part, vous et mademoiselle? Tout à l'heure j'y songeais déjà; et, quand mademoiselle est entrée, sa vue a été une lueur de plus jetée sur un souvenir confus, pardonnez-moi ce mot.

— Cela n'est pas probable, monsieur; mademoiselle de Villefort aime peu le monde, et nous sortons rarement, dit la jeune femme.

— Aussi n'est-ce point dans le monde que j'ai vu mademoiselle, ainsi que vous, madame, ainsi que ce charmant espiègle. Le monde parisien, d'ailleurs, m'est absolument inconnu, car je crois avoir eu l'honneur de vous le dire, je suis à Paris depuis quelques jours. Non, si vous permettez que je me rappelle... attendez...

Le comte mit sa main sur son front comme pour concentrer tous ses souvenirs :

— Non, c'est au dehors... c'est... je ne sais pas... mais il me semble que ce souvenir est inséparable d'un beau soleil et d'une espèce de fête religieuse... Mademoiselle tenait des fleurs à la main; l'enfant courait après un beau paon dans un jardin, et vous, madame, vous étiez sous une treille en berceau... Aidez-moi donc, madame; est-ce que les choses que je vous dis là ne vous rappellent rien?

— Non, en vérité, répondit madame de Villefort; et cependant, il me semble, monsieur, que, si je vous avais rencontré quelque part, votre souvenir serait resté présent à ma mémoire.

— Monsieur le comte nous a vues peut-être en Italie, dit timidement Valentine.

— En effet, en Italie... c'est possible, dit Monte-Christo. Vous avez voyagé en Italie, mademoiselle?

— Madame et moi nous y allâmes il y a deux ans. Les médecins craignaient pour ma poitrine et m'avaient recommandé l'air de Naples. Nous passâmes par Bologne, par Pérouse et par Rome.

— Ah! c'est vrai, mademoiselle, s'écria Monte-Christo, comme si cette simple indication suffisait à fixer tous ses souvenirs. C'est à Pérouse, le jour de la Fête-Dieu, dans le jardin de l'hôtellerie de la Poste, où le hasard nous a réunis, vous, mademoiselle, votre fils et moi, que je me rappelle avoir eu l'honneur de vous voir.

— Je me rappelle parfaitement Pérouse, monsieur, et l'hôtellerie de la Poste, et la fête dont vous me parlez, dit madame de Villefort; mais j'ai beau interroger mes souvenirs, et j'ai honte de mon peu de mémoire, je ne me souviens pas d'avoir eu l'honneur de vous voir.

— C'est étrange, ni moi non plus, dit Valentine en levant ses beaux yeux sur Monte-Christo.

— Ah! moi je m'en souviens, dit Édouard.

— Je vais vous aider, madame, reprit le comte. La journée avait été brûlante; vous attendiez des chevaux qui n'arrivaient pas à cause de la solennité. Mademoiselle s'éloigna dans les profondeurs du jardin, et votre fils disparut, courant après l'oiseau.

— Je l'ai attrapé, maman; tu sais, dit Édouard, je lui ai arraché trois plumes de la queue.

— Vous, madame, vous demeurâtes sous le berceau de vigne; ne vous souvient-il plus, pendant que vous étiez assise sur un banc de pierre et pendant que, comme je vous l'ai dit, mademoiselle de Villefort et M. votre fils étaient absents, d'avoir causé assez longtemps avec quelqu'un?

— Oui, vraiment, oui, dit la jeune femme en rougissant, je m'en souviens, avec un homme enveloppé d'un long manteau de laine... avec un médecin, je crois.

— Justement, madame; cet homme, c'était moi; depuis quinze jours j'habitais dans cette hôtellerie, j'avais guéri mon valet de chambre de la fièvre et mon hôte de la jaunisse, de sorte que l'on me regardait comme un grand docteur. Nous causâmes longtemps, madame, de choses différentes, du Pérugin, de Raphaël, des mœurs, des costumes, de cette fameuse aqua-tofana, dont quelques personnes, vous avait-on dit, je crois, conservaient encore le secret à Pérouse.

— Ah! c'est vrai, dit vivement madame de Villefort avec une certaine inquiétude, je me rappelle.

— Je ne sais plus ce que vous me dîtes en détail, madame, reprit le comte avec une parfaite tranquillité, mais je me souviens parfaitement que, partageant à mon sujet l'erreur générale, vous me consultâtes sur la santé de mademoiselle de Villefort.

— Mais, cependant, monsieur, vous étiez bien réellement médecin, dit madame de Villefort, puisque vous avez guéri des malades?

— Molière ou Beaumarchais vous répondraient, madame, que c'est justement parce que je ne l'étais pas que j'ai non point guéri mes malades, mais que mes malades ont guéri; moi, je me contenterai de vous dire que j'ai étudié assez à fond la chimie et les sciences naturelles, mais en amateur seulement... vous comprenez.

En ce moment six heures sonnèrent.

— Voilà six heures, dit madame de Villefort visiblement agitée; n'allez-vous pas voir, Valentine, si votre grand-père est prêt à dîner?

Valentine se leva, et, saluant le comte, elle sortit de la chambre sans prononcer un seul mot.

— Oh! mon Dieu, madame, serait-ce donc à cause de moi que vous congédiez mademoiselle de Villefort? dit le comte lorsque Valentine fut partie.

— Pas le moins du monde, reprit vivement la jeune femme; mais c'est l'heure à laquelle nous faisons faire à M. de Noirtier le triste repas qui soutient sa triste existence. Vous savez, monsieur, dans quel état déplorable est le père de mon mari?

— Oui, madame, M. de Villefort m'en a parlé; une paralysie, je crois.

— Hélas! oui, il y a chez le pauvre vieillard absence complète du mouvement, l'âme seule veille dans cette machine humaine, et encore pâle et tremblante, et comme une lampe prête à s'éteindre. Mais pardon, monsieur, de vous entretenir de nos infortunes domestiques, je vous ai interrompu au moment où vous me disiez que vous étiez un habile chimiste.

— Oh! je ne disais pas cela, madame, répondit le comte avec un sourire; bien au contraire, j'ai étudié la chimie, parce que, décidé à vivre particulièrement en Orient, j'ai voulu suivre l'exemple du roi Mithridate.

— *Mithridates, rex Ponticus*, dit l'étourdi en découpant des silhouettes dans un magnifique album; le même qui déjeunait tous les matins avec une tasse de poison à la crème.

— Édouard! méchant enfant! s'écria madame de Villefort en arrachant le livre mutilé des mains de son fils, vous êtes insupportable, vous nous étourdissez. Laissez-nous, et allez rejoindre votre sœur Valentine chez bon papa Noirtier.

— L'album... dit Édouard.

— Comment, l'album?

— Oui : je veux l'album...

— Pourquoi avez-vous découpé les dessins?

— Parce que cela m'amuse.

— Allez-vous-en! allez!

— Je ne m'en irai pas si l'on ne me donne pas l'album, fit, en s'établissant dans un grand fauteuil,

— Voyons si elle fermera la porte derrière lui, murmura-t-il.

l'enfant, fidèle à son habitude de ne jamais céder.

— Tenez, et laissez-nous tranquilles, dit madame de Villefort.

Et elle donna l'album à Édouard, qui partit accompagné de sa mère.

Le comte suivit des yeux madame de Villefort.

— Voyons si elle fermera la porte derrière lui, murmura-t-il.

Madame de Villefort ferma la porte avec le plus grand soin derrière l'enfant.

Le comte ne parut pas s'en apercevoir.

Puis, en jetant un dernier regard autour d'elle, la jeune femme revint s'asseoir sur sa causeuse.

— Permettez-moi de vous faire observer, madame, dit le comte avec cette bonhomie que nous lui connaissons, que vous êtes bien sévère pour ce charmant espiègle.

— Il le faut bien, monsieur, répliqua madame de Villefort avec un véritable aplomb de mère.

— C'est son Cornelius Nepos que récitait M. Édouard en parlant du roi Mithridate, dit le comte, et vous l'avez interrompu dans une citation

— Vraiment! dit madame de Villefort, dont les yeux brillaient d'un feu étrange. — Page 98.

qui prouve que son précepteur n'a point perdu son temps avec lui, et que votre fils est fort avancé pour son âge.

— Le fait est, monsieur le comte, répondit la mère flattée doucement, qu'il a une grande facilité, et qu'il apprend tout ce qu'il veut. Il n'a qu'un défaut, c'est d'être trop volontaire; mais, à propos de ce qu'il disait, est-ce que vous croyez, par exemple, monsieur le comte, que Mithridate usât de ces précautions, et que ces précautions pussent être efficaces?

— J'y crois si bien, madame, que, moi qui vous parle, j'en ai usé pour n'être pas empoisonné à Naples, à Palerme, à Smyrne, c'est-à-dire dans trois occasions où, sans cette précaution, j'aurais pu laisser ma vie.

— Et le moyen vous a réussi?

— Parfaitement.

— Oui, c'est vrai; je me rappelle que vous m'avez déjà raconté quelque chose de pareil à Pérouse.

— Vraiment! fit le comte avec une surprise admirablement jouée; je ne me rappelle pas, moi.

— Je vous demandai si les poisons agissaient également, et avec une semblable énergie, sur les hommes du Nord et sur les hommes du Midi, et vous me répondîtes même que les tempéraments froids et lymphatiques des Septentrionaux ne présentaient pas la même aptitude que la riche et énergique nature des gens du Midi.

— C'est vrai, dit Monte-Christo; j'ai vu les Russes dévorer, sans en être incommodés, des substances végétales qui eussent tué infailliblement un Napolitain ou un Arabe.

— Ainsi, vous le croyez, le résultat serait encore plus sûr chez nous qu'en Orient, et, au milieu de nos brouillards et de nos pluies, un homme s'habituerait plus facilement que sous une plus chaude latitude à cette absorption progressive du poison?

— Certainement; bien entendu, toutefois, qu'on ne sera prémuni que contre le poison auquel on se sera habitué?

— Oui, je comprends; et comment vous habitueriez-vous, par exemple, ou plutôt comment vous êtes-vous habitué?

— C'est bien facile. Supposez que vous sachiez d'avance de quel poison on doit user contre vous... supposez que ce poison soit de la... brucine, par exemple...

— La brucine se tire de la fausse angusture (1), je crois? dit madame de Villefort.

— Justement, madame, répondit Monte-Christo; mais je vois qu'il ne me reste pas grand'chose à vous apprendre, recevez mes compliments; de pareilles connaissances sont rares chez les femmes.

— Oh! je l'avoue, dit madame de Villefort, j'ai la plus violente passion pour les sciences occultes qui parlent à l'imagination comme une poésie, et se résolvent en chiffres comme une équation algébrique; mais, continuez, je vous prie, ce que vous me dites m'intéresse au plus haut point.

— Eh bien! reprit Monte-Christo, supposez que ce poison soit de la brucine, par exemple, et que vous en preniez un milligramme le premier jour, deux milligrammes le second; eh bien! au bout de dix jours, vous aurez un centigramme; au bout de vingt jours, en augmentant d'un autre milligramme, vous aurez trois centigrammes; c'est-à-dire une dose que vous supporterez sans inconvénient, et qui serait déjà fort dangereuse pour une autre personne qui n'aurait pas pris les mêmes précautions que vous; enfin, au bout d'un mois, en buvant de l'eau dans la même carafe, vous tuerez la personne qui aura bu cette eau en même temps que vous, sans vous apercevoir autrement que par un simple malaise qu'il y ait eu une substance vénéneuse quelconque mêlée à cette eau.

— Vous ne connaissez pas d'autre contre-poison?

— Je n'en connais pas.

(1) *Brucœna ferruginea.*

— J'avais souvent lu et relu cette histoire de Mithridate, dit madame de Villefort pensive, et je l'avais prise pour une fable.

— Non, madame; contre l'habitude de l'histoire, c'est une vérité; mais, ce que vous me dites là, madame, ce que vous me demandez n'est point le résultat d'une question capricieuse, puisqu'il y a deux ans déjà vous m'avez fait des questions pareilles, et que vous me dites que depuis longtemps cette histoire de Mithridate vous préoccupait.

— C'est vrai, monsieur, les deux études favorites de ma jeunesse ont été la botanique et la minéralogie; et puis, quand j'ai su plus tard que l'emploi des simples expliquait souvent toute l'histoire des peuples et toute la vie des individus d'Orient, comme les fleurs expliquent toute leur pensée amoureuse, j'ai regretté de n'être pas homme, pour devenir un Flamel, un Fontana ou un Cabanis.

— D'autant plus, madame, reprit Monte-Christo, que les Orientaux ne se bornent point, comme Mithridate, à se faire des poisons une cuirasse, ils s'en font aussi un poignard; la science devient entre leurs mains non-seulement une arme défensive, mais encore fort souvent offensive; l'un sert contre leurs souffrances physiques, l'autre contre leurs ennemis; avec l'opium, avec la belladone, avec la fausse angusture, le bois de couleuvre, le laurier-cerise, ils endorment ceux qui voudraient les réveiller. Il n'est pas une de ces femmes, égyptienne, turque ou grecque, qu'ici vous appelez de bonnes femmes, qui ne sache, en fait de chimie, de quoi stupéfier un médecin, et, en fait de psychologie, de quoi épouvanter un confesseur.

— Vraiment! dit madame de Villefort dont les yeux brillaient d'un feu étrange à cette conversation.

— Eh! mon Dieu oui, madame, continua Monte-Christo, les drames secrets de l'Orient se nouent et se dénouent ainsi depuis la plante qui fait aimer, jusqu'à la plante qui fait mourir; depuis le breuvage qui ouvre le ciel, jusqu'à celui qui vous plonge un homme dans l'enfer. Il y a autant de nuances de tous genres qu'il y a de caprices et de bizarreries dans la nature humaine, physique et morale, et, je dirai plus, l'art de ces chimistes sait accommoder admirablement le remède et le mal à ses besoins d'amour ou à ses désirs de vengeance.

— Mais, monsieur, reprit la jeune femme, ces sociétés orientales au milieu desquelles vous avez passé une partie de votre existence sont donc fantastiques comme les contes qui nous viennent de leur beau pays; un homme y peut donc être supprimé impunément; c'est donc en réalité la Bagdad ou la Bassora de M. Galland? Les sultans et les vizirs qui régissent ces sociétés, et qui constituent ce qu'on appelle en France le gouvernement, sont donc sérieusement des Haroun-al-Raschild et des Giaffar, qui non-seulement pardonnent à un empoisonneur, mais encore le font premier ministre si le crime a été ingénieux, et qui, dans ce cas, en font graver l'histoire en lettres d'or pour se divertir aux heures de leur ennui?

— Non, madame, le fantastique n'existe plus, même en Orient; il y a là-bas aussi, déguisés sous d'autres noms et cachés sous d'autres costumes, des commissaires de police, des juges d'instruction, des procureurs du roi et des experts. On y pend, on y décapite et l'on y empale très-agréablement les criminels; mais ceux-ci, en fraudeurs adroits, ont su dépister la justice humaine et assurer le succès de leurs entreprises par des combinaisons habiles. Chez nous, un niais, possédé du démon de la haine ou de la cupidité, qui a un ennemi à détruire ou un grand parent à annihiler, s'en va chez un épicier, lui donne un faux nom qui le fait découvrir bien mieux que son nom véritable, et achète, sous prétexte que les rats l'empêchent de dormir, cinq à six grammes d'arsenic; s'il est très-adroit, il va chez cinq ou six épiciers, et n'en est que cinq ou six fois mieux reconnu; puis, quand il possède son spécifique, il administre à son ennemi, à son grand parent, une dose d'arsenic qui ferait crever un mammouth ou un mastodonte, et qui, sans rime ni raison, fait pousser à la victime des hurlements qui mettent tout le quartier en émoi. Alors arrive une nuée d'agents de police et de gendarmes; on envoie chercher un médecin, qui ouvre le mort, et récolte dans son estomac et dans ses entrailles l'arsenic à la cuiller. Le lendemain, cent journaux racontent le fait avec le nom de la victime et du meurtrier. Dès le soir même l'épicier où les épiciers vient ou viennent dire: « C'est moi qui ai vendu l'arsenic à monsieur; » et, plutôt que de ne pas reconnaître l'acquéreur, ils en reconnaîtront vingt; alors le niais criminel est pris, emprisonné, interrogé, confronté, confondu, condamné et guillotiné; ou, si c'est une femme de quelque valeur, on l'enferme pour la vie. Voilà comment vos Septentrionaux entendent la chimie, madame. Desrues cependant était plus fort que cela, je dois l'avouer.

— Que voulez-vous? monsieur, dit en riant la jeune femme, on fait ce qu'on peut. Tout le monde n'a pas le secret des Médicis ou des Borgia.

— Maintenant, dit le comte en haussant les épaules, voulez-vous que je vous dise ce qui cause toutes ces inepties! C'est que sur vos théâtres, à ce dont j'ai pu juger, du moins en lisant les pièces qu'on y joue, on voit toujours les gens avaler le contenu d'une fiole ou mordre le chaton d'une bague, et tomber roides morts; cinq minutes après, le rideau baisse; les spectateurs sont dispersés. On ignore les suites du meurtre; on ne voit jamais ni le commissaire de police avec son écharpe, ni le caporal avec ses quatre hommes, et cela autorise beaucoup de pauvres cerveaux à croire que les choses se passent ainsi. Mais sortez un peu de France, allez soit à Alep, soit au Caire, soit seulement à Naples et à Rome, et vous verrez passer par la rue des gens droits, frais et roses, dont le Diable boiteux, s'il vous effleurait de son manteau, pourrait vous dire: « Ce monsieur est empoisonné depuis trois semaines, et il sera tout à fait mort dans un mois.

— Mais alors, dit madame de Villefort, ils ont donc retrouvé le secret de cette fameuse aqua-tofana que l'on me disait perdu à Pérouse?

— Eh! mon Dieu! madame, est-ce que quelque chose se perd chez les hommes? Les arts se déplacent et font le tour du monde: les choses changent de nom, voilà tout, et le vulgaire s'y trompe; mais c'est toujours le même résultat, le poison porte particulièrement sur tel ou tel organe: l'un sur l'estomac, l'autre sur le cerveau, l'autre sur les intestins. Eh bien! le poison détermine une toux, cette toux une fluxion de poitrine ou telle autre maladie cataloguée au livre de la science, ce qui ne l'empêche pas d'être parfaitement mortelle, et qui, ne le fût-elle pas, le deviendrait grâce aux remèdes que lui administrent les naïfs médecins, en général fort mauvais chimistes, et qui tourneront pour ou contre la maladie, comme il vous plaira, et voilà un homme tué avec art et dans toutes les règles, sur lequel la justice n'a rien à reprendre, comme disait un horrible chimiste de mes amis, l'excellent abbé Adelmonte de Taormine, en Sicile, lequel avait fort étudié ces phénomènes nationaux.

— C'est effrayant, mais c'est admirable, dit la jeune femme, immobile d'attention; je croyais, je l'avoue, toutes ces histoires des inventions du moyen âge.

— Oui, sans doute, mais qui se sont encore perfectionnées de nos jours. A quoi donc voulez-vous que servent le temps, les encouragements, les médailles, les croix, les prix Montyon, si ce n'est pour mener la société vers sa plus grande perfection? Or, l'homme ne sera parfait que lorsqu'il saura créer et détruire comme Dieu; il sait déjà détruire, c'est moitié du chemin de fait.

— De sorte, reprit madame de Villefort revenant invariablement à son but, que les poisons des Borgia, des Médicis, des René, des Ruggieri, et, plus tard, probablement du baron de Trenk, dont ont tant abusé le drame moderne et le roman...

— Étaient des objets d'art, madame, pas autre chose, répondit le comte. Croyez-vous que le vrai savant s'adresse banalement à l'individu même? Non pas. La science aime les ricochets, les tours de force, la fantaisie si l'on peut dire cela. Ainsi, par exemple, cet excellent abbé Adelmonte, dont je vous parlais tout à l'heure, avait fait, sous ce rapport, des expériences étonnantes.

— Vraiment!

— Oui, je vous en citerai une seule. Il avait un fort beau jardin plein de légumes, de fleurs et de fruits; parmi ces légumes, il choisissait le plus honnête de tous, un chou, par exemple. Pendant trois jours il arrosait ce chou avec une dissolution d'arsenic; le troisième jour, le chou tombait malade et jaunissait, c'était le moment de le couper; pour tous il paraissait mûr et conservait son apparence honnête : pour l'abbé Adelmonte seul il était empoisonné. Alors, il rapportait le chou chez lui, prenait un lapin, l'abbé Adelmonte avait une collection de lapins, de chats et de cochons d'Inde qui ne le cédait en rien à sa collection de légumes, de fleurs et de fruits : l'abbé Adelmonte prenait donc un lapin et lui faisait manger une feuille de chou; le lapin mourait. Quel est le juge d'instruction qui oserait trouver à redire à cela, et quel est le procureur du roi qui s'est jamais avisé de dresser contre M. de Magendie ou M. Flourens un réquisitoire à propos des lapins, des cochons d'Inde et des chats qu'ils ont tués? Aucun. Voilà donc le lapin mort sans que la justice s'en inquiète. Ce lapin mort, l'abbé Adelmonte le fait vider par sa cuisinière et jette les intestins sur un fumier; sur ce fumier, il y a une poule, elle becquête ces intestins, tombe malade à son tour, et meurt le lendemain. Au moment où elle se débat dans les convulsions de l'agonie, un vautour passe (il y a beaucoup de vautours dans le pays d'Adelmonte), celui-là fond sur le cadavre, l'emporte sur un rocher et en dîne. Trois jours après, le pauvre vautour, qui depuis ce repas s'est trouvé constamment indisposé, se sent pris d'un étourdissement, au plus haut de la nue, il roule dans le vide et vient tomber lourdement dans votre vivier; le brochet, l'anguille et la murène mangent goulûment, vous savez cela, ils mordent le vautour. Eh bien! supposez que le lendemain l'on serve sur votre table cette anguille, ce brochet ou cette murène, empoisonnés à la quatrième génération, votre convive, lui, sera empoisonné à la cinquième, et mourra au bout de huit ou dix jours de douleurs d'entrailles, de maux de cœur, d'abcès au pylore. On fera l'autopsie, et les médecins diront :

« Le sujet est mort d'une tumeur au foie ou d'une fièvre typhoïde. »

— Mais, dit madame de Villefort, toutes ces circonstances, que vous enchaînez les unes aux autres, peuvent être rompues par le moindre accident; le vautour peut ne pas passer à temps ou tomber à cent pas du vivier.

— Ah! voilà justement où est l'art : pour être un grand chimiste, en Orient, il faut diriger le hasard, on y arrive.

Madame de Villefort était rêveuse et écoutait.

— Mais, dit-elle, l'arsenic est indélébile; de quelque façon qu'on l'absorbe, il se retrouvera dans le corps de l'homme, du moment où il sera entré en quantité suffisante pour donner la mort.

— Bien! s'écria Monte-Christo, bien! Voilà justement ce que je dis à ce bon Adelmonte.

Il réfléchit, sourit, et me répondit par un proverbe sicilien, qui est aussi, je crois, un proverbe français :

« Mon enfant, le monde n'a pas été fait en un jour, mais en sept; revenez dimanche. »

— Le dimanche suivant, je revins; au lieu d'avoir arrosé son chou avec de l'arsenic, il l'avait arrosé avec une dissolution de sel à base de strychnine, *strychnos colubrina*, comme disent les savants. Cette fois le chou n'avait pas l'air malade le moins du monde; aussi le lapin ne s'en défia-t-il point, aussi cinq minutes après le lapin était-il mort : la poule mangea le lapin, et, le lendemain, elle était trépassée. Alors nous fîmes les vautours, nous emportâmes la poule et nous l'ouvrîmes. Cette fois tous les symptômes particuliers avaient disparu, et il ne restait que les symptômes généraux. Aucune indication particulière dans aucun organe; exaspération du système nerveux, voilà tout, et trace de congestion cérébrale, pas davantage : la poule n'avait pas été empoisonnée, elle était morte d'apoplexie. C'est un cas rare chez les poules, je le sais bien, mais fort commun chez les hommes.

Madame de Villefort paraissait de plus en plus rêveuse.

— C'est bien heureux, dit-elle, que de pareilles substances ne puissent être préparées que par des chimistes, car, en vérité, la moitié du monde empoisonnerait l'autre.

— Par des chimistes ou des personnes qui s'occupent de chimie, répondit négligemment Monte-Christo.

— Et puis, dit madame de Villefort s'arrachant elle-même et avec effort à ses pensées, si savamment préparé qu'il soit, le crime est toujours le crime; et, s'il échappe à l'investigation humaine, il n'échappe pas au regard de Dieu. Les Orientaux sont plus forts que nous sur les cas de conscience, et ont prudemment supprimé l'enfer; voilà tout.

— Eh! madame, ceci est un scrupule qui doit naturellement naître dans une âme honnête comme la vôtre, mais qui en serait bientôt déraciné par le raisonnement. Le mauvais côté de la pensée humaine sera toujours résumé par ce paradoxe de Jean-Jacques Rousseau, vous savez : — Le mandarin qu'on tue à cinq mille lieues en levant le bout du doigt. — La vie de l'homme se passe à faire de ces choses-là, et son intelligence s'épuise à les rêver. Vous trouvez fort peu de gens qui s'en aillent brutalement planter un couteau dans le cœur de leur semblable ou qui lui administrent, pour le faire disparaître de la surface du globe, cette quantité d'arsenic que nous disions tout à l'heure. C'est là réellement une excentricité ou une bêtise. Pour en arriver là, il faut que le sang se chauffe à trente-six degrés, que le pouls batte à quatre-vingt-dix pulsations, et que l'âme sorte de ses limites ordinaires; mais si, passant, comme cela se pratique en philologie, du mot au synonyme mitigé, vous faites une simple élimina-

Monte-Christo salua et sortit. — PAGE 102.

tion; au lieu de commettre un ignoble assassinat, si vous écartez purement et simplement de votre chemin celui qui vous gêne, et cela sans choc, sans violence, sans l'appareil de ces souffrances, qui, devenant un supplice, font de la victime un martyr, et de celui qui agit un carnifex dans toute la force du mot; s'il n'y a ni sang, ni hurlements, ni contorsions, ni surtout cette horrible et compromettante instantanéité de l'accomplissement, alors vous échappez au coup de la loi humaine qui vous dit : Ne trouble pas la société! Voilà comment procèdent et réussissent les gens d'Orient, personnages graves et flegmatiques, qui s'inquiètent peu des questions de temps dans les conjonctures d'une certaine importance.

— Il reste la conscience, dit madame de Villefort d'une voix émue et avec un soupir étouffé.

— Oui, dit Monte-Christo, oui, heureusement, il reste la conscience, sans quoi l'on serait fort malheureux. Après toute action un peu vigoureuse, c'est la conscience qui nous sauve, car elle nous fournit mille bonnes excuses dont seuls nous sommes juges; et ces raisons, si excellentes qu'elles soient pour nous conserver le sommeil, seraient peut-être médiocres devant un tribunal pour nous conserver la vie. Ainsi, Richard III, par exemple, a dû être merveilleusement servi par sa conscience après la suppression des deux enfants d'Édouard IV; en effet, il pouvait se dire : Ces deux enfants d'un roi cruel et persécuteur, et qui avaient hérité des vices de leur père, que moi seul ai su reconnaître dans leurs inclinations juvéniles; ces deux enfants me gênaient pour faire la félicité du peuple anglais, dont ils eussent infailliblement fait le malheur. Ainsi fut servie par sa conscience lady Macbeth, qui voulait, quoi qu'en ait dit Shakspeare, donner un trône, non à son mari, mais à son fils. Ah ! l'amour maternel est une si grande vertu, un si puissant mobile, qu'il fait excuser bien des choses; aussi, après la mort de Duncan, lady Macbeth eût-elle été fort malheureuse sans sa conscience.

Madame de Villefort absorbait avec avidité ces effrayantes maximes et ces horribles paradoxes débités par le comte avec cette naïve ironie qui lui était particulière.

Puis, après un instant de silence :

— Savez-vous, dit-elle, monsieur le comte, que vous êtes un terrible argumentateur, et que vous voyez le monde sous un jour quelque peu livide? Est-ce donc en regardant l'humanité à travers les alambics et les cornues que vous l'avez jugée telle? Car vous aviez raison, vous êtes un grand chimiste, et cet élixir que vous avez fait prendre à mon fils, et qui l'a si rapidement rappelé à la vie...

— Oh ! ne vous y fiez pas, madame, dit Monte-Christo, une goutte de cet élixir a suffi pour rappeler à la vie cet enfant qui se mourait, mais trois gouttes eussent poussé le sang à ses poumons de manière à lui donner des battements de cœur; six lui eussent coupé la respiration, et causé une syncope beaucoup plus grave que celle dans laquelle il se trouvait; dix, enfin, l'eussent foudroyé. Vous savez, madame, comme je l'ai écarté vivement de ces flacons auxquels il avait l'imprudence de toucher?

— C'est donc un poison terrible?

— Oh ! mon Dieu, non ! D'abord, admettons ceci, que le mot poison n'existe pas, puisqu'on se sert en médecine des poisons les plus violents, qui deviennent, par la façon dont ils sont administrés, des remèdes salutaires.

— Qu'était-ce donc, alors?

— C'était une savante préparation de mon ami, cet excellent abbé Adelmonte, et dont il m'a appris à me servir.

— Oh! dit madame de Villefort, ce doit être un excellent antispasmodique.

— Souverain, madame, vous l'avez vu, répondit le comte, et j'en fais un usage fréquent; avec toute la prudence possible, bien entendu, ajouta-t-il en riant.

— Je le crois, répliqua sur le même ton madame de Villefort. Quant à moi, si nerveuse et si prompte à m'évanouir, j'aurais besoin d'un docteur Adelmonte pour m'inventer des moyens de respirer librement et me tranquilliser sur la crainte que j'éprouve de mourir un beau jour suffoquée. En attendant, comme la chose est difficile à trouver en France, et que votre abbé n'est probablement pas disposé à faire pour moi le voyage de Paris, je m'en tiens aux antispasmodiques de M. Planche; et la menthe et les gouttes d'Hoffmann jouent chez moi un grand rôle. Tenez, voici des pastilles que je me fais faire exprès, elles sont à double dose.

Monte-Christo ouvrit la boîte d'écaille que lui présentait la jeune femme, et respira l'odeur des pastilles en amateur digne d'apprécier cette préparation.

— Elles sont exquises, dit-il, mais soumises à la nécessité de la déglutition, fonction qui souvent est impossible à accomplir de la part de la personne évanouie. J'aime mieux mon spécifique.

— Mais bien certainement, moi aussi, je le préférerais d'après les effets que j'en ai vus surtout; mais c'est un secret sans doute, et je ne suis pas assez indiscrète pour vous le demander.

— Mais moi, madame, dit Monte-Christo en se levant, je suis assez galant pour vous l'offrir.

— Oh ! monsieur.

— Seulement rappelez-vous une chose, c'est qu'à petite dose c'est un remède, à forte dose c'est un poison. Une goutte rend la vie, comme vous l'avez vu; cinq ou six tueraient infailliblement, et d'une façon d'autant plus terrible, qu'étendues dans un verre de vin elles n'en changeraient aucunement le goût. Mais je m'arrête, madame, j'aurais presque l'air de vous conseiller.

Six heures et demie venaient de sonner, on annonça une amie de madame de Villefort qui venait dîner avec elle.

— Si j'avais l'honneur de vous voir pour la troisième ou quatrième fois, monsieur le comte, au lieu de vous voir pour la seconde, dit madame de Villefort; si j'avais l'honneur d'être votre amie, au lieu d'avoir tout bonnement le bonheur d'être votre obligée, j'insisterais pour vous retenir à dîner, et je ne me laisserais pas battre par un premier refus.

— Mille grâces, madame, répondit Monte-Christo, j'ai moi-même un engagement auquel je ne puis manquer. J'ai promis de conduire au spectacle une princesse grecque de mes amies, qui n'a pas encore vu le grand Opéra, et qui compte sur moi pour l'y mener.

— Allez, monsieur, mais n'oubliez pas ma recette.

— Comment donc, madame, il faudrait pour cela oublier l'heure de conversation que je viens de passer près de vous, ce qui est tout à fait impossible.

Monte-Christo salua et sortit.

Madame de Villefort demeura rêveuse.

— Voilà un homme étrange, dit-elle, et qui m'a tout l'air de s'appeler de son nom de baptême Adelmonte.

Quant à Monte-Christo, le résultat avait dépassé son attente.

— Allons, dit-il en s'en allant, voilà une bonne terre ; je suis convaincu que le grain qu'on y laisse tomber n'y avorte pas.

Et, le lendemain, fidèle à sa promesse, il envoya la recette demandée.

CHAPITRE XIV.

ROBERT LE DIABLE.

La raison de l'Opéra était d'autant meilleure à donner, qu'il y avait ce soir-là solennité à l'Académie royale de Musique.

Levasseur, après une longue indisposition, rentrait par le rôle de Bertram, et, comme toujours, l'œuvre du maestro à la mode avait attiré la plus brillante société de Paris.

Morcerf, comme la plupart des jeunes gens riches, avait sa stalle d'orchestre, plus dix loges de personnes de sa connaissance auxquelles il pouvait aller demander une place, sans compter celle à laquelle il avait droit dans la loge des lions.

Château-Renaud avait la stalle voisine de la sienne.

Beauchamp, en sa qualité de journaliste, était roi de la salle et avait sa place partout.

Ce soir-là Lucien Debray avait la disposition de la loge du ministre, et il l'avait offerte au comte de Morcerf, lequel, sur le refus de Mercédès, l'avait envoyée à Danglars, en lui faisant dire qu'il irait

La toile se leva sur une salle à peu près vide.

probablement faire, dans la soirée, une visite à la baronne et à sa fille, si ces dames voulaient bien accepter la loge qu'il leur proposait.

Ces dames n'avaient eu garde de refuser.

Nul n'est friand de loges qui ne coûtent rien comme un millionnaire.

Quant à Danglars, il avait déclaré que ses principes politiques et sa qualité de député de l'opposition ne lui permettaient pas d'aller dans la loge du ministre.

En conséquence, la baronne avait écrit à Lucien de la venir prendre, attendu qu'elle ne pouvait pas aller à l'Opéra seule avec Eugénie.

En effet, si les deux femmes y eussent été seules, on eût, certes, trouvé cela fort mauvais; tandis que mademoiselle Danglars allant à l'Opéra avec sa mère et l'amant de sa mère, il n'y avait rien à dire : il faut bien prendre le monde comme il est fait.

La toile se leva, comme d'habitude, sur une salle à peu près vide.

C'est encore une des habitudes de notre fashion

Mademoiselle Eugénie Danglars.

parisienne d'arriver au spectacle quand le spectacle est commencé : il en résulte que le premier acte se passe, de la part des spectateurs arrivés, non pas à regarder ou à écouter la pièce, mais à regarder entrer les spectateurs qui arrivent et à ne rien entendre que le bruit des portes et celui des conversations.

— Tiens! dit tout à coup Albert en voyant s'ouvrir une loge de côté de premier rang; tiens! la comtesse G...!

— Qu'est-ce que c'est que la comtesse G...? demanda Château-Renaud

— Oh! par exemple, baron, voici une question que je ne vous pardonne pas; vous demandez ce que c'est que la comtesse G...?

— Ah! c'est vrai, dit Château-Renaud; n'est-ce pas cette charmante Vénitienne?

— Justement.

En ce moment la comtesse G... aperçut Albert et échangea avec lui un salut accompagné d'un sourire.

— Vous la connaissez? dit Château-Renaud.

— Oui, fit Albert; je lui ai été présenté à Rome par Franz.

— Voudrez-vous me rendre à Paris le même service que Franz vous a rendu à Rome?

— Bien volontiers.

— Chut! cria le public.

Les deux jeunes gens continuèrent leur conversation sans paraître s'inquiéter le moins du monde du désir que paraissait éprouver le parterre d'entendre la musique.

— Elle était aux courses du Champ-de-Mars, dit Château-Renaud.

— Aujourd'hui?

— Oui.

— Tiens! au fait, il y avait courses. Étiez-vous engagé?

— Oh! pour une misère, pour cinquante louis.

— Et qui a gagné?

— *Nautilus;* je pariais pour lui.

— Mais il y avait trois courses?

— Oui. Il y avait le prix du Jockey-Club, une coupe d'or. Il s'y est même passé une chose assez bizarre.

— Laquelle?

— Chut donc! cria le public.

— Laquelle? répéta Albert.

— C'est un cheval et un jockey complétement inconnus qui ont gagné cette course.

— Comment?

— Oh! mon Dieu, oui; personne n'avait fait attention à un cheval inscrit sous le nom de *Vampa* et à un jockey inscrit sous le nom de *Job*, quand on a vu s'avancer tout à coup un admirable alezan et un jockey gros comme le poing, on a été obligé de lui fourrer vingt livres de plomb dans ses poches, ce qui ne l'a pas empêché d'arriver au but trois longueurs de cheval avant *Ariel* et *Barbaro*, qui couraient avec lui.

— Et l'on n'a pas su à qui appartenaient le cheval et le jockey?

— Non.

— Vous dites que ce cheval était inscrit sous le nom de...

— *Vampa*.

— Alors, dit Albert, je suis plus avancé que vous. je sais à qui il appartenait, moi.

— Silence donc! cria pour la troisième fois le parterre.

Cette fois la levée de boucliers était si grande, que les deux jeunes gens s'aperçurent enfin que c'était à eux que le public s'adressait.

Ils se retournèrent un instant, cherchant dans cette foule un homme qui prît la responsabilité de ce qu'ils regardaient comme une impertinence; mais personne ne réitéra l'invitation, et ils se retournèrent vers la scène.

En ce moment la loge du ministre s'ouvrait, et madame Danglars, sa fille et Lucien Debray prenaient leurs places.

— Ah! ah! dit Château-Renaud, voilà des personnes de votre connaissance, vicomte. Que diable regardez-vous donc à droite? On vous cherche.

Albert se retourna, et ses yeux rencontrèrent effectivement ceux de la baronne Danglars, qui lui fit, avec son éventail, un petit salut.

Quant à mademoiselle Eugénie, ce fut à peine si ses grands yeux noirs daignèrent s'abaisser jusqu'à l'orchestre.

— En vérité, mon cher, dit Château-Renaud, je ne comprends point, à part la mésalliance, et je ne crois point que ce soit cela qui vous préoccupe beaucoup; je ne comprends pas, dis-je, à part la mésalliance, ce que vous pouvez avoir contre mademoiselle Danglars; c'est, en vérité, une fort belle personne.

— Fort belle, certainement, dit Albert; mais je vous avoue qu'en fait de beauté j'aimerais mieux quelque chose de plus doux, de plus suave, de plus féminin enfin.

— Voilà bien les jeunes gens, dit Château-Renaud, qui, en sa qualité d'homme de trente ans, prenait avec Morcerf des airs paternels; ils ne sont jamais satisfaits. Comment, mon cher, on vous trouve une fiancée bâtie sur le modèle de la Diane chasseresse, et vous n'êtes pas content!

— Eh bien! justement, j'aurais mieux aimé quelque chose dans le genre de la Vénus de Milo ou de Capoue. Cette Diane chasseresse, toujours au milieu de nymphes, m'épouvante un peu; j'ai peur qu'elle ne me traite en Actéon.

En effet, un coup d'œil jeté sur la jeune fille pouvait presque expliquer le sentiment que venait d'avouer Morcerf.

Mademoiselle Danglars était belle, mais, comme l'avait dit Albert, d'une beauté un peu arrêtée: ses cheveux étaient d'un beau noir, mais, dans leurs ondes naturelles, on remarquait une certaine rébellion à la main qui voulait leur imposer sa volonté; ses yeux, noirs comme ses cheveux, encadrés sous de magnifiques sourcils qui n'avaient qu'un défaut, celui de se froncer quelquefois, étaient surtout remarquables par une expression de fermeté qu'on était étonné de trouver dans le regard d'une femme; son nez avait les proportions exactes qu'un statuaire eût données à celui de Junon; sa bouche seule était trop grande, mais garnie de belles dents que faisaient ressortir encore des lèvres dont le carmin trop vif tranchait avec la pâleur de son teint; enfin, un signe noir placé au coin de la bouche, et plus large que ne le sont d'ordinaire ces sortes de caprices de la nature, achevait de donner à cette physionomie ce caractère décidé qui effrayait quelque peu Morcerf.

D'ailleurs, tout le reste de la personne d'Eugénie s'alliait avec cette tête que nous venons d'essayer de décrire.

C'était, comme l'avait dit Château-Renaud, la Diane chasseresse, mais avec quelque chose encore de plus ferme et de plus musculeux dans sa beauté.

Quant à l'éducation qu'elle avait reçue, s'il y avait un reproche à lui faire; c'est que, comme certains points de sa physionomie, elle semblait un peu appartenir à un autre sexe.

En effet, elle parlait deux ou trois langues, dessinait facilement, faisait des vers et composait de la musique.

Elle était surtout passionnée pour ce dernier art, qu'elle étudiait avec une de ses amies de pension, jeune personne sans fortune, mais ayant toutes les dispositions possibles pour devenir, à ce que l'on assurait, une excellente cantatrice.

Un grand compositeur portait, disait-on, à cette dernière un intérêt presque paternel, et la faisait travailler avec l'espoir qu'elle trouverait un jour une fortune dans sa voix.

Cette possibilité que mademoiselle Louise d'Armilly, c'était le nom de la jeune virtuose, entrât un jour au théâtre, faisait que mademoiselle Danglars, quoiqu'en la recevant chez elle, ne se montrait point en public dans sa compagnie.

Du reste, sans avoir dans la maison du banquier la position indépendante d'une amie, Louise avait une position supérieure à celle des institutrices ordinaires.

Quelques secondes après l'entrée de madame Danglars dans sa loge, la toile avait baissé, et, grâce à cette faculté laissée par la longueur des entr'actes de se promener au foyer ou de faire des visites pendant une demi-heure, l'orchestre s'était à peu près dégarni.

Morcerf et Château-Renaud étaient sortis des premiers.

Un instant madame Danglars avait pensé que cet empressement d'Albert avait pour but de lui venir présenter ses compliments, et elle s'était penchée à l'oreille de sa fille pour lui annoncer cette visite; mais celle-ci s'était contentée de secouer la tête en souriant; et en même temps, comme pour prouver combien la dénégation d'Eugénie était fondée, Morcerf apparut dans une loge de côté du premier rang.

Cette loge était celle de la comtesse G...

— Ah! vous voilà, monsieur le voyageur, dit celle-ci en lui tendant la main avec toute la cordialité d'une ancienne connaissance; c'est bien aimable à vous de m'avoir reconnue, et surtout de m'avoir donné la préférence pour votre première visite.

— Croyez, madame, répondit Albert, que, si j'eusse su votre arrivée à Paris et connu votre adresse, je n'eusse point attendu si tard. Mais veuillez me permettre de vous présenter M. le baron de Château-Renaud, mon ami, un des rares gentilshommes qui restent encore en France, et par lequel je viens d'apprendre que vous étiez aux courses du Champ-de-Mars.

Château-Renaud salua

— Ah! vous étiez aux courses, monsieur? dit vivement la comtesse.

— Oui, madame.

— Eh bien! reprit vivement madame G..., pouvez-vous me dire à qui appartenait le cheval qui a gagné le prix du Jockey-Club?

— Non madame, dit Château-Renaud, et je faisais tout à l'heure la même question à Albert.

— Y tenez-vous beaucoup, madame la comtesse? demanda Albert.

— A quoi?

— A connaître le maître du cheval.

— Infiniment. Imaginez-vous... Mais sauriez-vous qui, par hasard, vicomte?

— Madame, vous alliez raconter une histoire : Imaginez-vous, avez-vous dit

— Eh bien! imaginez-vous que ce charmant cheval alezan et ce joli petit jockey à casaque rose m'avaient, à la première vue, inspiré une si vive sympathie, que je faisais des vœux pour l'un et pour l'autre, exactement comme si j'avais engagé sur eux la moitié de ma fortune; aussi, lorsque je les vis arriver au but, devançant les autres coureurs de trois longueurs de cheval, je fus si joyeuse, que je me mis à battre des mains comme une folle. Figurez-vous mon étonnement, lorsqu'en rentrant chez moi je rencontrai sur mon escalier le petit jockey rose! Je crus que le vainqueur de la course demeurait par hasard dans la même maison que moi, lorsque, en ouvrant la porte de mon salon, la première chose que je vis fut la coupe d'or qui formait le prix gagné par le cheval et le jockey inconnus. Dans la coupe, il y avait un petit papier sur lequel étaient écrits ces mots :

« A la comtesse G..., lord Ruthwen. »

— C'est justement cela, dit Morcerf.

— Comment! c'est justement cela; que voulez-vous dire?

— Je veux dire que c'est lord Ruthwen en personne.

— Quel lord Ruthwen?

— Le nôtre, le vampire, celui du théâtre Argentina.

— Vraiment! s'écria la comtesse, il est donc ici?

— Parfaitement.

— Et vous le voyez? vous le recevez? vous allez chez lui?

— C'est mon ami intime, et M. de Château-Renaud lui-même a l'honneur de le connaître.

— Qui peut vous faire croire que c'est lui qui a gagné?

— Son cheval inscrit sous le nom de *Vampa*.

— Eh bien! après?

— Eh bien! vous ne vous rappelez pas le nom du fameux bandit qui m'avait fait prisonnier?

— Ah! c'est vrai.

— Et des mains duquel le comte m'a miraculeusement tiré?

— Si fait.

— Il s'appelait *Vampa*. Vous voyez bien que c'est lui.

— Mais pourquoi m'a-t-il envoyé cette coupe à moi?

— D'abord, madame la comtesse, parce que je lui avais fort parlé de vous, comme vous pouvez le croire, ensuite parce qu'il aura été enchanté de retrouver une compatriote, et heureux de l'intérêt que cette compatriote prenait à lui.

— J'espère bien que vous ne lui avez jamais raconté les folies que nous avons dites à son sujet?

— Ma foi, je n'en jurerais pas, et cette façon de vous offrir cette coupe sous le nom de lord Ruthwen....

— Mais c'est affreux, il va m'en vouloir mortellement!

— Son procédé est-il celui d'un ennemi?

— Non, je l'avoue.

— Eh bien!

— Ainsi, il est à Paris?

— Oui.

— Et quelle sensation a-t-il faite?

— Mais, dit Albert, on en a parlé huit jours, puis est arrivé le couronnement de la reine d'Angleterre et le vol des diamants de mademoiselle Mars, et l'on n'a plus parlé que de cela.

— Mon cher, dit Château-Renaud, on voit bien que le comte est votre ami, vous le traitez en conséquence. Ne croyez pas ce que vous dit Albert, madame la comtesse, il n'est au contraire question que du comte de Monte-Christo à Paris. Il a d'abord débuté par envoyer à madame Danglars des chevaux de trente mille francs, puis il a sauvé la vie à madame de Villefort; puis il a gagné la course du Jockey-Club, à ce qu'il paraît. Je maintiens, au contraire, moi, quoi qu'en dise Morcerf, qu'on s'occupe encore du comte en ce moment, et qu'on ne s'occupera même plus que de lui dans un mois, s'il veut continuer de faire de l'excentricité, ce qui, au reste, paraît être sa manière de vivre ordinaire.

— C'est possible, dit Morcerf; en attendant, qui donc a repris la loge de l'ambassadeur de Russie?

— Laquelle? demanda la comtesse.

— L'entre-colonnes du premier rang; elle me semble parfaitement remise à neuf.

— En effet, dit Château-Renaud. Est-ce qu'il y avait quelqu'un pendant le premier acte?

— Où?

— Dans cette loge?

— Non, reprit la comtesse, je n'ai vu personne. Ainsi, continua-t-elle, revenant à la première conversation, vous croyez que c'est votre comte de Monte-Christo qui a gagné le prix?

— J'en suis sûr.

— Et qui m'a envoyé cette coupe?

— Sans aucun doute!

— Mais je ne le connais pas, moi, dit la comtesse, et j'ai fort envie de la lui renvoyer.

— Oh! n'en faites rien; il vous en enverrait une autre, taillée dans quelque saphir ou creusée dans quelque rubis. Ce sont ses manières d'agir; que voulez-vous! il faut le prendre comme il est.

En ce moment on entendit la sonnette qui annonçait que le deuxième acte allait commencer.

Albert se leva pour regagner sa place.

— Vous reverrai-je? demanda la comtesse.

— Dans les entr'actes, si vous le permettez, je viendrai m'informer si je puis vous être bon à quelque chose à Paris.

— Messieurs, dit la comtesse, tous les samedis soir, rue de Rivoli, 22, je suis chez moi pour mes amis. Vous voilà prévenus.

Les jeunes gens saluèrent et sortirent.

En rentrant dans la salle, ils virent le parterre debout et les yeux fixés sur un seul point de la salle.

Leurs regards suivirent la direction générale, et s'arrêtèrent sur l'ancienne loge de l'ambassadeur de Russie.

Un homme habillé de noir, de trente-cinq à quarante ans, venait d'y entrer avec une femme vêtue d'un costume oriental.

La femme était de la plus grande beauté, et le costume d'une telle richesse, que, comme nous l'avons dit, tous les yeux s'étaient à l'instant même tournés vers elle.

— Eh! dit Albert, c'est Monte-Christo et sa Grecque.

En effet, c'étaient le comte et Haydée.

Au bout d'un instant, la jeune femme était l'objet de l'attention non-seulement du parterre, mais de toute la salle.

Les femmes se penchaient hors des loges pour voir ruisseler sous les feux du lustre cette cascade de diamants.

Le second acte se passa au milieu de cette rumeur sourde qui indique dans les masses assemblées un grand événement.

Personne ne songea à crier silence.

Cette femme si jeune, si belle, si éblouissante, était le plus curieux spectacle qu'on pût voir.

Cette fois un signe de madame Danglars indiqua clairement à Albert que la baronne désirait avoir sa visite dans l'entr'acte suivant.

Morcerf était de trop bon goût pour se faire

La femme était de la plus grande beauté et le costume d'une richesse incroyable. — PAGE 108.

attendre quand on lui indiquait clairement qu'il était attendu.

L'acte fini, il se hâta donc de monter dans l'avant-scène.

Il salua les deux dames et tendit la main à Debray.

La baronne l'accueillit avec un charmant sourire, et Eugénie avec sa froideur habituelle

— Ma foi, mon cher, dit Debray, vous voyez un homme à bout, et qui vous appelle à son aide pour le relayer. Voici madame qui m'écrase de questions sur le comte, et qui veut que je sache d'où il est, d'où il vient, où il va ; ma foi, je ne suis pas Cagliostro, moi, et, pour me tirer d'affaire, j'ai dit : Demandez tout cela à Morcerf, il connaît son Monte-Christo sur le bout du doigt ; alors on vous a fait signe.

— N'est-il pas incroyable, dit la baronne, que lorsqu'on a un demi-million de fonds secrets à sa disposition, on ne soit pas mieux instruit que cela ?

— Madame, dit Lucien, je vous prie de croire que, si j'avais un demi-million à ma disposition, je l'emploierais à autre chose qu'à prendre des informations sur M. de Monte-Christo, qui n'a d'autre mérite à mes yeux que d'être deux fois riche comme un nabab; mais j'ai passé la parole à mon ami Morcerf; arrangez-vous avec lui, cela ne me regarde plus.

— Un nabab ne m'eût certainement pas envoyé une paire de chevaux de trente mille francs, avec quatre diamants aux oreilles, de cinq mille francs chacun.

— Oh! les diamants, dit en riant Morcerf, c'est sa manie. Je crois que, pareil à Potemkin, il en a toujours dans ses poches, et qu'il en sème sur son chemin, comme le petit Poucet faisait de ses cailloux.

— Il aura trouvé quelque mine, dit madame Danglars; vous savez qu'il a un crédit illimité sur la maison du baron?

— Non, je ne le savais pas, répondit Albert, mais cela doit être.

— Et qu'il a annoncé à M. Danglars qu'il comptait rester un an à Paris et y dépenser six millions?

— C'est le schah de Perse qui voyage incognito.

— Et cette femme, monsieur Lucien, dit Eugénie, avez-vous remarqué comme elle est belle?

— En vérité, mademoiselle, je ne connais que vous pour faire si bonne justice aux personnes de votre sexe.

Lucien approcha son lorgnon de son œil.

— Charmante! dit-il.

— Et cette femme, M. de Morcerf sait-il qui elle est?

— Mademoiselle, dit Albert, répondant à cette interpellation presque directe, je le sais à peu près, comme tout ce qui regarde le personnage mystérieux dont nous nous occupons. Cette femme est une Grecque.

— Cela se voit facilement à son costume, et vous ne m'apprenez là que ce que toute la salle sait déjà comme nous.

— Je suis fâché, dit Morcerf, d'être un cicerone si ignorant; mais je dois avouer que là se bornent mes connaissances; je sais, en outre, qu'elle est musicienne, car, un jour que j'ai déjeuné chez le comte, j'ai entendu les sons d'une guzla qui ne pouvaient venir certainement que d'elle.

— Il reçoit donc, votre comte? demanda madame Danglars.

— Et d'une façon splendide, je vous jure.

— Il faut que je pousse M. Danglars à lui offrir quelque dîner, quelque bal, afin qu'il nous les rende.

— Comment! vous irez chez lui? dit Debray en riant.

— Pourquoi pas? avec mon mari.

— Mais il est garçon, ce mystérieux comte.

— Vous voyez bien que non, dit en riant à son tour la baronne en montrant la belle Grecque.

— Cette femme est une esclave, à ce qu'il nous a dit lui-même, vous rappelez-vous, Morcerf? à votre déjeuner.

— Convenez, mon cher Lucien, dit la baronne, qu'elle a bien plutôt l'air d'une princesse.

— Des *Mille et une Nuits*.

— Des *Mille et une Nuits*, je ne dis pas; mais qu'est-ce qui fait les princesses, mon cher? ce sont les diamants, et celle-ci en est couverte.

— Elle en a même trop, dit Eugénie; elle serait plus belle sans cela, car on verrait son cou et ses poignets, qui sont charmants de forme.

— Oh! l'artiste. Tenez, dit madame Danglars, la voyez-vous qui se passionne?

— J'aime tout ce qui est beau, dit Eugénie.

— Mais que dites-vous du comte, alors? dit Debray; il me semble qu'il n'est pas mal non plus.

— Le comte? dit Eugénie, comme si elle n'eût point encore pensé à le regarder; le comte, il est bien pâle.

— Justement, dit Morcerf, c'est dans cette pâleur qu'est le secret que nous cherchons. La comtesse G... prétend, vous le savez, que c'est un vampire.

— Elle est donc de retour, la comtesse G...? demanda la baronne.

— Dans cette loge de côté, dit Eugénie, presque en face de nous, ma mère; cette femme avec ces admirables cheveux blonds, c'est elle.

— Oh! oui, dit madame Danglars, vous ne savez pas ce que vous devriez faire, Morcerf?

— Ordonnez, madame.

— Vous devriez aller faire une visite à votre comte de Monte-Christo et nous l'amener.

— Pour quoi faire? dit Eugénie.

— Mais pour que nous lui parlions; n'es-tu pas curieuse de le voir?

— Pas le moins du monde.

— Étrange enfant! murmura la baronne.

— Oh! dit Morcerf, il viendra probablement de lui-même. Tenez, il vous a vue, madame, et il vous salue.

La baronne rendit au comte son salut accompagné d'un charmant sourire.

— Allons, dit Morcerf, je me sacrifie; je vous quitte et vais voir s'il n'y a pas moyen de lui parler.

— Allez dans sa loge; c'est bien simple.

— Mais je ne me suis pas présenté.

— A qui?

— A la belle Grecque.

— C'est une esclave, dites-vous.

— Oui, mais vous prétendez, vous, que c'est une princesse... Non. J'espère que, lorsqu'il me verra sortir, il sortira.

— C'est possible. Allez.

— J'y vais.

Morcerf salua et sortit.

Effectivement, au moment où il passait devant la loge du comte, la porte s'ouvrit.

Le comte dit quelques mots en arabe à Ali, qui se tenait dans le corridor, et prit le bras de Morcerf.

Ali referma la porte et se tint debout devant elle; il y avait dans le corridor un rassemblement autour du Nubien.

— En vérité, dit Monte-Christo, votre Paris est une singulière ville et vos Parisiens un singulier peuple. On dirait que c'est la première fois qu'ils voient un Nubien. Regardez-les donc se presser autour de ce pauvre Ali, qui ne sait pas ce que cela veut dire. Je vous réponds d'une chose, par exemple, c'est qu'un Parisien peut aller à Tunis, à Constantinople, à Bagdad ou au Caire, on ne fera pas cercle autour de lui.

— C'est que vos Orientaux sont des gens sensés et qu'ils ne regardent que ce qui vaut la peine d'être vu; mais, croyez-moi, Ali ne jouit de cette popularité que parce qu'il vous appartient et qu'en ce moment vous êtes l'homme à la mode.

— Vraiment! et qui me vaut cette faveur?

— Pardieu! vous-même. Vous donnez des attelages de mille louis; vous sauvez la vie à des femmes de procureur du roi; vous faites courir, sous le nom du major Black, des chevaux pur sang et des jockeys gros comme des ouistitis; enfin, vous gagnez des coupes d'or, et vous les envoyez aux jolies femmes.

— Et qui diable vous a conté toutes ces folies?

— Dame! la première, madame Danglars, qui meurt d'envie de vous voir dans sa loge, ou plutôt qu'on vous y voie; la seconde, le journal de Beauchamp, et, la troisième, ma propre imaginative. Pourquoi appelez vous votre cheval *Vampa*, si vous voulez garder l'incognito?

— Ah! c'est vrai, dit le comte, c'est une imprudence. Mais, dites-moi donc, le comte de Morcerf ne vient-il point quelquefois à l'Opéra? Je l'ai cherché des yeux, et je ne l'ai aperçu nulle part.

— Il viendra ce soir.

— Où cela?

— Dans la loge de la baronne, je crois.

— Cette charmante personne qui est avec elle, c'est sa fille?

— Oui.

— Je vous en fais mon compliment.

Morcerf sourit.

— Nous reparlerons de cela plus tard et en détail, dit-il. Que dites-vous de la musique?

— De quelle musique?

— Mais de celle que vous venez d'entendre.

— Je dis que c'est de fort belle musique pour de la musique composée par un compositeur humain, et chantée par des oiseaux à deux pieds et sans plumes, comme disait feu Diogène.

— Ah çà! mais, mon cher comte, il semblerait que vous pourriez entendre à votre caprice les sept chœurs du paradis?

— Mais c'est un peu de cela. Quand je veux entendre d'admirable musique, vicomte, de la musique comme jamais l'oreille mortelle n'en a entendu, je dors.

— Eh bien! mais vous êtes à merveille ici; dormez, mon cher comte, dormez, l'Opéra n'a pas été inventé pour autre chose.

— Non, en vérité; votre orchestre fait trop de bruit. Pour que je dorme du sommeil dont je vous parle, il me faut le calme et le silence, et puis une certaine préparation...

— Ah! le fameux hatchis?

— Justement, vicomte, quand vous voudrez entendre de la musique, venez souper avec moi.

— Mais j'en ai déjà entendu en y allant déjeuner, dit Morcerf.

— A Rome?

— Oui.

— Ah! c'était la guzla d'Haydée. Oui, la pauvre exilée s'amuse quelquefois à me jouer des airs de son pays.

Morcerf n'insista point davantage; de son côté, le comte se tut.

En ce moment la sonnette retentit.

— Vous m'excusez? dit le comte en reprenant le chemin de sa loge.

— Comment donc!

— Emportez bien des choses pour la comtesse G... de la part de son vampire.

— Et à la baronne?

— Dites-lui que j'aurai l'honneur, si elle le permet, d'aller lui présenter mes hommages dans la soirée.

Le troisième acte commença.

Pendant le troisième acte, le comte de Morcerf vint, comme il l'avait promis, rejoindre madame Danglars.

Le comte n'était point un de ces hommes qui font révolution dans une salle; aussi personne ne s'aperçut-il de son arrivée que ceux dans la loge desquels il venait prendre une place.

Monte-Christo le vit cependant, et un léger sourire effleura ses lèvres.

Quant à Haydée, elle ne voyait rien tant que la toile était levée; comme toutes les natures primitives, elle adorait tout ce qui parle à l'oreille et à la vue.

Le troisième acte s'écoula comme d'habitude.

Mesdemoiselles Noblet, Julia et Leroux exécutèrent leurs entrechats ordinaires.

Le prince de Grenade fut défié par Robert-Mario.

La baronne ne put s'empêcher de jeter un cri de surprise légèrement mêlé de joie.

Enfin, ce majestueux roi que vous savez fit le tour de la salle pour montrer son manteau de velours, en tenant sa fille par la main.

Puis la toile tomba, et la salle se dégorgea aussitôt dans le foyer et les corridors.

Le comte sortit de sa loge, et, un instant après, apparut dans celle de la baronne Danglars.

La baronne ne put s'empêcher de jeter un cri de surprise légèrement mêlé de joie.

— Ah! venez donc, monsieur le comte, s'écria-t-elle, car, en vérité, j'avais hâte de joindre mes grâces verbales aux remercîments écrits que je vous ai déjà faits.

— Oh! madame, dit le comte, vous vous rappelez encore cette misère! je l'avais déjà oubliée, moi.

— Oui; mais ce qu'on n'oublie pas, monsieur le comte, c'est que vous avez, le lendemain, sauvé ma bonne amie, madame de Villefort, du danger que lui faisaient courir ces mêmes chevaux.

— Cette fois encore, madame, je ne mérite pas vos remercîments; c'est Ali, mon Nubien, qui a eu

— Oh! oui, viens, viens, il me semble que je mourrais si je restais plus longtemps en face de cet homme. — Page 114

le bonheur de rendre à madame de Villefort cet éminent service.

— Et est-ce aussi Ali, dit le comte de Morcerf, qui a tiré mon fils des mains des bandits romains?

— Non, monsieur le comte, dit Monte-Christo en serrant la main que le général lui tendait, non, cette fois je prends les remercîments pour mon compte; mais vous me les avez déjà faits, je les ai déjà reçus, et, en vérité, je suis honteux de vous retrouver encore si reconnaissant. Faites-moi donc l'honneur, je vous prie, madame la baronne, de me présenter à mademoiselle votre fille.

— Oh! vous êtes tout présenté, de nom du moins, car il y a deux ou trois jours que nous ne parlons que de vous. Eugénie, continua la baronne en se retournant vers sa fille, monsieur le comte de Monte-Christo.

Le comte s'inclina.

Mademoiselle Danglars fit un léger mouvement de tête.

— Vous êtes là avec une admirable personne,

monsieur le comte, dit Eugénie; est-ce votre fille?

— Non, mademoiselle, dit Monte-Christo, étonné de cette extrême ingénuité ou de cet étonnant aplomb; c'est une pauvre Grecque dont je suis le tuteur.

— Et qui se nomme?...

— Haydée, répondit Monte-Christo.

— Une Grecque! murmura le comte de Morcerf.

— Oui, comte, dit madame Danglars; et dites-moi si vous avez jamais vu à la cour d'Ali-Tebelin, que vous avez si glorieusement servi, un aussi admirable costume que celui que nous avons là devant les yeux?

— Ah! dit Monte-Christo, vous avez servi à Janina, monsieur le comte?

— J'ai été général inspecteur des troupes du pacha, répondit Morcerf, et mon peu de fortune, je ne le cache pas, vient des libéralités de l'illustre chef albanais.

— Regardez donc! insista madame Danglars.

— Où cela? balbutia Morcerf.

— Tenez! dit Monte-Christo.

Et, enveloppant le comte de son bras, il se pencha avec lui hors de la loge.

En ce moment Haydée, qui cherchait le comte des yeux, aperçut sa tête pâle près de celle de Morcerf qu'il tenait embrassé.

Cette vue produisit sur la jeune fille l'effet de la tête de Méduse.

Elle fit un mouvement en avant comme pour les dévorer tous deux du regard; puis, presque aussitôt, elle se rejeta en arrière en poussant un faible cri, qui fut pourtant entendu des personnes qui étaient les plus proches d'elle et d'Ali, qui aussitôt ouvrit la porte.

— Tiens, dit Eugénie, que vient-il donc d'arriver à votre pupille, monsieur le comte? On dirait qu'elle se trouve mal,

— En effet, dit le comte; mais ne vous effrayez point, mademoiselle; Haydée est très-nerveuse, et, par conséquent, très-sensible aux odeurs : un parfum qui lui est antipathique suffit pour la faire évanouir; mais, ajouta le comte, en tirant un flacon de sa poche, j'ai là le remède.

Et, après avoir salué la baronne et sa fille d'un seul et même salut, il échangea une dernière poignée de main avec le comte et avec Debray, et sortit de la loge de madame Danglars.

Quand il rentra dans la sienne, Haydée était encore fort pâle : à peine parut-il qu'elle lui saisit la main.

Monte-Christo s'aperçut que les mains de la jeune fille étaient humides et glacées à la fois.

— Avec qui donc causais-tu là, seigneur? demanda la jeune fille.

— Mais, répondit Monte-Christo, avec le comte de Morcerf, qui a été au service de ton illustre père, et qui avoue lui devoir sa fortune.

— Ah! le misérable! s'écria Haydée, c'est lui qui l'a vendu aux Turcs; et cette fortune, c'est le prix de sa trahison. Ne savais-tu donc pas cela, mon cher seigneur?

— J'avais bien déjà entendu dire quelques mots de cette histoire en Épire, dit Monte-Christo, mais j'en ignore les détails. Viens, ma fille, tu me les donneras, ce doit être curieux.

— Oh! oui, viens, viens; il me semble que je mourrais si je restais plus longtemps en face de cet homme.

Et Haydée, se levant vivement, s'enveloppa de son burnous de cachemire blanc brodé de perles et de corail, et sortit vivement au moment où la toile se levait.

— Voyez si cet homme fait rien comme un autre! dit la comtesse G... à Albert, qui était retourné près d'elle; il écoute religieusement le troisième acte de *Robert*, et il s'en va au moment où le quatrième va commencer.

CHAPITRE XV.

LA HAUSSE ET LA BAISSE.

Quelques jours après cette rencontre, Albert de Morcerf vint faire visite au comte de Monte-Christo dans sa maison des Champs-Élysées, qui avait déjà pris cette allure de palais que le comte, grâce à son immense fortune, donnait à ses habitations, même les plus passagères.

Il venait lui renouveler les remercîments de madame Danglars, que lui avait déjà apportés une lettre signée baronne Danglars, née Herminie de Servieux.

Albert était accompagné de Lucien Debray, lequel joignit aux paroles de son ami quelques compliments qui n'étaient pas officiels sans doute, mais dont, grâce à la finesse de son coup d'œil, le comte ne pouvait suspecter la source.

Il lui sembla même que Lucien venait le voir mû par un double sentiment de curiosité, et que la moitié de ce sentiment émanait de la rue de la Chaussée-d'Antin.

En effet, il pouvait supposer, sans crainte de se tromper, que madame Danglars, ne pouvant connaître par ses propres yeux l'intérieur d'un homme qui donnait des chevaux de trente mille francs, et qui allait à l'Opéra avec une esclave grecque portant pour un million de diamants, avait chargé des yeux, par lesquels elle avait l'habitude de voir, de lui donner quelques renseignements sur cet intérieur.

Mais le comte ne parut pas soupçonner la moindre corrélation entre la visite de Lucien et la curiosité de la baronne.

— Vous êtes en rapports presque continuels avec le baron Danglars? demanda-t-il à Albert de Morcerf.

— Mais, oui, monsieur le comte; vous savez ce que je vous ai dit?

— Cela tient donc toujours?

— Plus que jamais, dit Lucien, c'est une affaire arrangée.

Et Lucien, jugeant sans doute que ce mot mêlé à la conversation lui donnait le droit d'y demeurer étranger, plaça son lorgnon d'écaille dans son œil, et, mordant la pomme d'or de sa badine, se mit à faire le tour de la chambre en examinant les armes et les tableaux.

— Ah! dit Monte-Christo. Mais, à vous entendre, je n'avais pas cru à une si prompte solution.

— Que voulez-vous? les choses marchent sans qu'on s'en doute; pendant que vous ne songez pas à elles, elles songent à vous; et, quand vous vous retournez, vous êtes étonné du chemin qu'elles ont fait. Mon père et M. Danglars ont servi ensemble en Espagne, mon père dans l'armée, M. Danglars dans les vivres. C'est là que mon père, ruiné par la révolution, et M. Danglars qui n'avait, lui, jamais eu de patrimoine, ont jeté les fondements, mon père, de sa fortune politique et militaire, qui est belle, M. Danglars, de sa fortune politique et financière, qui est admirable.

— Oui, en effet, dit Monte-Christo, je crois que, pendant la visite que je lui ai faite, M. Danglars m'a parlé de cela; et, continua-t-il en jetant un coup d'œil de côté sur Lucien qui feuilletait un album, et est-elle jolie, mademoiselle Eugénie? car je crois me rappeler que c'est Eugénie qu'elle s'appelle.

— Fort jolie, ou plutôt fort belle, répondit Albert, mais d'une beauté que je n'apprécie pas. Je suis un indigne!

— Vous en parlez déjà comme si vous étiez son mari!

— Oh! fit Albert, en regardant autour de lui pour voir à son tour ce que faisait Lucien.

— Savez-vous, dit Monte-Christo en baissant la voix, que vous ne me paraissez pas enthousiaste de ce mariage!

— Mademoiselle Danglars est trop riche pour moi, dit Morcerf, cela m'épouvante

— Bah! dit Monte-Christo, voilà une belle raison! n'êtes-vous pas riche vous-même?

— Mon père a quelque chose comme une cinquantaine de mille livres de rente, et m'en donnera peut-être dix ou douze en me mariant.

— Le fait est que c'est modeste, dit le comte, à Paris surtout; mais tout n'est pas dans la fortune en ce monde, et c'est bien quelque chose aussi qu'un beau nom et une haute position sociale. Votre nom est célèbre, votre position magnifique; et puis, le comte de Morcerf est un soldat, et l'on aime à voir s'allier cette intégrité de Bayard à la pauvreté de Duguesclin; le désintéressement est le plus beau rayon de soleil auquel puisse reluire une noble épée. Moi, tout au contraire, je trouve cette union on ne peut plus sortable : mademoiselle Danglars vous enrichira et vous l'ennoblirez!

Albert secoua la tête et demeura pensif.

— Il y a encore autre chose, dit-il.

— J'avoue, reprit Monte-Christo, que j'ai peine à comprendre cette répugnance pour une jeune fille riche et belle.

— Oh! mon Dieu! dit Morcerf, cette répugnance, si répugnance il y a, ne vient pas toute de mon côté.

— Mais de quel côté donc? car vous m'avez dit que votre père désirait ce mariage.

— Du côté de ma mère, et ma mère est un œil prudent et sûr. Eh bien! elle ne sourit pas à cette union, elle a je ne sais quelle prévention contre les Danglars.

— Oh! dit le comte avec un ton un peu forcé, cela se conçoit; madame la comtesse de Morcerf, qui est la distinction, l'aristocratie, la finesse en personne, hésite un peu à toucher une main roturière, épaisse et brutale; c'est naturel.

— Je ne sais si c'est cela, en effet, dit Albert; mais, ce que je sais, c'est qu'il me semble que ce mariage, s'il se fait, la rendra malheureuse. Déjà l'on devait s'assembler pour parler d'affaires il y a six semaines; mais j'ai été tellement pris de migraines...

— Réelles? dit le comte en souriant.

— Oh! bien réelles, la peur sans doute... que l'on a remis le rendez-vous à deux mois. Rien ne presse, vous comprenez; je n'ai pas encore vingt et un ans, et Eugénie n'en a que dix-sept; mais les deux mois expirent la semaine prochaine. Il faudra s'exécuter. Vous ne pouvez vous imaginer, mon cher comte, combien je suis embarrassé... Ah! que vous êtes heureux d'être libre!

— Eh bien! mais soyez libre aussi; qui vous en empêche, je vous le demande un peu?

— Oh! ce serait une trop grande déception pour mon père si je n'épouse pas mademoiselle Danglars.

— Épousez-la alors, dit le comte avec un singulier mouvement d'épaules.

— Oui, dit Morcerf; mais, pour ma mère, ce ne sera pas de la déception, ce sera de la douleur.

— Alors, ne l'épousez pas, fit le comte.

— Je verrai, j'essayerai; vous me donnerez conseil, n'est-ce pas? et, s'il vous est possible, vous me tirerez de cet embarras. Oh! pour ne pas faire de peine à mon excellente mère, je me brouillerais avec le comte, je crois.

Monte-Christo se détourna.

Il semblait ému.

— Eh! dit-il à Debray assis dans un fauteuil profond à l'extrémité du salon, et qui tenait de la main droite un crayon et de la gauche un carnet, que faites-vous donc? un croquis d'après le Poussin!

— Moi, dit-il tranquillement, oh! bien oui, un croquis, j'aime trop la peinture pour cela! Non pas, je fais tout l'opposé de la peinture, je fais des chiffres.

— Des chiffres?

— Oui, je calcule, cela vous regarde indirectement, vicomte; je calcule ce que la maison Danglars a gagné sur la dernière hausse d'Haïti : de deux cent six le fonds est monté à quatre cent neuf en trois jours, et le prudent banquier avait acheté beaucoup à deux cent six. Il a dû gagner trois cent mille livres.

— Ce n'est pas son meilleur coup, dit Morcerf; n'a-t-il pas gagné un million cette année avec les bons d'Espagne?

— Écoutez, mon cher, dit Lucien, voici M. le comte de Monte-Christo qui vous dira comme les Italiens :

Danaro e santia
Metà della metà (1).

Et c'est encore beaucoup. Aussi, quand on me fait de pareilles histoires, je hausse les épaules.

— Mais vous parliez d'Haïti? dit Monte-Christo.

— Oh! Haïti, c'est autre chose; Haïti, c'est l'écarté de l'agiotage français. On peut aimer la bouillote, chérir le whist, raffoler du boston, et se lasser cependant de tout cela; mais on en revient toujours à l'écarté; c'est un hors-d'œuvre. Ainsi M. Danglars a vendu hier à quatre cent six et empoché trois cent mille francs; s'il eût attendu à aujourd'hui, le fonds retombait à deux cent cinq, et au lieu de gagner trois cent mille francs, il en perdait vingt ou vingt-cinq mille.

— Et pourquoi le fonds est-il retombé de quatre cent neuf à deux cent six? demanda Monte-Christo. Je vous demande pardon, je suis fort ignorant de toutes ces intrigues de Bourse.

— Parce que, répondit en riant Albert, les nouvelles se suivent et ne se ressemblent pas.

— Ah! diable! fit le comte, M. Danglars joue à gagner ou à perdre trois cent mille francs en un jour! Ah çà! mais il est donc énormément riche?

— Ce n'est pas lui qui joue! s'écria vivement Lucien, c'est madame Danglars; elle est véritablement intrépide.

— Mais vous qui êtes raisonnable, Lucien, et qui

(1) Argent et sainteté
Moitié de la moitié.

Monte-Christo se retourna, il semblait ému. — PAGE 116.

connaissez le peu de stabilité des nouvelles, puisque vous êtes à la source, vous devriez l'empêcher, dit Morcerf avec un sourire.

— Comment le pourrais-je, si son mari ne réussit pas? demanda Lucien. Vous connaissez le caractère de la baronne; personne n'a d'influence sur elle, et elle ne fait absolument que ce qu'elle veut.

— Oh ! si j'étais à votre place, dit Albert.

— Eh bien?

— Je la guérirais, moi; ce serait un service à rendre à son futur gendre.

— Comment cela?

— Ah! pardieu, c'est bien facile. Je lui donnerais une leçon.

— Une leçon!

— Oui. Votre position de secrétaire du ministre vous donne une grande autorité pour les nouvelles; vous n'ouvrez pas la bouche que les agents de change ne sténographient au plus vite vos paroles; faites-lui perdre une centaine de mille francs coup sur coup, et cela la rendra prudente.

— Je ne comprends pas, balbutia Lucien.

— C'est cependant limpide, répondit le jeune homme avec une naïveté qui n'avait rien d'affecté;

annoncez-lui un beau matin quelque chose d'inouï, une nouvelle télégraphique que vous seul puissiez savoir : que Henri IV, par exemple, a été vu hier chez Gabrielle; cela fera monter les fonds, elle établira son coup de bourse là-dessus, et elle perdra certainement lorsque Beauchamp écrira le lendemain dans son journal :

« C'est à tort que les gens bien informés prétendent que le roi Henri IV a été vu avant-hier chez Gabrielle, ce fait est complétement inexact; le roi Henri IV n'a pas quitté le pont Neuf. »

Lucien se mit à rire du bout des lèvres.

Monte-Christo, quoique indifférent en apparence, n'avait pas perdu un mot de cet entretien, et son œil perçant avait même cru lire un secret dans l'embarras du secrétaire intime.

Il résulta de cet embarras de Lucien, qui avait complétement échappé à Albert, que Lucien abrégea sa visite.

Il se sentait évidemment mal à l'aise.

Le comte lui dit en le reconduisant quelques mots à voix basse auxquels il répondit :

— Bien volontiers, monsieur le comte, j'accepte.

Le comte revint au jeune de Morcerf.

— Ne pensez-vous pas, en y réfléchissant, lui dit-il, que vous avez eu tort de parler comme vous l'avez fait de votre belle-mère devant M. Debray?

— Tenez, comte, dit Morcerf, je vous en prie, ne dites pas d'avance ce mot-là.

— Vraiment, et sans exagération, la comtesse est à ce point contraire à ce mariage?

— A ce point que la baronne vient rarement à la maison, et que ma mère, je crois, n'a pas été deux fois dans sa vie chez madame Danglars.

— Alors, dit le comte, me voilà enhardi à vous parler à cœur ouvert : M. Danglars est mon banquier, M. de Villefort m'a comblé de politesses en remercîment du service qu'un heureux hasard m'a mis à même de lui rendre. Je devine sous tout cela une avalanche de dîners et de raouts. Or, pour ne pas paraître brocher fastueusement sur le tout, et même pour avoir le mérite de prendre les devants, si vous voulez, j'ai projeté de réunir à ma maison de campagne d'Auteuil M. et madame Danglars, M. et madame de Villefort. Si je vous invite à ce dîner, ainsi que M. le comte et madame la comtesse de Morcerf, cela n'aura-t-il pas l'air d'une espèce de rendez-vous matrimonial, ou du moins madame la comtesse de Morcerf n'envisagera-t-elle pas la chose ainsi, surtout si M. le baron Danglars me fait l'honneur d'amener sa fille? Alors votre mère me prendra en horreur, et je ne veux aucunement de cela, moi, je tiens, au contraire, et dites-le-lui toutes les fois que l'occasion s'en présentera, à rester au mieux dans son esprit.

— Ma foi, comte, dit Morcerf, je vous remercie d'y mettre avec moi cette franchise, et j'accepte l'exclusion que vous me proposez. Vous dites que vous tenez à rester au mieux dans l'esprit de ma mère, où vous êtes déjà à merveille.

— Vous croyez? fit Monte-Christo avec intérêt.

— Oh! j'en suis sûr. Quand vous nous avez quittés l'autre jour, nous avons causé une heure de vous; mais j'en reviens à ce que nous disions. Eh bien! si ma mère pouvait savoir cette attention de votre part, et je me hasarderai à la lui dire, je suis sûr qu'elle vous en serait on ne peut plus reconnaissante. Il est vrai que, de son côté, mon père serait furieux.

Le comte se mit à rire.

— Eh bien! dit-il à Morcerf, vous voilà prévenu. Mais, j'y pense, il n'y aura pas que votre père qui sera furieux : M. et madame Danglars vont me considérer comme un homme de fort mauvaise façon. Ils savent que je vous vois avec une certaine intimité, que vous êtes même ma plus ancienne connaissance parisienne, et ils ne vous trouveront pas chez moi; ils me demanderont pourquoi je ne vous ai pas invité. Songez au moins à vous munir d'un engagement antérieur qui ait quelque apparence de probabilité et dont vous me ferez part au moyen d'un petit mot. Vous le savez, avec les banquiers les écrits seuls sont valables.

— Je ferai mieux que cela, monsieur le comte, dit Albert. Ma mère veut aller respirer l'air de la mer. A quel jour est fixé votre dîner?

— A samedi.

— Nous sommes à mardi, bien; demain soir nous partons : après-demain matin nous serons au Tréport. Savez-vous, monsieur le comte, que vous êtes un homme charmant de mettre ainsi les gens à leur aise?

— Moi! en vérité vous me tenez pour plus que je ne vaux; je désire vous être agréable, voilà tout.

— Quel jour avez-vous fait vos invitations?

— Aujourd'hui même.

— Bien! je cours chez M. Danglars, je lui annonce que nous quittons Paris demain, ma mère et moi. Je ne vous ai pas vu; par conséquent je ne sais rien de votre dîner.

— Fou que vous êtes! et M. Debray qui vient de vous voir chez moi, lui!

— Ah! c'est juste.

— Au contraire, je vous ai vu et invité ici sans cérémonie, et vous m'avez tout naïvement répondu que vous ne pouviez pas être mon convive, parce que vous partiez pour le Tréport.

— Eh bien! voilà qui est conclu. Mais vous, viendrez-vous voir ma mère avant demain?

— Avant demain, c'est difficile; puis je tomberais au milieu de vos préparatifs de départ.

— Eh bien! faites mieux que cela; vous n'étiez qu'un homme charmant, vous serez un homme adorable

— Que faut-il que je fasse pour arriver à cette sublimité?

— Ce qu'il faut que vous fassiez?

— Je le demande.

— Vous êtes aujourd'hui libre comme l'air; venez dîner avec moi : nous serons en petit comité, vous, ma mère et moi seulement. Vous avez à peine aperçu ma mère; mais vous la verrez de près. C'est une femme fort remarquable, et je ne regrette qu'une chose, c'est que sa pareille n'existe pas avec vingt ans de moins; il y aurait bientôt, je vous le jure, une comtesse et une vicomtesse de Morcerf. Quant à mon père, vous ne le trouverez pas : il est de commission ce soir et dîne chez le grand référendaire. Venez, nous causerons voyages. Vous qui avez vu le monde tout entier, vous nous raconterez vos aventures; vous nous direz l'histoire de cette belle Grecque qui était l'autre soir avec vous à l'Opéra, que vous appelez votre esclave et que vous traitez comme une princesse. Nous parlerons italien, espagnol. Voyons, acceptez; ma mère vous remerciera.

— Mille grâces, dit le comte; l'invitation est des plus gracieuses, et je regrette vivement de ne pouvoir l'accepter. Je ne suis pas libre comme vous le pensiez, et j'ai au contraire un rendez-vous des plus importants.

— Ah! prenez garde; vous m'avez appris tout à l'heure comment, en fait de dîner, on se décharge d'une chose désagréable. Il me faut une preuve; je ne suis heureusement pas banquier comme M. Danglars; mais je suis, je vous en préviens, aussi incrédule que lui.

— Aussi vais-je vous la donner, dit le comte.

Et il sonna.

— Hum! fit Morcerf, voilà déjà deux fois que vous refusez de dîner avec ma mère. C'est un parti pris, comte.

Monte-Christo tressaillit.

— Oh! vous ne le croyez pas, dit-il; d'ailleurs voici ma preuve qui vient.

Baptistin entra et se tint sur la porte debout et attendant.

— Je n'étais pas prévenu de votre visite, n'est-ce pas?

— Dame! vous êtes un homme si extraordinaire, que je n'en répondrais pas.

— Je ne pouvais point deviner que vous m'inviteriez à dîner, au moins?

— Oh! quant à cela, c'est probable.

— Eh bien! écoutez, Baptistin; que vous ai-je dit ce matin quand je vous ai appelé dans mon cabinet de travail?

— De faire fermer la porte de M. le comte une fois cinq heures sonnées, répondit le valet.

— Ensuite?

— Oh! monsieur le comte... dit Albert.

— Non, non, je veux absolument me débarrasser de cette réputation mystérieuse que vous m'avez faite, mon cher vicomte. Il est trop difficile de jouer éternellement le Manfred. Je veux vivre dans une maison de verre. Ensuite... Continuez, Baptistin.

— Ensuite, de ne recevoir que M. le major Bartolomeo Cavalcanti et son fils.

— Vous entendez, M. le major Bartolomeo Cavalcanti, un homme de la plus vieille noblesse d'Italie et dont Dante a pris la peine d'être le d'Hozier... vous vous rappelez ou vous ne vous rappelez pas, dans le dixième chant de l'*Enfer;* de plus, son fils, un charmant jeune homme de votre âge, à peu près, vicomte, portant le même titre que vous, et qui fait son entrée dans le monde parisien avec les millions de son père. Le major m'amène ce soir son fils Andrea, le contino, comme nous disons en Italie. Il me le confie. Je le pousserai s'il a quelque mérite. Vous m'aiderez, n'est-ce pas?

— Sans doute! C'est donc un ancien ami à vous que ce major Cavalcanti? demanda Albert.

— Pas du tout, c'est un digne seigneur, très-poli, très-modeste, très-discret, comme il y en a une foule en Italie; des descendants très-descendus des vieilles familles. Je l'ai vu plusieurs fois, soit à Florence, soit à Bologne, soit à Lucques, et il m'a prévenu de son arrivée. Les connaissances de voyage sont exigeantes; elles réclament de vous en tout lieu l'amitié qu'on leur a témoignée une fois par hasard; comme si l'homme civilisé, qui sait vivre une heure avec n'importe qui, n'avait pas toujours son arrière-pensée! Ce bon major Cavalcanti va revoir Paris, qu'il n'a vu qu'en passant, sous l'Empire, en allant se faire geler à Moscou. Je lui donnerai un bon dîner, il laissera son fils; je lui promettrai de veiller sur lui : je lui laisserai faire toutes les folies qu'il lui conviendra de faire, et nous serons quittes.

— A merveille! dit Albert, et je vois que vous êtes un précieux mentor. Adieu donc, nous serons de retour dimanche. A propos, j'ai reçu des nouvelles de Franz.

— Ah! vraiment! dit Monte-Christo; et se plaît-il toujours en Italie?

— Je pense que oui; cependant il vous y regrette. Il dit que vous étiez le soleil de Rome, et que sans vous il y fait gris. Je ne sais pas même s'il ne va point jusqu'à dire qu'il y pleut.

— Il est donc revenu sur mon compte, votre ami Franz?

— Au contraire, il persiste à vous croire fantastique au premier chef; voilà pourquoi il vous regrette.

— Charmant jeune homme! dit Monte-Christo, et pour lequel je me suis senti une vive sympathie le premier soir où je l'ai vu cherchant un souper quelconque, et où il a bien voulu accepter le mien. C'est, je crois, le fils du général d'Épinay?

— Justement.

Andrea Cavalcanti.

— Le même qui a été si misérablement assassiné en 1815?

— Par les bonapartistes.

— C'est cela, ma foi, je l'aime! N'y a-t-il pas pour lui aussi des projets de mariage?

— Oui, il doit épouser mademoiselle de Villefort.

— C'est vrai?

— Comme moi je dois épouser mademoiselle Danglars, reprit Albert en riant.

— Vous riez?

— Oui.

— Pourquoi riez-vous?

— Je ris, parce qu'il me semble voir de ce côté-là autant de sympathie pour le mariage qu'il y en a d'un autre côté entre mademoiselle Danglars et moi. Mais vraiment, mon cher comte, nous causons de femmes comme les femmes causent d'hommes; c'est impardonnable!

Albert se leva.

— Vous vous en allez?

— La question est bonne! il y a deux heures que je vous assomme, et vous avez la politesse de me demander si je m'en vais! En vérité, comte,

La maison d'Auteuil.

vous êtes l'homme le plus poli de la terre! Et vos domestiques, comme ils sont dressés! M. Baptistin surtout! je n'ai jamais pu en avoir un comme cela. Les miens semblent tous prendre exemple sur ceux du Théâtre-Français, qui, justement parce qu'ils n'ont qu'un mot à dire, viennent toujours le dire sur la rampe. Ainsi, si vous vous défaites de M. Baptistin, je vous demande la préférence.

— C'est dit, vicomte.

— Ce n'est pas tout, attendez : faites bien mes compliments à votre discret Lucquois, au seigneur Cavalcante dei Cavalcanti, et, si par hasard il tenait à établir son fils, trouvez-lui une femme bien riche, bien noble, du chef de sa mère, du moins, et bien baronne du chef de son père. Je vous y aiderai, moi.

— Oh! oh! répondit Monte-Christo, en vérité, vous en êtes là?

— Oui.

— Ma foi, il ne faut jurer de rien.

— Ah! comte, s'écria Morcerf, quel service vous me rendriez, et comme je vous aimerais cent fois davantage encore si, grâce à vous, je restais garçon, ne fût-ce que dix ans.

3 Paris. — Imp. de Edouard Blot, rue S.-Louis, 46

— Tout est possible, répondit gravement Monte-Christo.

Et, prenant congé d'Albert, il rentra chez lui et frappa trois fois sur son timbre.

Bertuccio parut.

— Monsieur Bertuccio, dit-il, vous saurez que je reçois samedi dans ma maison d'Auteuil.

Bertuccio eut un léger frisson.

— Bien, monsieur, dit-il.

— J'ai besoin de vous, continua le comte, pour que tout soit préparé convenablement. Cette maison est fort belle, ou du moins peut être fort belle.

— Il faudrait tout changer pour en arriver là, monsieur le comte, car les tentures ont vieilli.

— Changez donc tout, à l'exception d'une seule, celle de la chambre à coucher de damas rouge; vous la laisserez même absolument telle qu'elle est.

Bertuccio s'inclina.

— Vous ne toucherez pas au jardin non plus; mais de la cour, par exemple, faites-en tout ce que vous voudrez : il me sera même agréable qu'on ne la puisse pas reconnaître.

— Je ferai tout mon possible pour que monsieur le comte soit content; je serais plus rassuré cependant si monsieur le comte me voulait dire ses intentions pour le dîner.

— En vérité, mon cher monsieur Bertuccio, dit le comte, depuis que vous êtes à Paris, je vous trouve dépaysé, trembleur; mais vous ne me connaissez donc plus?

— Mais enfin, Son Excellence pourrait me dire qui elle reçoit.

— Je n'en sais rien encore, et vous n'avez pas besoin de le savoir non plus. Lucullus dîne chez Lucullus, voilà tout.

Bertuccio s'inclina et sortit.

CHAPITRE XVI.

LE MAJOR CAVALCANTI.

i le comte ni Baptistin n'avaient menti en annonçant à Morcerf cette visite du major lucquois, qui servait à Monte-Christo de prétexte pour refuser le dîner qui lui était offert.

Sept heures venaient de sonner, et M. Bertuccio, selon l'ordre qu'il en avait reçu, était parti depuis deux heures pour Auteuil lorsqu'un fiacre s'arrêta à la porte de l'hôtel, et sembla s'enfuir tout honteux aussitôt qu'il eut déposé près de la grille un homme de cinquante-deux ans environ, vêtu d'une de ces redingotes vertes à brandebourgs noirs dont l'espèce est impérissable, à ce qu'il paraît, en Europe.

Un large pantalon de drap bleu, une botte encore assez propre, quoique d'un vernis incertain et un peu trop épaisse de semelle, des gants de daim, un chapeau se rapprochant pour la forme d'un chapeau de gendarme, un col noir, bordé d'un liséré blanc, qui, si son propriétaire ne l'eût porté de sa pleine et entière volonté, eût pu passer pour un carcan; tel était le costume pittoresque sous lequel se présenta le personnage qui sonna à la grille, en demandant si ce n'était point au n° 30 de l'avenue des Champs-Élysées que demeurait M. le comte de Monte-Christo, et qui, sur la réponse affirmative du concierge, entra, ferma la porte derrière lui et se dirigea vers le perron.

La tête petite et anguleuse de cet homme, ses cheveux blanchissants, sa moustache épaisse et grise, le firent reconnaître par Baptistin, qui avait l'exact signalement du visiteur et qui l'attendait au bas du vestibule.

Aussi à peine eut-il prononcé son nom devant le serviteur intelligent, que Monte-Christo était prévenu de son arrivée.

On introduisit l'étranger dans le salon le plus simple.

Le comte l'y attendait et alla au-devant de lui d'un air riant.

— Ah! cher monsieur, dit-il, soyez le bienvenu. Je vous attendais.

— Vraiment! dit le Lucquois, Votre Excellence m'attendait?

— Oui, j'avais été prévenu de votre arrivée pour aujourd'hui, à sept heures.

— De mon arrivée? Ainsi vous étiez prévenu?

— Parfaitement.

— Ah! tant mieux! Je craignais, je l'avoue, que l'on eût oublié cette petite précaution.

— Laquelle?

— De vous prévenir.

— Oh! non pas!

— Mais vous êtes sûr de ne pas vous tromper?

— J'en suis sûr.

— C'est bien moi que Votre Excellence attendait aujourd'hui à sept heures?

— C'est bien vous. D'ailleurs, vérifions.

— Oh! si vous m'attendiez, dit le Lucquois, ce n'est pas la peine.

— Si fait! si fait! dit Monte-Christo.

Le Lucquois parut légèrement inquiet.

— Voyons, dit Monte-Christo, n'êtes-vous pas monsieur le marquis Bartolomeo Cavalcanti?

— Bartolomeo Cavalcanti, répéta le Lucquois joyeux, c'est bien cela.

— Ex-major au service d'Autriche?

— Était-ce major que j'étais? demanda timidement le vieux militaire.

— Oui, dit Monte-Christo, c'était major. C'est le nom que l'on donne en France au grade que vous occupiez en Italie.

— Bon! dit le Lucquois, je ne demande pas mieux, moi, vous comprenez...

— D'ailleurs, vous ne venez pas ici de votre propre mouvement? reprit Monte-Christo.

— Oh! bien certainement.

— Vous m'êtes adressé par quelqu'un?

— Oui.

— Par cet excellent abbé Busoni?

— C'est cela! s'écria le major joyeux.

— Et vous avez une lettre?

— La voilà.

— Eh! pardieu! vous voyez bien. Donnez donc.

Et Monte-Christo prit la lettre, qu'il ouvrit et qu'il lut.

Le major regardait le comte avec de gros yeux étonnés qui se portaient curieusement sur chaque partie de l'appartement, mais qui revenaient invariablement à son propriétaire.

— C'est bien cela... ce cher abbé!

« Le major Cavalcanti, un digne patricien de Lucques, descendant des Cavalcanti de Florence, continua Monte-Christo tout en lisant, jouissant d'une fortune d'un demi-million de revenu. »

Monte-Christo leva les yeux de dessus le papier et salua.

— D'un demi-million, dit-il! peste! mon cher monsieur Cavalcanti.

— Y a-t-il un demi-million? demanda le Lucquois.

— En toutes lettres, et cela doit être, l'abbé Busoni est l'homme qui connaît le mieux toutes les grandes fortunes de l'Europe.

— Va pour un demi-million, dit le Lucquois, mais, ma parole d'honneur! je ne croyais pas que cela montât si haut.

— Parce que vous avez un intendant qui vous vole; que voulez-vous, cher monsieur Cavalcanti, il faut bien passer par là!

— Vous venez de m'éclairer, dit gravement le Lucquois, je mettrai le drôle à la porte.

Monte-Christo continua :

« Et auquel il ne manquait qu'une chose pour être heureux. »

— Oh! mon Dieu, oui! une seule, dit le Lucquois avec un soupir.

« De retrouver un fils adoré. »

— Un fils adoré?

« Enlevé dans sa jeunesse, soit par un ennemi de sa noble famille, soit par des bohémiens. »

— A l'âge de cinq ans, monsieur! dit le Lucquois avec un profond soupir et en levant les yeux au ciel.

— Pauvre père! dit Monte-Christo.

Le comte continua :

« Je lui rends l'espoir, je lui rends la vie, monsieur le comte, en lui annonçant que ce fils, que depuis quinze ans il cherche vainement, vous pouvez le lui faire retrouver. »

Le Lucquois regarda Monte-Christo avec une indéfinissable expression d'inquiétude.

— Je le puis, répondit Monte-Christo.

Le major se redressa.

— Ah! ah! dit-il, la lettre était donc vraie jusqu'au bout?

— En aviez-vous douté, cher monsieur Bartholomeo?

— Non pas, jamais! Comment donc! un homme grave, un homme revêtu d'un caractère religieux comme l'abbé Busoni, ne se serait pas permis une plaisanterie pareille; mais vous n'avez pas tout lu, Excellence!

— Ah! c'est vrai, dit Monte-Christo, il y a un *post-scriptum*.

— Oui, répéta le Lucquois, oui... il... y... a... un... *post-scriptum*.

« Pour ne point causer au major Cavalcanti l'embarras de déplacer des fonds de chez son banquier, je lui envoie une traite de deux mille francs pour ses frais de voyage et le crédit sur vous de la somme de quarante-huit mille francs que vous restez me redevoir. »

Le major suivait des yeux ce *post-scriptum* avec une visible anxiété.

— Bon! se contenta de dire le comte.

— Il a dit bon, murmura le Lucquois. Ainsi... monsieur, reprit-il.

— Ainsi?... demanda Monte-Christo.

— Ainsi, le *post-scriptum*...

— Eh bien! le *post-scriptum*...

— Est accueilli par vous aussi favorablement que le reste de la lettre?

— Certainement. Nous sommes en compte l'abbé Busoni et moi; je ne sais pas si c'est quarante-huit mille livres précisément que je reste lui redevoir, mais nous n'en sommes pas entre nous à quelques billets de banque. Ah çà! vous attachiez donc une grande importance à ce *post-scriptum*, cher monsieur Cavalcanti?

— Je vous avouerai, répondit le Lucquois, que, plein de confiance dans la signature de l'abbé Busoni, je ne m'étais pas muni d'autres fonds; de sorte que, si cette ressource m'eût manqué, je me serais trouvé fort embarrassé à Paris.

— Est-ce qu'un homme comme vous est embarrassé quelque part? dit Monte-Christo; allons donc!

— Dame! ne connaissant personne, fit le Lucquois.

— Mais on vous connaît, vous.

— Oui, l'on me connaît, de sorte que...

— Achevez, cher monsieur Cavalcanti!

— De sorte que vous me remettrez ces quarante-huit mille livres?

— A votre première réquisition.

Le major roulait de gros yeux ébahis.

— Mais asseyez-vous donc, dit Monte-Christo; en vérité, je ne sais ce que je fais... Je vous tiens debout depuis un quart d'heure...

— Ne faites pas attention.

— Le jeune homme est là, répondit le valet de chambre.

Le major tira un fauteuil et s'assit.

— Maintenant, dit le comte, voulez-vous prendre quelque chose; un verre de xérès, de porto, d'alicante?

— D'alicante, puisque vous le voulez bien; c'est mon vin de prédilection.

— J'en ai d'excellent. Avec un biscuit, n'est-ce pas?

— Avec un biscuit, puisque vous m'y forcez.

Monte-Christo sonna; Baptistin parut.

Le comte s'avança vers lui :

— Eh bien?... demanda-t-il tout bas.

— Le jeune homme est là, répondit le valet de chambre sur le même ton.

— Bien; où l'avez-vous fait entrer?

— Dans le salon bleu, comme l'avait ordonné Son Excellence.

— A merveille. Apportez du vin d'Alicante et des biscuits.

Baptistin sortit.

— En vérité, dit le Lucquois, je vous donne une peine qui me remplit de confusion.

— Allons donc! dit Monte-Christo.

Baptistin rentra avec les verres, le vin et les biscuits.

Le comte emplit un verre et versa dans le second quelques gouttes seulement du rubis liquide que contenait la bouteille toute couverte de toiles d'araignée et de tous les autres signes qui indiquent la vieillesse du vin, bien plus sûrement que ne le font les rides pour l'homme.

Le major ne se trompa point au partage, il prit le verre plein et un biscuit.

Le comte ordonna à Baptistin de poser le plateau à la portée de la main de son hôte, qui commença par goûter l'alicante du bout des lèvres, fit une grimace de satisfaction, et introduisit délicatement le biscuit dans le verre.

— Ainsi, monsieur, dit Monte-Christo, vous habitiez Lucques, vous étiez riche, vous êtes noble, vous jouissiez de la considération générale, vous aviez tout ce qui peut rendre un homme heureux?

— Tout, Excellence, dit le major en engloutissant son biscuit, tout absolument.

— Et il ne manquait qu'une chose à votre bonheur?

— Qu'une seule, dit le Lucquois.

— C'était de retrouver votre enfant?

— Ah! fit le major en prenant un second biscuit; mais aussi cela me manquait bien.

Le digne Lucquois leva les yeux au ciel et tenta un effort pour soupirer

— Maintenant, voyons, cher monsieur Cavalcanti, dit Monte-Christo, qu'était-ce que ce fils tant regretté? car on m'avait dit à moi que vous étiez resté célibataire.

— On le croyait, monsieur, dit le major, et moi-même...

— Oui, reprit Monte-Christo, et vous-même aviez accrédité ce bruit. Un péché de jeunesse que vous vouliez cacher à tous les yeux.

Le Lucquois se redressa, prit son air le plus calme et le plus digne, en même temps qu'il baissait modestement les yeux, soit pour assurer sa contenance, soit pour aider à son imagination, tout en regardant en dessous le comte, dont le sourire stéréotypé sur ses lèvres annonçait toujours la même bienveillante curiosité.

— Oui, monsieur, dit-il, je voulais cacher cette faute à tous les yeux.

— Pas pour vous? dit Monte-Christo, car un homme est au-dessus de ces choses-là.

— Oh! non, pas pour moi, certainement, dit le major avec un sourire et en hochant la tête.

— Mais pour sa mère, dit le comte.

— Pour sa mère! s'écria le Lucquois en prenant un troisième biscuit; pour sa pauvre mère!

— Buvez donc, cher monsieur Cavalcanti, dit Monte-Christo en versant au Lucquois un second verre d'alicante; l'émotion vous étouffe.

— Pour sa pauvre mère! murmura le Lucquois en essayant si la puissance de la volonté ne pourrait pas, en agissant sur la glande lacrymale, mouiller le coin de son œil d'une fausse larme.

— Qui appartenait à l'une des premières familles de l'Italie, je crois?

— Patricienne de Fiesole, monsieur le comte, patricienne de Fiesole!

— Et se nommant?

— Vous désirez savoir son nom?

— Oh! mon Dieu! dit Monte-Christo, c'est inutile que vous me le disiez, je le connais.

— Monsieur le comte sait tout, dit le Lucquois en s'inclinant.

— Oliva Corsinari, n'est-ce pas?

— Oliva Corsinari!

— Marquise?

— Marquise!

— Et vous avez fini par l'épouser, cependant, malgré les oppositions de famille?

— Mon Dieu! oui, j'ai fini par là.

— Et, reprit Monte-Christo, vous apportez vos papiers bien en règle?

— Quels papiers? demanda le Lucquois.

— Mais votre acte de mariage avec Oliva Corsinari, et l'acte de naissance de l'enfant.

— L'acte de naissance de l'enfant?

— L'acte de naissance d'Andrea Cavalcanti, de votre fils; ne s'appelle-t-il pas Andrea?

— Je crois que oui, dit le Lucquois.

— Comment! vous le croyez?

— Dame! je n'ose pas affirmer; il y a si longtemps qu'il est perdu.

— C'est juste, dit Monte-Christo. Enfin vous avez tous ces papiers?

— Monsieur le comte, c'est avec regret que je vous annonce que, n'étant pas prévenu de me munir de ces pièces, j'ai négligé de les prendre avec moi.

— Ah! diable! fit Monte-Christo.

— Étaient-elles donc tout à fait nécessaires?

— Indispensables.

Le Lucquois se gratta le front.

— Ah! *per bacco!* dit-il, indispensables!

— Sans doute; si l'on allait élever ici quelque doute sur la validité de votre mariage, sur la légitimité de votre enfant!

— C'est juste! dit le Lucquois, on pourrait élever des doutes.

— Ce serait fâcheux pour ce jeune homme.

— Ce serait fatal.

— Cela pourrait lui faire manquer quelque magnifique mariage.

— *O peccato!*

— En France! vous comprenez, on est sévère: il ne suffit pas, comme en Italie, d'aller trouver un prêtre et de lui dire: Nous nous aimons, unissez-nous. Il y a mariage civil en France, et, pour se marier civilement, il faut des pièces qui constatent l'identité.

— Voilà le malheur, ces papiers, je ne les ai pas.

— Heureusement que je les ai, moi, dit Monte-Christo.

— Vous?

— Oui.

— Vous les avez?

— Je les ai.

— Ah ! par exemple, dit le Lucquois, qui, voyant le but de son voyage manqué par l'absence de ses papiers, craignait que cet oubli n'amenât quelque difficulté au sujet des quarante-huit mille livres; ah ! par exemple, voilà un bonheur. Oui, reprit-il, voilà un bonheur, car je n'y eusse pas songé, moi.

— Pardieu ! je crois bien, on ne songe pas à tout. Mais heureusement l'abbé Busoni y a songé pour vous.

— Voyez-vous ce cher abbé !

— C'est un homme de précaution.

— C'est un homme admirable, dit le Lucquois, et il vous les a envoyés ?

— Les voici.

Le Lucquois joignit les mains en signe d'admiration.

— Vous avez épousé Oliva Corsinari dans l'église de Sainte-Paule de Monte-Cattini; voici le certificat du prêtre.

— Oui, ma foi ! le voilà, dit le major en le regardant avec étonnement.

— Et voici l'acte de baptême d'Andrea Cavalcanti, délivré par le curé de Saravezza.

— Tout est en règle, dit le major.

— Alors prenez ces papiers dont je n'ai que faire, vous les donnerez à votre fils, qui les gardera soigneusement.

— Je le crois bien !... S'il les perdait...

— Eh bien ! s'il les perdait? demanda Monte-Christo.

— Eh bien ! reprit le Lucquois, on serait obligé d'écrire là-bas, et ce serait fort long de s'en procurer d'autres.

— En effet, ce serait difficile, dit Monte-Christo.

— Presque impossible, répondit le Lucquois.

— Je suis bien aise que vous compreniez la valeur de ces papiers.

— C'est-à-dire que je les regarde comme impayables.

— Maintenant, dit Monte-Christo, quant à la mère du jeune homme...

— Quant à la mère du jeune homme... répéta le major avec inquiétude.

— Quant à la marquise Corsinari.

— Mon Dieu ! dit le Lucquois, sous les pas duquel les difficultés semblaient naître, est-ce qu'on aurait besoin d'elle?

— Non, monsieur, reprit Monte-Christo; d'ailleurs n'a-t-elle point...

— Si fait, si fait, dit le major, elle a...

— Payé son tribut à la nature...

— Hélas ! oui, dit vivement le Lucquois.

— J'ai su cela, reprit Monte-Christo; elle est morte il y a dix ans.

— Et je pleure encore sa mort, monsieur, dit le major en tirant de sa poche un mouchoir à carreaux et s'essuyant alternativement d'abord l'œil gauche et ensuite l'œil droit.

— Que voulez-vous, dit Monte-Christo, nous sommes tous mortels. Maintenant, vous comprenez, cher monsieur Cavalcanti, vous comprenez qu'il est inutile qu'on sache en France que vous êtes séparé de votre fils depuis quinze ans. Toutes ces histoires de bohémiens qui enlèvent les enfants n'ont pas de vogue chez nous. Vous l'avez envoyé faire son éducation dans un collége de province, et vous voulez qu'il achève son éducation dans le monde parisien. Voilà pourquoi vous avez quitté Via-Reggio, que vous habitez depuis la mort de votre femme. Cela suffira.

— Vous croyez?

— Certainement,

— Très-bien, alors.

— Si l'on apprenait quelque chose de cette séparation...

— Ah ! oui. Que dirais-je?

— Qu'un précepteur infidèle, vendu aux ennemis de votre famille...

— Aux Corsinari ?

— Certainement... avait enlevé cet enfant pour que votre nom s'éteignît.

— C'est juste, puisqu'il est fils unique.

— Eh bien ! maintenant que tout est arrêté, que vos souvenirs remis à neuf ne vous trahiront pas, vous avez deviné sans doute que je vous ai ménagé une surprise ?

— Agréable? demanda le Lucquois.

— Ah ! dit Monte Christo, je vois bien qu'on ne trompe pas plus l'œil que le cœur d'un père.

— Hum ! fit le major.

— On vous a fait quelque révélation indiscrète, ou plutôt vous avez deviné qu'il était là.

— Qui, là ?

— Votre enfant, votre fils, votre Andrea.

— Je l'ai deviné, répondit le Lucquois avec le plus grand flegme du monde ; ainsi il est ici ?

— Ici même, dit Monte-Christo ; en entrant tout à l'heure, le valet de chambre m'a prévenu de son arrivée.

— Ah ! fort bien ! ah ! fort bien ! dit le major en resserrant à chaque exclamation les brandebourgs de sa polonaise.

— Mon cher monsieur, dit Monte-Christo, je comprends toute votre émotion, il faut vous donner

Les yeux du major brillèrent comme des escarboucles.

le temps de vous remettre; je veux aussi préparer le jeune homme à cette entrevue tant désirée, car je présume qu'il n'est pas moins impatient que vous.

— Je le crois, dit Cavalcanti.

— Eh bien! dans un petit quart d'heure nous sommes à vous.

— Vous me l'amenez donc? vous poussez donc la bonté jusqu'à me le présenter vous-même?

— Non, je ne veux point me placer entre un père et son fils, vous serez seuls, monsieur le major; mais soyez tranquille, au cas même où la voix du sang resterait muette, il n'y aurait pas à vous tromper : il entrera par cette porte. C'est un beau jeune homme blond, un peu trop blond peut-être, de manières toutes prévenantes ; vous verrez.

— A propos, dit le major, vous savez que je n'ai emporté avec moi que les deux mille francs que ce bon abbé Busoni m'avait fait passer. Là-dessus j'ai fait le voyage, et.....

— Et vous avez besoin d'argent..... c'est trop juste, cher monsieur Cavalcanti. Tenez, voici, pour faire un compte, huit billets de mille francs.

Les yeux du major brillèrent comme des escarboucles.

— Mon père ! mon père ici !... — Page 131.

— C'est quarante mille francs que je vous redois, dit Monte-Christo.

— Votre Excellence veut-elle un reçu ? dit le major en glissant les billets dans la poche intérieure de sa polonaise.

— A quoi bon ? dit le comte.

— Mais pour vous décharger vis-à-vis de l'abbé Busoni !

— Eh bien ! vous me donnerez un reçu général en touchant les quarante derniers mille francs. Entre honnêtes gens, de pareilles précautions sont inutiles.

— Ah ! oui, c'est vrai, dit le major, entre honnêtes gens.

— Maintenant, un dernier mot, marquis.

— Dites.

— Vous permettez une petite recommandation, n'est-ce pas ?

— Comment donc ! Je la demande.

— Il n'y aurait pas de mal que vous quittassiez cette polonaise.

— Vraiment ? dit le major en regardant le vêtement avec une certaine complaisance.

— Oui, cela se porte encore à Via-Reggio, mais à

Paris il y a longtemps déjà que ce costume, quelque élégant qu'il soit, a passé de mode.

— C'est fâcheux, dit le Lucquois.

— Oh! si vous y tenez, vous le reprendrez en vous en allant.

— Mais que mettrai-je ?

— Ce que vous trouverez dans vos malles

— Comment, dans mes malles? Je n'ai qu'un portemanteau.

— Avec vous, sans doute. A quoi bon s'embarrasser? D'ailleurs, un vieux soldat aime à marcher en leste équipage.

— Voilà justement pourquoi...

— Mais vous êtes homme de précaution, et vous avez envoyé vos malles en avant. Elles sont arrivées hier à l'hôtel des Princes, rue Richelieu. C'est là que vous avez retenu votre logement.

— Alors, dans ces malles?...

— Je présume que vous avez eu la précaution de faire enfermer par votre valet de chambre tout ce qu'il vous faut : habits de ville, habits d'uniforme. Dans les grandes circonstances, vous mettrez l'habit d'uniforme, cela fait bien. N'oubliez pas vos croix. On s'en moque encore en France, mais on en porte toujours.

— Très-bien! très-bien! très-bien! dit le major, qui marchait d'éblouissements en éblouissements.

— Et maintenant, dit Monte-Christo, que votre cœur est affermi contre les sensations trop vives, préparez-vous, cher monsieur Cavalcanti, à revoir votre fils Andrea.

Et, faisant un charmant salut au Lucquois ravi en extase, Monte-Christo disparut derrière la tapisserie.

CHAPITRE XVII.

ANDREA CAVALCANTI.

Le comte de Monte-Christo entra dans le salon voisin, que Baptistin avait désigné sous le nom de salon bleu, et où venait de le précéder un jeune homme de tournure dégagée, assez élégamment vêtu, et qu'un cabriolet de place avait, une demi-heure auparavant, jeté à la porte de l'hôtel.

Baptistin n'avait pas eu de peine à le reconnaître.

C'était bien ce grand jeune homme aux courts cheveux blonds, à la barbe rousse, aux yeux noirs, dont le teint vermeil et la peau éblouissante de blancheur lui avaient été signalés par son maître.

Quand le comte entra dans le salon, le jeune homme était négligemment étendu sur un sofa, fouettant avec distraction sa botte d'un petit jonc à pomme d'or.

En apercevant Monte-Christo, il se leva vivement.

— Monsieur est le comte de Monte-Christo ? dit-il.

— Oui, monsieur, répondit celui-ci, et j'ai l'honneur de parler, je crois, à monsieur le vicomte Andrea Cavalcanti?

— Le vicomte Andrea Cavalcanti, répéta le jeune homme en accompagnant ces mots d'un salut plein de désinvolture.

— Vous devez avoir une lettre qui vous accrédite près de moi? dit Monte-Christo.

— Je ne vous en parlais pas à cause de la signature, qui m'a paru étrange.

— Simbad le Marin. N'est-ce pas?

— Justement. Or, comme je n'ai jamais connu d'autre Simbad le Marin que celui des *Mille et une Nuits*....

— Eh bien ! c'est un de ses descendants, un de mes amis fort riche, un Anglais plus qu'original, presque fou, dont le véritable nom est lord Wilmore.

— Ah ! voilà qui m'explique tout, dit Andrea. Alors cela va à merveille. C'est ce même Anglais que j'ai connu... à... oui, très-bien !... Monsieur le comte, je suis votre serviteur.

— Si ce que vous me faites l'honneur de me dire est vrai, répliqua en souriant le comte, j'espère que vous serez assez bon pour me donner quelques détails sur vous et votre famille.

— Volontiers, monsieur le comte, répondit le jeune homme avec une volubilité qui prouvait la solidité de sa mémoire. Je suis, comme vous l'avez dit, le vicomte Andrea Cavalcanti, fils du major Bartholomeo Cavalcanti, descendant des Cavalcanti inscrits au livre d'or de Florence. Notre famille, quoique très-riche encore, puisque mon père possède un demi-million de rentes, a éprouvé bien des malheurs, et moi-même, monsieur, j'ai été à l'âge de cinq ou six ans enlevé par un gouverneur infidèle, de sorte que, depuis quinze ans, je n'ai point revu l'auteur de mes jours. Depuis que j'ai l'âge de raison, depuis que je suis libre et maître de moi, je le cherche, mais inutilement. Enfin cette lettre de votre ami Simbad m'annonce qu'il est à Paris, et m'autorise à m'adresser à vous pour en obtenir des nouvelles.

— En vérité, monsieur, tout ce que vous me racontez là est fort intéressant, dit le comte, regardant avec une sombre satisfaction cette mine dégagée empreinte d'une beauté pareille à celle du mauvais ange, et vous avez fort bien fait de vous conformer en toutes choses à l'invitation de mon ami Simbad, car votre père est en effet ici et vous cherche.

Le comte, depuis son entrée au salon, n'avait pas perdu de vue le jeune homme.

Il avait admiré l'assurance de son regard et la sûreté de sa voix; mais à ces mots si naturels : « Votre père est en effet ici et vous cherche, » le jeune Andrea fit un bond et s'écria :

— Mon père! mon père ici!

— Sans doute, répondit Monte-Christo, votre père, le major Cavalcanti.

L'impression de terreur répandue sur les traits du jeune homme s'effaça presque aussitôt.

— Ah ! oui! c'est vrai, dit-il, le major Bartholomeo Cavalcanti. Et vous dites, monsieur le comte, qu'il est ici ce cher père?

— Oui, monsieur. J'ajouterai même que je le quitte à l'instant; que l'histoire qu'il m'a contée de ce fils chéri, perdu autrefois, m'a fort touché; en vérité, ses douleurs, ses craintes, ses espérances à ce sujet, composeraient un poëme attendrissant. Enfin il reçut un jour des nouvelles qui lui annonçaient que les ravisseurs de son fils offraient de le rendre, ou d'indiquer où il était, moyennant une somme assez forte. Mais rien ne retint ce bon père. Cette somme fut envoyée à la frontière du Piémont, avec un passe-port tout visé pour l'Italie. Vous étiez dans le midi de la France.

— Oui, monsieur, répondit Andrea d'un air assez embarrassé; oui, j'étais dans le midi de la France.

— Une voiture devait vous attendre à Nice?

— C'est bien cela, monsieur; elle m'a conduit de Nice à Gênes, de Gênes à Turin, de Turin à Chambéry, de Chambéry à Pont-de-Beauvoisin, et de Pont-de-Beauvoisin à Paris.

— A merveille! Il espérait toujours vous rencontrer en chemin, car c'était la route qu'il suivait lui-même; voilà pourquoi votre itinéraire avait été tracé ainsi.

— Mais, dit Andrea, s'il m'eût rencontré, ce cher père, je doute qu'il m'eût reconnu; je suis quelque peu changé depuis que je l'ai perdu de vue.

— Oh! la voix du sang, dit Monte-Christo.

— Ah! oui, c'est vrai, reprit le jeune homme, je n'y songeais pas à la voix du sang!

— Maintenant, reprit Monte-Christo, une seule chose inquiète le marquis Cavalcanti, c'est ce que vous avez fait pendant que vous avez été éloigné de lui; c'est de quelle façon vous avez été traité par vos persécuteurs; c'est si l'on a conservé pour votre naissance tous les égards qui lui étaient dus; c'est enfin s'il ne vous est pas resté de cette souffrance morale à laquelle vous avez été exposé, souffrance pire cent fois que la souffrance physique, quelque affaiblissement des facultés dont la nature vous a si largement doué, et si vous croyez vous-même pouvoir reprendre et soutenir dignement dans le monde le rang qui vous appartient.

— Monsieur, balbutia le jeune homme étourdi, j'espère qu'aucun faux rapport...

— Moi! J'ai entendu parler de vous pour la première fois par mon ami Wilmore, le philanthrope. J'ai su qu'il vous avait trouvé dans une position fâcheuse, j'ignore laquelle, et je ne lui ai fait aucune question : je ne suis pas curieux. Vos malheurs l'ont intéressé, donc vous étiez intéressant. Il m'a dit qu'il voulait vous rendre dans le monde la position que vous aviez perdue, qu'il chercherait votre père, qu'il le trouverait; il l'a cherché, il l'a trouvé, à ce qu'il paraît, puisqu'il est là; enfin il m'a prévenu hier de votre arrivée, en me donnant encore quelques autres instructions relatives à votre fortune; voilà tout. Je sais que c'est un original, mon ami Wilmore, mais en même temps, comme c'est un homme sûr, riche comme une mine d'or, et qui, par conséquent, peut se passer ses originalités sans qu'elles le ruinent, j'ai promis de suivre ses instructions. Maintenant, monsieur, ne vous blessez pas de ma question; comme je serai obligé de vous patronner quelque peu, je désirerais savoir si les malheurs qui vous sont arrivés, malheurs indépendants de votre volonté, et qui ne diminuent en aucune façon la considération que je vous porte, ne vous ont pas rendu quelque peu étranger à ce monde dans lequel votre fortune et votre nom vous appelaient à faire si bonne figure.

— Monsieur, répondit le jeune homme reprenant son aplomb au fur et à mesure que le comte parlait, rassurez-vous sur ce point : les ravisseurs qui m'ont éloigné de mon père, et qui, sans doute, avaient pour but de me vendre plus tard à lui comme ils l'ont fait, ont calculé que, pour tirer un bon parti de moi, il fallait me laisser toute ma valeur personnelle, et même l'augmenter encore, s'il était possible; j'ai donc reçu une assez bonne éducation, et j'ai été traité par les larrons d'enfants à peu près comme l'étaient dans l'Asie Mineure les esclaves dont leurs maîtres faisaient des grammairiens, des médecins et des philosophes, pour les vendre plus cher au marché de Rome.

Monte-Christo sourit avec satisfaction.

Il n'avait pas tant espéré, à ce qu'il paraît, de M. Andrea Cavalcanti.

— D'ailleurs, reprit le jeune homme, s'il y avait en moi quelque défaut d'éducation ou plutôt d'habitude du monde, on aurait, je suppose, l'indulgence de les excuser, en considération des malheurs qui ont accompagné ma naissance et poursuivi ma jeunesse.

— Eh bien! dit négligemment Monte-Christo, vous en ferez ce que vous voudrez, vicomte, car vous êtes le maître, et cela vous regarde; mais, sur ma parole, au contraire, je ne dirais pas un mot de toutes ces aventures, c'est un roman que votre histoire, et le monde, qui adore les romans serrés entre deux couvertures de papier jaune, se défie étrangement de ceux qu'il voit reliés en vélin vivant, fussent-ils dorés comme vous pouvez l'être. Voilà la difficulté que je me permettrai de vous signaler, monsieur le vicomte; à peine aurez-vous raconté à quelqu'un votre touchante histoire, qu'elle courra dans le monde complétement dénaturée. Vous serez obligé de vous poser en Antony, et le temps des Antony est un peu passé. Peut-être aurez-vous un succès de curiosité, mais tout le monde n'aime pas à se faire centre d'observations et cible à commentaires. Cela vous fatiguera peut-être.

— Je crois que vous avez raison, monsieur le comte, dit le jeune homme, pâlissant malgré lui,

Baptistin.

sous l'inflexible regard de Monte-Christo; c'est là un grave inconvénient.

— Oh! il ne faut pas non plus se l'exagérer, dit Monte-Christo; car, pour éviter une faute, on tomberait alors dans une folie. Non, c'est un simple plan de conduite à arrêter, et, pour un homme intelligent comme vous, ce plan est d'autant plus facile à adopter, qu'il est conforme à vos intérêts : il faudra combattre, par des témoignages et par d'honorables amitiés, tout ce que votre passé peut avoir d'obscur.

Andrea perdit visiblement contenance.

— Je m'offrirais bien à vous comme répondant et caution, dit Monte-Christo; mais c'est chez moi une habitude morale de douter de mes meilleurs amis, et un besoin de chercher à faire douter les autres; aussi jouerais-je là un rôle hors de mon emploi, comme disent les tragédiens, et je risquerais de me faire siffler, ce qui est inutile.

— Cependant, monsieur le comte, dit Andrea avec audace, en considération de lord Wilmore qui m'a recommandé à vous...

— Oui, certainement, reprit Monte-Christo; mais lord Wilmore ne m'a pas laissé ignorer, cher monsieur Andrea, que vous aviez eu une jeunesse quelque peu orageuse. Oh! dit le comte en voyant le mouvement que faisait Andrea, je ne vous demande pas de confession; d'ailleurs, c'est pour que vous n'ayez pas besoin de personne que l'on a fait venir de Lucques M. le marquis Cavalcanti, votre père. Vous allez le voir, il est un peu roide, un peu guindé; mais c'est une question d'uniforme, et, quand on saura que depuis dix-huit ans il est au service de l'Autriche, tout s'excusera; nous ne sommes pas, en général, exigeants pour les Autrichiens. En somme, c'est un père fort suffisant, je vous assure.

— Ah! vous me rassurez, monsieur; je l'avais quitté depuis si longtemps, que je n'avais de lui aucun souvenir.

— Et puis vous savez, une grande fortune fait passer sur bien des choses.

— Mon père est donc réellement riche, monsieur?

— Millionnaire... cinq cent mille livres de rente.

— Alors, demanda le jeune homme avec anxiété, je vais me trouver dans une position... agréable?

— Des plus agréables, mon cher monsieur; il vous fait cinquante mille livres de rentes par an pendant tout le temps que vous resterez à Paris.

— Mais j'y resterai toujours, en ce cas.

— Heu! qui peut répondre des circonstances, mon cher monsieur? L'homme propose et Dieu dispose.

Andrea poussa un soupir.

— Mais enfin, dit-il, tout le temps que je resterai à Paris, et... qu'aucune circonstance ne me forcera pas de m'éloigner, cet argent, dont vous me parliez tout à l'heure, m'est-il assuré?

— Oh! parfaitement.

— Par mon père? demanda Andrea avec inquiétude.

— Oui, mais garanti par lord Wilmore, qui vous a, sur la demande de votre père, ouvert un crédit de cinq mille francs par mois chez M. Danglars, un des plus sûrs banquiers de Paris.

— Et mon père compte rester longtemps à Paris? demanda Andrea avec inquiétude.

— Quelques jours seulement, répondit Monte-Christo. Son service ne lui permet pas de s'absenter plus de deux ou trois semaines.

— Oh! ce cher père, dit Andrea visiblement enchanté de ce prompt départ.

— Aussi, dit Monte-Christo, faisant semblant de se tromper à l'accent de ces paroles, aussi je ne veux pas retarder d'un instant l'heure de votre réunion. Êtes-vous préparé à embrasser ce digne M. Cavalcanti?

— Vous n'en doutez pas, je l'espère?

— Eh bien! entrez donc dans le salon, mon jeune ami, et vous trouverez votre père qui vous attend.

Andrea fit un profond salut au comte et entra dans le salon.

Le comte le suivit des yeux, et, l'ayant vu disparaître, poussa un ressort correspondant à un tableau, lequel, en s'écartant du cadre, laissait, par un interstice habilement ménagé, pénétrer la vue dans le salon.

Andrea referma la porte derrière lui et s'avança vers le major, qui se leva dès qu'il entendit le bruit des pas qui s'approchaient.

— Ah! monsieur et cher père! dit Andrea à haute voix et de manière à ce que le comte l'entendît à travers la porte fermée, est-ce bien vous?

— Bonjour, mon cher fils, dit gravement le major.

— Après tant d'années de séparation, dit Andrea en continuant de regarder du côté de la porte, quel bonheur de nous revoir!

— En effet, la séparation a été longue.

— Ne nous embrassons-nous pas, monsieur? reprit Andrea.

— Comme vous voudrez, mon fils, dit le major.

Et les deux hommes s'embrassèrent comme on s'embrasse au Théâtre-Français, c'est-à-dire en se passant la tête par-dessus l'épaule.

— Ainsi donc, nous voici réunis, dit Andrea.

— Nous voici réunis, reprit le major.

— Pour ne plus nous séparer?

— Si fait; je crois, mon cher fils, que vous regardez maintenant la France comme une seconde patrie?

— Le fait est, dit le jeune homme, que je serais désespéré de quitter Paris.

— Et moi, vous comprenez, je ne saurais vivre hors de Lucques. Je retournerai donc en Italie aussitôt que je pourrai.

— Mais, avant de partir, très-cher père, vous me remettrez sans doute les papiers à l'aide desquels il me sera facile de constater le sang dont je sors.

— Sans aucun doute, car je viens exprès pour cela, et j'ai eu trop de peine à vous rencontrer, afin de vous les remettre, pour que nous recommencions encore à nous chercher; cela prendrait la dernière partie de ma vie.

— Et ces papiers?

— Les voici.

Andrea saisit avidement l'acte de mariage de son père, son certificat de baptême à lui, et, après avoir ouvert le tout avec une avidité bien naturelle à un bon fils, il parcourut les deux pièces avec une rapidité et une habitude qui dénotaient le coup d'œil le plus exercé en même temps que l'intérêt le plus vif.

Lorsqu'il eut fini, une indéfinissable expression de joie brilla sur son front, et regardant le major avec un étrange sourire :

— Ah çà! dit-il en excellent toscan, il n'y a donc pas de galères en Italie?...

Le major se redressa.

— Et pourquoi cela? dit-il.

— Qu'on y fabrique impunément de pareilles pièces? Pour la moitié de cela, mon très-cher père, en France on vous enverrait prendre l'air à Toulon pour cinq ans.

— Plaît-il? dit le Lucquois en essayant de conquérir un air majestueux.

— Mon cher monsieur Cavalcanti, dit Andrea en pressant le bras du major, combien vous donne-t-on pour être mon père?

Le major voulut parler.

— Chut! dit Andrea en baissant la voix, je vais vous donner l'exemple de la confiance; on me donne cinquante mille francs par an pour être votre fils : par conséquent vous comprenez que ce n'est pas moi qui serai jamais disposé à nier que vous soyez mon père.

Le major regarda avec inquiétude autour de lui.

— Eh! soyez tranquille, nous sommes seuls, dit Andrea; d'ailleurs, nous parlons italien.

— Eh bien! à moi, dit le Lucquois, on me donne cinquante mille francs une fois payés.

— Monsieur Cavalcanti, dit Andrea, aviez-vous foi aux contes de fées?

— Non, pas autrefois, mais maintenant il faut bien que j'y croie.

— Vous avez donc eu des preuves?

Le major tira de son gousset une poignée d'or.

— Palpables, comme vous voyez.

— Vous pensez donc que je puis croire aux promesses qu'on m'a faites?

— Je le crois.

— Et que ce brave homme de comte les tiendra?

— De point en point; mais, vous comprenez, pour arriver à ce but, il faut jouer notre rôle.

— Comment donc!...

— Moi de tendre père...

— Et moi de fils respectueux.

— Puisqu'ils désirent que vous descendiez de moi.

— Qui, *ils?*

— Dame! je n'en sais rien... ceux qui vous ont écrit. N'avez-vous pas reçu une lettre?

— Si fait.

— De qui?

— D'un certain abbé Busoni.

— Que vous ne connaissez pas?

— Que je n'ai jamais vu.

— Que vous disait cette lettre?

— Vous ne me trahirez pas?

— Je m'en garderai bien : nos intérêts sont les mêmes.

— Alors, lisez.

Et le major passa une lettre au jeune homme.

Andrea lut à voix basse :

« Vous êtes pauvre; une vieillesse malheureuse vous attend.

« Voulez-vous devenir sinon riche, du moins indépendant?

« Partez pour Paris à l'instant même, et allez réclamer à M. le comte de Monte-Christo, avenue des Champs-Élysées, n° 30, le fils que vous avez eu de la marquise Corsinari, et qui vous a été enlevé à l'âge de cinq ans.

« Ce fils se nomme Andrea Cavalcanti.

« Pour que vous ne révoquiez pas en doute l'intention qu'a le soussigné de vous être agréable, vous trouverez ci-joint :

« 1° Un bon de deux mille quatre cents livres toscanes, payables chez M. Gozzi, à Florence;

« 2° Une lettre d'introduction près de M. le comte de Monte-Christo, sur lequel je vous crédite d'une somme de quarante-huit mille francs.

« Soyez chez le comte le 26 mai à sept heures du soir.

« *Signé* abbé Busoni. »

— C'est cela.

— Comment! c'est cela? Que voulez-vous dire? demanda le major.

— Je dis que j'ai reçu la pareille à peu près.

— Vous?

— Oui, moi.

— De l'abbé Busoni?

— Non.

— De qui donc?

— D'un Anglais, d'un certain lord Wilmore, qui prend le nom de Simbad le Marin.

— Et que vous ne connaissez pas plus que je ne connais l'abbé Busoni.

— Si fait; moi, je suis plus avancé que vous.

— Vous l'avez vu?

— Oui, une fois.

— Où cela?

— Ah! justement, voici ce que je ne puis pas vous dire; vous seriez aussi savant que moi, et c'est inutile.

— Et cette lettre vous disait?

— Lisez.

« Vous êtes pauvre et n'avez qu'un avenir misérable : voulez-vous avoir un nom, être libre, être riche. »

— Parbleu! fit le jeune homme en se balançant

Lord Wilmore.

sur ses talons, comme si une pareille question se faisait !

« Prenez la chaise de poste que vous trouverez tout attelée en sortant de Nice par la porte de Gênes. Passez par Turin, Chambéry et Pont-de-Beauvoisin.

« Présentez-vous chez M. le comte de Monte-Christo, avenue des Champs-Élysées, le 26 mai, à sept heures du soir, et demandez-lui votre père.

« Vous êtes fils du marquis Bartolomeo Cavalcanti et de la marquise Oliva Corsinari, ainsi que le constateront les papiers qui vous seront remis par le marquis, et qui vous permettront de vous présenter sous ce nom dans le monde parisien.

« Quant à votre rang, un revenu de cinquante mille livres par an vous mettra à même de le soutenir.

« Ci-joint un bon de cinq mille livres payables sur M. Ferrea, banquier à Nice, et une lettre d'introduction près du comte de Monte-Christo, chargé par moi de pourvoir à vos besoins.

« SINBAD LE MARIN. »

— En vérité, voilà deux grands misérables ! Quel malheur que ce ne soit pas véritablement le père et le fils. — Page 138.

— Hum ! fit le major; c'est fort beau.

— N'est-ce pas ?

— Vous avez vu le comte ?

— Je le quitte

— Et il a ratifié ?

— Tout.

— Y comprenez-vous quelque chose ?

— Ma foi non.

— Il y a une dupe dans tout cela

— En tout cas, ce n'est ni vous ni moi ?

— Non, certainement.

— Eh bien ! alors..

— Peu nous importe, n'est-ce pas ?

— Justement, c'est ce que je voulais dire ; allons jusqu'au bout et jouons serré.

— Soit ; vous verrez que je suis digne de faire votre partie.

— Je n'en ai pas douté un seul instant, mon cher père

— Vous me faites honneur, mon cher fils.

Monte-Christo choisit ce moment pour rentrer dans le salon.

En entendant le bruit de ses pas, les deux hommes se jetèrent dans les bras l'un de l'autre ; le comte les trouva embrassés.

— Eh bien ! monsieur le marquis, dit Monte-Christo, il paraît que vous avez retrouvé un fils selon votre cœur?

— Ah ! monsieur le comte, je suffoque de joie.

— Et vous, jeune homme?

— Ah ! monsieur le comte, j'étouffe de bonheur.

— Heureux père ! heureux enfant ! dit le comte.

— Une seule chose m'attriste, dit le major; c'est la nécessité où je suis de quitter Paris si vite.

— Oh ! cher monsieur Cavalcanti, dit Monte-Christo, vous ne partirez pas, je l'espère, que je ne vous aie présenté à quelques amis.

— Je suis aux ordres de monsieur le comte, dit le major.

— Maintenant, voyons, jeune homme, confessez-vous.

— A qui?

— Mais à monsieur votre père; dites-lui quelques mots de l'état de vos finances.

— Ah ! diable ! fit Andrea, vous touchez la corde sensible.

— Entendez-vous, major? dit Monte-Christo.

— Sans doute que je l'entends.

— Oui, mais comprenez vous?

— A merveille.

— Il dit qu'il a besoin d'argent, ce cher enfant !

— Que voulez-vous que j'y fasse?

— Que vous lui en donniez, parbleu !

— Moi?

— Oui, vous !

Monte-Christo passa entre les deux hommes.

— Tenez, dit-il à Andrea en lui glissant un paquets de billets de banque dans la main.

— Qu'est-ce que cela?

— La réponse de votre père.

— De mon père?

— Oui. Ne venez-vous pas de laisser entendre que vous aviez besoin d'argent?

— Oui. Eh bien?

— Eh bien ! il me charge de vous remettre cela.

— A compte sur mes revenus?

— Non, pour vos frais d'installation

— Oh ! cher père !

— Silence ! dit Monte-Christo, vous voyez bien qu'il ne veut pas que je dise que cela vient de lui.

— J'apprécie cette délicatesse, dit Andrea en enfonçant ses billets de banque dans le gousset de son pantalon.

— C'est bien, dit Monte-Christo ; maintenant, allez !

— Et quand aurons-nous l'honneur de revoir monsieur le comte? demanda Cavalcanti.

— Ah ! oui, demanda Andrea, quand aurons-nous cet honneur?

— Samedi, si vous voulez... oui... tenez... samedi. J'ai à dîner à ma maison d'Auteuil, rue La Fontaine, n° 28, plusieurs personnes, et entre autres M. Danglars, votre banquier ; je vous présenterai à lui, il faut bien qu'il vous connaisse tous deux pour vous compter votre argent.

— Grande tenue? demanda à demi-voix le major.

— Grande tenue : uniforme, croix, culotte courte.

— Et moi? demanda Andréa.

— Oh ! vous très-simplement : pantalon noir, bottes vernies, gilet blanc, habit noir ou bleu, cravate longue ; prenez Blin ou Véronique pour vous habiller. Si vous ne connaissez pas leurs adresses, Baptistin vous les donnera. Moins vous affecterez de prétention dans votre mise, étant riche comme vous l'êtes, meilleur effet cela fera. Si vous achetez des chevaux, prenez-les chez Devedeux ; si vous achetez un phaéton, allez chez Baptiste.

— A quelle heure pourrons-nous nous présenter? demanda le jeune homme.

— Mais, vers six heures et demie.

— C'est bien, on y sera, dit le major en portant la main à son chapeau.

Les deux Cavalcanti saluèrent le comte et sortirent.

Le comte s'approcha de la fenêtre, et les vit qui traversaient la cour bras dessus, bras dessous.

— En vérité, dit-il, voilà deux grands misérables. Quel malheur que ce ne soit pas véritablement le père et le fils.

Puis après un instant de sombre réflexion :

— Allons chez les Morrel ! dit-il ; je crois que le dégoût m'écœure encore plus que la haine.

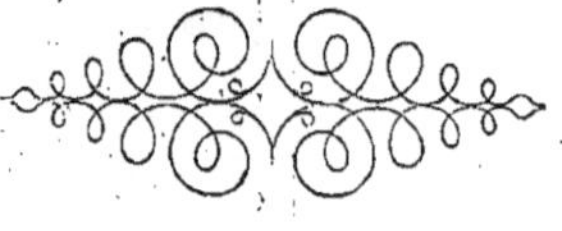

CHAPITRE XVIII.

L'ENCLOS A LA LUZERNE.

Il faut que nos lecteurs nous permettent de les ramener à cet enclos qui confine à la maison de M. de Villefort, et, derrière la grille envahie par des marronniers, nous retrouverons des personnages de notre connaissance.

Cette fois, Maximilien est arrivé le premier.

C'est lui qui a collé son œil contre la cloison, et qui guette dans le jardin profond une ombre entre les arbres et le craquement d'un brodequin de soie sur le sable des allées.

Enfin le craquement tant désiré se fit entendre, et, au lieu d'une ombre, ce furent deux ombres qui s'approchèrent.

Le retard de Valentine avait été occasionné par une visite de madame Danglars et d'Eugénie, visite qui s'était prolongée au delà de l'heure où Valentine était attendue.

Alors, pour ne pas manquer à son rendez-vous, la jeune fille avait proposé à mademoiselle Danglars une promenade au jardin, voulant montrer à Maximilien qu'il n'y avait point de sa faute dans le retard dont sans doute il souffrait.

Le jeune homme comprit tout avec cette rapidité d'intuition particulière aux amants, et son cœur fut soulagé.

D'ailleurs, sans arriver à la portée de la voix, Valentine dirigea sa promenade de manière à ce que Maximilien pût la voir passer et repasser; et chaque fois qu'elle passait et repassait, un regard inaperçu de sa compagne, mais jeté de l'autre côté de la grille et recueilli par le jeune homme, lui disait :

« Prenez patience, ami; vous voyez qu'il n'y a point de ma faute. »

Et Maximilien, en effet, prenait patience, tout en admirant ce contraste entre les deux jeunes filles : entre cette blonde aux yeux languissants et à la taille inclinée comme un beau saule, et cette brune aux yeux fiers et à la taille droite comme un peuplier.

Puis il va sans dire que, dans cette comparaison entre deux natures si opposées, tout l'avantage, dans le cœur du jeune homme du moins, était pour Valentine.

Au bout d'une demi-heure de promenade, les deux jeunes filles s'éloignèrent.

Maximilien comprit que le terme de la visite de madame Danglars était arrivé.

En effet, un instant après, Valentine reparut seule.

De crainte qu'un regard indiscret ne suivît son retour, elle venait lentement, et, au lieu de s'avancer directement vers la grille, elle alla s'asseoir sur un banc après avoir sans affectation interrogé chaque touffe de feuillage et plongé son regard dans le fond de toutes les allées.

Ces précautions prises, elle courut à la grille.

— Bonjour, Valentine, dit une voix.

— Bonjour, Maximilien. Je vous ai fait attendre, mais vous avez vu la cause?

— Oui, j'ai reconnu mademoiselle Danglars ; je ne vous croyais pas si liée avec cette jeune personne

— Qui vous a donc dit que nous étions liées, Maximilien?

— Personne ; mais il m'a semblé que cela ressortait de la façon dont vous vous donniez le bras, de la façon dont vous causiez : on eût dit deux compagnes de pension se faisant leurs confidences.

— Nous nous faisions nos confidences, en effet, dit Valentine ; elle m'avouait sa répugnance pour un mariage avec M. de Morcerf, et moi je lui avouais, de mon côté, que je regardais comme un malheur d'épouser M. d'Épinay.

— Chère Valentine !

— Voilà pourquoi, mon ami, continua la jeune fille, vous avez vu cette apparence d'abandon entre moi et Eugénie; c'est que, tout en parlant de l'homme que je ne puis aimer, je pensais à l'homme que j'aime.

— Que vous êtes bonne en toutes choses, Valentine, et que vous avez en vous une chose que mademoiselle Danglars n'aura jamais : c'est ce charme indéfini qui est à la femme ce que le parfum est à la fleur, ce que la saveur est au fruit ! Car ce n'est pas le tout pour une fleur que d'être belle, ce n'est pas le tout pour un fruit que d'être beau.

— C'est votre amour qui vous fait voir les choses ainsi, Maximilien.

— Non, Valentine, je vous jure! Tenez, je vous regardais toutes deux tout à l'heure, et, sur mon honneur, tout en rendant justice à la beauté de mademoiselle Danglars, je ne comprenais pas qu'un homme devînt amoureux d'elle.

— C'est que, comme vous le disiez, Maximilien, j'étais là, et que ma présence vous rendait injuste.

— Non... mais dites-moi... une question de simple curiosité, et qui émane de certaines idées que je me suis faites sur mademoiselle Danglars.

— Oh! bien injustes, sans que je sache lesquelles, certainement. Quand vous nous jugez, nous autres pauvres femmes, nous ne devons pas nous attendre à l'indulgence.

— Avec cela qu'entre vous vous êtes bien justes les unes envers les autres!

— Parce que presque toujours il y a de la passion dans nos jugements. Mais revenez à votre question.

— Est-ce parce que mademoiselle Danglars aime quelqu'un qu'elle redoute son mariage avec M. de Morcerf?

— Maximilien, je vous ai dit que je n'étais pas l'amie d'Eugénie.

— Eh! mon Dieu! dit Morrel, sans être amies, les jeunes filles se font des confidences; convenez que vous lui avez fait quelques questions là-dessus? Ah! je vous vois sourire.

— S'il en est ainsi, Maximilien, ce n'est pas la peine que nous ayons entre nous cette cloison de planches.

— Voyons, que vous a-t-elle dit?

— Elle m'a dit qu'elle n'aimait personne, dit Valentine; qu'elle avait le mariage en horreur; que sa plus grande joie eût été de mener une vie libre et indépendante, et qu'elle désirait presque que son père perdît sa fortune pour se faire artiste comme son amie, mademoiselle Louise d'Armilly.

— Ah! vous voyez!

— Eh bien! qu'est-ce que cela prouve? demanda Valentine.

— Rien, répondit en souriant Maximilien.

— Alors, dit Valentine, pourquoi souriez-vous à votre tour?

— Ah! dit Maximilien, vous voyez bien que vous aussi, vous regardez, Valentine.

— Voulez-vous que je m'éloigne?

— Oh! non, non pas! mais revenons à vous.

— Ah! oui, c'est vrai, car à peine avons-nous dix minutes à passer ensemble.

— Mon Dieu! s'écria Maximilien consterné.

— Oui, Maximilien, vous avez raison, dit avec mélancolie Valentine, et vous avez là une pauvre amie. Quelle existence je vous fais passer, pauvre Maximilien! vous si bien fait pour être heureux! Je me le reproche amèrement, croyez-moi.

— Eh bien! que vous importe, Valentine, si je me trouve heureux ainsi; si cette attente éternelle me semble payée, à moi, par cinq minutes de votre vue, par deux mots de votre bouche, et par cette conviction profonde, éternelle, que Dieu n'a pas créé deux cœurs aussi en harmonie que les nôtres, et ne les a pas presque miraculeusement réunis, surtout, pour les séparer?

— Bon, merci, espérez pour nous deux, Maximilien; cela me rend à moitié heureuse.

— Que vous arrive-t-il donc encore, Valentine, que vous me quittez si vite?

— Je ne sais; madame de Villefort m'a fait prier de passer chez elle pour une communication de laquelle dépend, m'a-t-elle fait dire, une portion de ma fortune. Eh! mon Dieu! qu'ils la prennent ma fortune, je suis trop riche, et qu'après me l'avoir prise ils me laissent tranquille et libre; vous m'aimerez tout autant pauvre, n'est-ce pas, Morrel?

— Oh! je vous aimerai toujours, moi; que m'importe richesse ou pauvreté, si ma Valentine était près de moi, et que je fusse sûr que personne ne me la pût ôter! Mais cette communication, Valentine, ne craignez-vous point que ce ne soit quelque nouvelle relative à votre mariage?

— Je ne le crois pas.

— Cependant, écoutez-moi, Valentine, et ne vous effrayez pas, car, tant que je vivrai, je ne serai pas à une autre.

— Vous croyez me rassurer [illegible] disant cela, Maximilien?

— Pardon! vous avez raison, je suis un brutal Eh bien! je voulais donc vous dire que l'autre jour j'ai rencontré M. de Morcerf.

— Eh bien?

— M. Franz est son ami, comme vous savez.

— Oui; eh bien?

— Eh bien! il a reçu une lettre de Franz, qui lui annonce son prochain retour.

Valentine pâlit et appuya sa main contre la grille.

— Ah! mon Dieu! dit-elle, si c'était cela! Mais non, la communication ne viendrait point de madame de Villefort.

— Pourquoi cela?

— Pourquoi... je n'en sais rien... mais il me semble que madame de Villefort, tout en ne s'y opposant point franchement, n'est pas sympathique à ce mariage.

— Eh bien! mais, Valentine, il me semble que je vais l'adorer, madame de Villefort.

— Oh! ne vous pressez pas, Maximilien, dit Valentine avec un triste sourire.

— Enfin, si elle est antipathique à ce mariage, ne fût-ce que pour le rompre, peut-être ouvrirait-elle l'oreille à quelque autre proposition.

— Pardon, pardon, mon père ! on fera de moi ce qu'on voudra, mais je ne vous quitterai jamais.

— Ne croyez point cela, Maximilien ; ce ne sont pas les maris que madame de Villefort repousse, c'est le mariage

— Comment, le mariage! si elle déteste si fort le mariage, pourquoi s'est-elle mariée elle-même?

— Vous ne me comprenez pas, Maximilien ; ainsi, lorsqu'il y a un an j'ai parlé de me retirer dans un couvent, elle avait, malgré les observations qu'elle avait cru devoir faire, adopté ma proposition avec joie ; mon père même y avait consenti à son instigation, j'en suis sûre ; il n'y eut que mon pauvre grand-père qui m'a retenue. Vous ne pouvez vous figurer, Maximilien, quelle expression il y avait dans les yeux de ce pauvre vieillard, qui n'aime que moi au monde, et qui, Dieu me pardonne si c'est un blasphème, et qui n'est aimé au monde que de moi. Si vous saviez, quand il a appris ma résolution, comme il m'a regardée, ce qu'il y avait de reproche dans ce regard et de désespoir dans ces larmes qui roulaient sans plaintes, sans soupirs, le long de ses joues immobiles! Ah! Maximilien, j'ai éprouvé quelque chose comme un remords; je me suis jetée à ses pieds en lui criant : — Pardon! pardon! mon père! on fera de moi ce qu'on voudra, mais je ne vous quitterai jamais. Alors, il leva les yeux au ciel! Maximilien, je puis souffrir beaucoup; ce regard de mon vieux grand-père m'a payée d'avance pour ce que je souffrirai.

— Chère Valentine! vous êtes un ange, et je ne sais vraiment pas comment j'ai mérité, en sabrant à droite et à gauche des Bédouins, à moins que Dieu n'ait considéré que ce sont des infidèles, je ne sais comment j'ai mérité que vous vous révéliez à moi. Mais enfin, voyons, Valentine, quel est donc l'intérêt de madame de Villefort à ce que vous ne vous mariiez pas?

— N'avez-vous pas entendu tout à l'heure que je vous disais que j'étais riche, Maximilien, trop riche? J'ai, du chef de ma mère, près de cinquante mille livres de rentes; mon grand-père et ma grand'mère, le marquis et la marquise de Saint-Méran, doivent m'en laisser autant; M. Noirtier a bien visiblement l'intention de me faire sa seule héritière. Il en résulte donc que, comparativement à moi, mon frère Édouard, qui n'attend, du côté de madame de Villefort, aucune fortune, est pauvre. Or, madame de Villefort aime cet enfant avec adoration, et, si je fusse entrée en religion, toute ma fortune, concentrée sur mon père qui héritait du marquis, de la marquise et de moi, revenait à son fils.

— Oh! que c'est étrange cette cupidité dans une jeune et belle femme!

— Remarquez que ce n'est point pour elle, Maximilien, mais pour son fils, et que ce que vous lui reprochez comme un défaut, au point de vue de l'amour maternel, est presque une vertu.

— Mais, voyons, Valentine, dit Morrel, si vous abandonniez une portion de cette fortune à ce fils.

— Le moyen de faire une pareille proposition, dit Valentine, et surtout à une femme qui, sans cesse, a à la bouche le mot de désintéressement!

— Valentine, mon amour m'est toujours resté sacré, et, comme toute chose sacrée, je l'ai couvert du voile de mon respect et enfermé dans mon cœur; personne au monde, pas même ma sœur, ne se doute donc de cet amour que je n'ai confié à qui que ce soit au monde. Valentine, me permettez-vous de parler de cet amour à un ami?

Valentine tressaillit.

— A un ami? dit-elle. Oh! mon Dieu! Maximilien, je frissonne rien qu'à vous entendre parler ainsi! A un ami! et qui est donc cet ami?

— Écoutez, Valentine : avez-vous jamais senti pour quelqu'un une de ces sympathies irrésistibles qui font que, tout en voyant cette personne pour la première fois, vous croyez la connaître depuis longtemps, et vous vous demandez où et quand vous l'avez vue, si bien que, ne pouvant vous rappeler ni le lieu ni le temps, vous arrivez à croire que c'est dans un monde antérieur au nôtre et que cette sympathie n'est qu'un souvenir qui se réveille?

— Oui.

— Eh bien! voilà ce que j'ai éprouvé la première fois que j'ai vu cet homme extraordinaire!

— Un homme extraordinaire?

— Oui.

— Que vous connaissez depuis longtemps, alors?

— Depuis huit ou dix jours à peine.

— Et vous appelez votre ami un homme que vous connaissez depuis huit jours. Oh! Maximilien, je vous croyais plus avare de ce beau nom d'ami.

— Vous avez raison en logique, Valentine; mais dites ce que vous voudrez, rien ne me fera revenir sur ce sentiment instinctif. Je crois que cet homme sera mêlé à tout ce qui m'arrivera de bien dans l'avenir, que, parfois, son regard profond semble connaître et sa main puissante diriger.

— C'est donc un devin? dit en souriant Valentine.

— Ma foi! dit Maximilien, je suis tenté de croire souvent qu'il devine... le bien surtout.

— Oh! dit Valentine tristement, faites-moi connaître cet homme, Maximilien, que je sache de lui si je serai assez aimée pour me dédommager de tout ce que j'ai souffert.

— Pauvre amie! mais vous le connaissez!

— Moi?

— Oui. C'est celui qui a sauvé la vie à votre belle-mère et à son fils.

— Le comte de Monte-Christo?

— Lui-même.

— Oh! s'écria Valentine, il ne peut jamais être mon ami, il est trop celui de ma belle-mère.

— Le comte, l'ami de votre belle-mère, Valentine? mon instinct ne faillirait pas à ce point; je suis sûr que vous vous trompez.

— Oh! si vous saviez, Maximilien! mais ce n'est plus Édouard qui règne à la maison, c'est le comte: recherché de madame de Villefort, qui voit en lui le résumé des connaissances humaines; admiré, entendez-vous? admiré de mon père, qui dit n'avoir jamais entendu formuler avec plus d'éloquence des idées plus élevées; idolâtré d'Édouard, qui, malgré sa peur des grands yeux noirs du comte, court à lui aussitôt qu'il le voit arriver, et lui ouvre la main, où il trouve toujours quelque jouet admirable. M. de Monte-Christo n'est pas ici chez mon père; M. de Monte-Christo n'est pas ici chez madame de Villefort; M. de Monte-Christo est chez lui.

— Eh bien! chère Valentine, si les choses sont ainsi que vous dites, vous devez déjà ressentir ou vous ressentirez bientôt les effets de sa présence. Il rencontre Albert de Morcerf en Italie, c'est pour le tirer des mains des brigands; il aperçoit madame

Danglars, c'est pour lui faire un cadeau royal; votre belle-mère et votre frère passent devant sa porte, c'est pour que son Nubien leur sauve la vie. Cet homme a évidemment reçu le pouvoir d'influer sur les choses. Je n'ai jamais vu des goûts plus simples alliés à une plus haute magnificence. Son sourire est si doux, quand il me l'adresse, que j'oublie combien les autres trouvent son sourire amer. Oh! dites-moi, Valentine, vous a-t-il souri ainsi? S'il l'a fait, vous serez heureuse.

— Moi! dit la jeune fille; oh! mon Dieu! Maximilien, il ne me regarde seulement pas; ou, plutôt, si je passe par hasard, il détourne la vue de moi. Oh! il n'est pas généreux, allez! ou il n'a pas ce regard profond qui lit au fond des cœurs, et que vous lui supposez à tort; car, s'il eût été généreux, me voyant seule et triste au milieu de toute cette maison, il m'eût protégée de cette influence qu'il exerce; et, puisqu'il joue, à ce que vous prétendez, le rôle du soleil, il eût réchauffé mon cœur à l'un de ses rayons. Vous dites qu'il vous aime, Maximilien; eh! mon Dieu! qu'en savez-vous? les hommes font gracieux visage à un grand officier de cinq pieds huit pouces, comme vous, qui a une longue moustache et un grand sabre, mais ils croient pouvoir écraser sans crainte une pauvre fille qui pleure.

— Oh! Valentine! vous vous trompez, je vous jure.

— S'il en était autrement, voyons, Maximilien, s'il me traitait diplomatiquement, c'est-à-dire en homme qui, d'une façon ou de l'autre, veut s'impatroniser dans la maison, il m'eût, ne fût-ce qu'une seule fois, honorée de ce sourire que vous me vantez si fort; mais non, il m'a vue malheureuse, il comprend que je ne puis lui être bonne à rien, et il ne fait pas même attention à moi. Qui sait même si, pour faire sa cour à mon père, à madame de Villefort ou à mon frère, il ne me persécutera point aussi en tant qu'il sera en son pouvoir de le faire? Voyons, franchement, je ne suis pas une femme que l'on doive mépriser ainsi sans raison; vous me l'avez dit. Ah! pardonnez-moi, continua la jeune fille en voyant l'impression que ces paroles produisaient sur Maximilien, je suis mauvaise, et je vous dis là sur cet homme des choses que je ne savais pas même avoir dans le cœur. Tenez, je ne nie pas que cette influence dont vous me parlez existe, et qu'il ne l'exerce pas même sur moi; mais s'il l'exerce, c'est d'une manière nuisible et corruptrice, comme vous le voyez, de bonnes pensées.

— C'est bien, Valentine, dit Morrel avec un soupir, n'en parlons plus; je ne lui dirai rien.

— Hélas! mon ami, dit Valentine, je vous afflige, je le vois. Oh! que ne puis-je vous serrer la main pour vous demander pardon! Mais enfin je ne demande pas mieux que d'être convaincue; dites, qu'a donc fait pour vous ce comte de Monte-Christo?

— Vous m'embarrassez fort, je l'avoue, Valentine, en me demandant ce que le comte a fait pour moi : rien d'ostensible, je le sais bien. Aussi, comme je vous l'ai déjà dit, mon affection pour lui est-elle tout instinctive et n'a-t-elle rien de raisonné. Est ce que le soleil m'a fait quelque chose? Non; il me réchauffe, et, à sa lumière, je vous vois, voilà tout. Est-ce que tel ou tel parfum a fait quelque chose pour moi? Non; son odeur récrée agréablement un de mes sens; je n'ai pas autre chose à dire quand on me demande pourquoi je vante ce parfum; mon amitié pour lui est étrange comme la sienne pour moi. Une voix secrète m'avertit qu'il y a plus que du hasard dans cette amitié imprévue et réciproque. Je trouve de la corrélation jusque dans ses plus simples actions, jusque dans ses plus secrètes pensées, entre mes actions et mes pensées. Vous allez encore rire de moi, Valentine, mais, depuis que je connais cet homme, l'idée absurde m'est venue que tout ce qui m'arrive de bien émane de lui. Cependant j'ai vécu trente ans sans avoir eu besoin de ce protecteur, n'est-ce pas? N'importe, tenez, un exemple, il m'a invité à dîner pour samedi, c'est naturel au point où nous en sommes, n'est-ce pas? Eh bien! qu'ai-je su depuis? Votre père est invité à ce dîner, votre mère y viendra. Je me rencontrerai avec eux, et qui sait ce qui résultera dans l'avenir de cette entrevue? Voilà des circonstances fort simples en apparence. Cependant, moi, je vois là-dedans quelque chose qui m'étonne; j'y puise une confiance étrange. Je me dis que le comte, cet homme singulier qui devine tout, a voulu me faire trouver avec M. et madame de Villefort, et quelquefois je cherche, je vous le jure, à lire dans ses yeux s'il a deviné mon amour.

— Mon bon ami, dit Valentine, je vous prendrais pour un visionnaire, et j'aurais véritablement peur pour votre bon sens, si je n'écoutais de vous que de semblables raisonnements. Quoi! vous voyez autre chose que du hasard dans cette rencontre? En vérité, réfléchissez donc. Mon père, qui ne sort jamais, a été sur le point dix fois de refuser cette invitation à madame de Villefort, qui, au contraire, brûle du désir de voir chez lui ce nabab extraordinaire, et c'est à grand'peine qu'elle a obtenu qu'il l'accompagnerait. Non, non, croyez-moi, je n'ai, à part vous, Maximilien, d'autre secours à demander dans ce monde qu'à mon grand-père, un cadavre! d'autre appui à chercher que dans ma pauvre mère, une ombre!

— Je sens que vous avez raison, Valentine, et que la logique est pour vous, dit Maximilien; mais votre douce voix, toujours si puissante sur moi, aujourd'hui ne me convainc pas.

— Ni la vôtre non plus, dit Valentine, et j'avoue que si vous n'avez pas d'autre exemple à me citer...

— Voyez là-bas, à cet arbre, le cheval nouveau avec lequel je suis venu.

— J'en ai un, dit Maximilien en hésitant, mais, en vérité, Valentine, je suis forcé de l'avouer moi-même, il est encore plus absurde que le premier.

— Tant pis ! dit en souriant Valentine.

— Et cependant, continua Morrel, il n'en est pas moins concluant pour moi, homme tout d'inspiration et de sentiment, et qui ai quelquefois, depuis dix ans que je sers, dû la vie à un de ces éclairs intérieurs qui vous disent un mouvement en avant et en arrière pour que la balle qui devait vous tuer passe à côté de vous.

— Cher Maximilien, pourquoi ne pas faire honneur à mes prières de cette déviation des balles? Quand vous êtes là-bas, ce n'est plus pour moi que je prie Dieu et ma mère, c'est pour vous.

— Oui, depuis que je vous connais, dit en souriant Morrel; mais, avant que je vous connusse, Valentine?

— Voyons, puisque vous ne voulez rien me devoir, méchant, revenez donc à cet exemple que vous-même avouez être absurde.

— Eh bien ! regardez par les planches, et voyez là-bas, à cet arbre, le cheval nouveau avec lequel je suis venu.

Il prit sa place, on joua, et moi je gagnai. — Page 146.

— Oh! l'admirable bête! s'écria Valentine; pourquoi ne l'avez-vous pas amené près de la grille? je lui eusse parlé et il m'eût entendue.

— C'est en effet, comme vous le voyez, une bête d'un assez grand prix; dit Maximilien. Eh bien! vous savez que ma fortune est bornée, Valentine, et que je suis ce qu'on appelle un homme raisonnable. Eh bien! j'avais vu chez un marchand de chevaux ce magnifique *Médéah;* je le nomme ainsi. Je demandai quel était son prix : on me répondit quatre mille cinq cents francs; je dus m'abstenir, comme vous le comprenez bien, de le trouver beau plus longtemps, et je partis, je l'avoue, le cœur assez gros, car le cheval m'avait tendrement regardé, m'avait caressé avec sa tête et avait caracolé sous moi de la façon la plus coquette et la plus charmante. Le même soir, j'avais quelques amis à la maison, M. de Château-Renaud, M. Debray et cinq ou six autres mauvais sujets, que vous avez le bonheur de ne pas connaître, même de nom. On proposa une bouillotte; je ne joue jamais, car je ne suis pas assez riche pour pouvoir perdre, ni assez pauvre pour désirer

 Paris — Imp. de Edouard Blot, rue St-Louis, 46.

gagner. Mais j'étais chez moi, vous comprenez, je n'avais autre chose à faire que d'envoyer chercher des cartes, et c'est ce que je fis. Comme on se mettait à table, M. de Monte-Christo arriva. Il prit sa place, on joua, et moi je gagnai; j'ose à peine vous avouer cela, Valentine, je gagnai cinq mille francs. Nous nous quittâmes à minuit. Je n'y pus tenir, je pris un cabriolet et me fis conduire chez mon marchand de chevaux. Tout palpitant, tout fiévreux, je sonnai; celui qui vint m'ouvrir dut me prendre pour un fou. Je m'élançai de l'autre côté de la porte à peine ouverte. J'entrai dans l'écurie, je regardai au râtelier. O bonheur! *Médéah* grignotait son foin. Je saute sur une selle; je la lui applique moi-même sur le dos, je lui passe la bride; *Médéah* se prête de la meilleure grâce du monde à cette opération! Puis, déposant les quatre mille cinq cents francs entre les mains du marchand stupéfait, je reviens, ou plutôt je passe la nuit à me promener dans les Champs-Élysées. Eh bien! j'ai vu de la lumière à la fenêtre du comte, il m'a semblé apercevoir son ombre derrière les rideaux. Maintenant, Valentine, je jurerais que le comte a su que je désirais ce cheval, et qu'il a perdu exprès pour me le faire gagner.

— Mon cher Maximilien, dit Valentine, vous êtes trop fantastique, en vérité..... Vous ne m'aimerez pas longtemps..... Un homme qui fait ainsi de la poésie ne saurait s'étioler à plaisir dans une passion monotone comme la nôtre... Mais, grand Dieu! tenez, on m'appelle..... entendez-vous?

— Oh! Valentine, dit Maximilien, par le petit jour de la cloison... votre doigt le plus petit, que je le baise.

— Maximilien, nous avions dit que nous serions l'un pour l'autre deux voix, deux ombres!

— Comme il vous plaira, Valentine.

— Serez-vous heureux si je fais ce que vous voulez?

— Oh! oui!

Valentine monta sur un banc et passa, non pas son petit doigt à travers l'ouverture, mais sa main tout entière par-dessus la cloison.

Maximilien poussa un cri, et, s'élançant à son tour sur la borne, saisit cette main adorée, et y appliqua ses lèvres ardentes.

Mais aussitôt cette petite main glissa entre les siennes, et le jeune homme entendit fuir Valentine, effrayée peut-être de la sensation qu'elle venait d'éprouver.

CHAPITRE XIX.

M. NOIRTIER DE VILLEFORT.

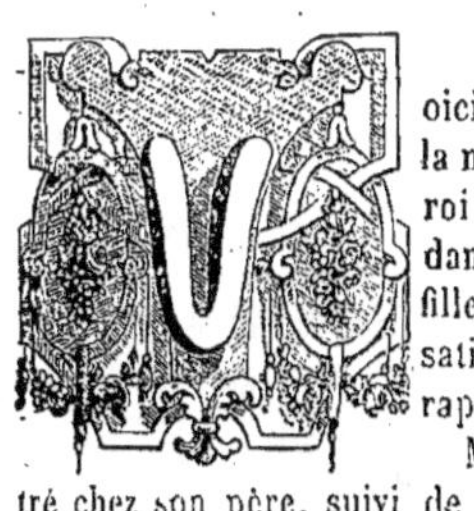

Voici ce qui s'était passé dans la maison du procureur du roi après le départ de madame Danglars et de sa fille, et pendant la conversation que nous venons de rapporter.

M. de Villefort était entré chez son père, suivi de madame de Villefort; quant à Valentine, nous savons où elle était.

Tous deux, après avoir salué le vieillard, après avoir congédié Barrois, vieux domestique depuis plus de vingt-cinq ans à son service, avaient pris place à ses côtés.

M. Noirtier, assis dans son grand fauteuil à roulettes, où on le plaçait le matin et d'où on le tirait le soir, assis devant une glace qui réfléchissait tout l'appartement et lui permettait de voir, sans même tenter un mouvement devenu impossible, qui entrait dans sa chambre, qui en sortait, et ce qu'on faisait autour de lui, M. Noirtier, immobile comme un cadavre, regardait avec des yeux intelligents et vifs ses enfants, dont la cérémonieuse révérence lui annonçait quelque démarche officielle et inattendue.

La vue et l'ouïe étaient les deux sens qui animassent encore, comme deux étincelles, cette matière humaine déjà aux trois quarts façonnée pour la tombe : encore, de ces deux sens, un seul pouvait-il révéler au dehors la vie intérieure qui animait la statue, et le regard qui dénonçait cette vie intérieure était semblable à une de ces lumières lointaines qui, durant la nuit, apprennent au voyageur perdu dans un désert qu'il y encore un être existant qui veille dans ce silence et cette obscurité.

Aussi, dans cet œil noir du vieux Noirtier, surmonté d'un sourcil noir, tandis que toute la chevelure, qu'il portait longue et pendante sur les épaules, était blanche, dans cet œil, comme cela arrive pour tout organe de l'homme exercé aux dépens des autres organes, s'étaient concentrées toute l'activité, toute l'adresse, toute la force, toute l'intelligence répandues autrefois dans ce corps et dans cet esprit.

Certes, le geste du bras, le son de la voix, l'attitude du corps, manquaient, mais cet œil puissant suppléait à tout : il commandait avec les yeux, il remerciait avec les yeux.

C'était un cadavre avec des yeux vivants, et rien n'était plus effrayant parfois que ce visage de marbre au haut duquel s'allumait une colère ou luisait une joie.

Trois personnes seulement savaient comprendre ce langage du pauvre paralytique : c'étaient Villefort, Valentine et le vieux domestique dont nous avons déjà parlé.

Mais, comme Villefort ne voyait que rarement son père, et, pour ainsi dire, quand il ne pouvait faire autrement; comme, lorsqu'il le voyait, il ne cherchait pas à lui plaire en le comprenant, tout le bonheur du vieillard reposait en sa petite-fille, et Valentine était parvenue, à force de dévouement, d'amour et de patience, à comprendre du regard toutes les pensées de Noirtier.

A ce langage muet ou inintelligible pour tout autre, elle répondait avec toute sa voix, toute sa physionomie, toute son âme, de sorte qu'il s'établissait des dialogues animés entre cette jeune fille et cette prétendue argile, à peu près redevenue poussière, et qui cependant était encore un homme d'un savoir immense, d'une pénétration inouïe et d'une volonté aussi puissante que peut l'être l'âme enfermée dans une matière par laquelle elle a perdu le pouvoir de se faire obéir.

Valentine avait donc résolu cet étrange problème de comprendre la pensée du vieillard pour lui faire comprendre sa pensée à elle; et, grâce à cette étude, il était bien rare que, pour les choses ordinaires de la vie, elle ne tombât point avec précision sur le désir de cette âme vivante, ou sur le besoin de ce cadavre à moitié insensible.

Quant au domestique, comme depuis vingt-cinq ans, ainsi que nous l'avons dit, il servait son maître, il connaissait si bien ses habitudes, qu'il était rare que Noirtier eût besoin de lui demander quelque chose.

Villefort n'avait, en conséquence, besoin du secours ni de l'un ni de l'autre pour entamer avec son père l'étrange conversation qu'il venait provoquer.

Lui-même, nous l'avons dit, connaissait parfaitement le vocabulaire du vieillard, et s'il ne s'en servait point plus souvent, c'était par ennui et par indifférence.

Il laissa donc Valentine descendre au jardin, il éloigna donc Barrois, et après avoir pris sa place à la droite de son père, tandis que madame de Villefort s'asseyait à sa gauche :

— Monsieur, dit-il, ne vous étonnez pas que Valentine ne soit pas montée avec nous et que j'aie éloigné Barrois, car la conférence que nous allons avoir ensemble est de celles qui ne peuvent avoir lieu devant une jeune fille ou un domestique ; madame de Villefort et moi avons une communication à vous faire.

Le visage de Noirtier resta impassible pendant ce préambule, tandis qu'au contraire l'œil de Villefort semblait vouloir plonger jusqu'au plus profond du cœur du vieillard.

— Cette communication, continua le procureur du roi de son ton glacé et qui semblait ne jamais admettre la contestation, nous sommes sûrs, madame de Villefort et moi, qu'elle vous agréera.

L'œil du vieillard continua de demeurer atone ; il écoutait, voilà tout.

— Monsieur, reprit Villefort, nous marions Valentine.

Une figure de cire ne fût pas restée plus froide à cette nouvelle que ne resta la figure du vieillard.

— Le mariage aura lieu avant trois mois, reprit Villefort.

L'œil du vieillard continua d'être inanimé.

Madame de Villefort prit la parole à son tour, et se hâta d'ajouter :

— Nous avons pensé que cette nouvelle aurait de l'intérêt pour vous, monsieur ; d'ailleurs, Valentine a toujours semblé attirer votre affection ; il nous reste donc à vous dire seulement le nom du jeune homme qui lui est destiné. C'est un des plus honorables partis auxquels Valentine puisse prétendre ; il y a de la fortune, un beau nom et des garanties parfaites de bonheur dans la conduite et les goûts de celui que nous lui destinons, et dont le nom ne doit pas vous être inconnu. Il s'agit de M. Franz de Quesnel, baron d'Épinay.

Villefort, pendant le petit discours de sa femme, attachait sur le vieillard un regard plus attentif que jamais.

Lorsque madame de Villefort prononça le nom de Franz, l'œil de Noirtier, que son fils connaissait si bien, frissonna, et les paupières se dilatant, comme eussent pu faire des lèvres pour laisser passer des paroles, laissèrent, elles, passer un éclair.

Le procureur du roi, qui savait les anciens rapports d'inimitié publique qui avaient existé entre son père et le père de Franz, comprit ce feu et cette agitation ; mais cependant il les laissa passer comme inaperçus, et reprenant la parole où sa femme l'avait laissée :

— Monsieur, dit-il, il est important, vous le comprenez bien, près comme elle est d'atteindre sa dix-neuvième année, que Valentine soit enfin établie. Néanmoins, nous ne vous avons point oublié dans les conférences, et nous nous sommes assurés d'avance que le mari de Valentine accepterait, sinon de vivre près de nous, qui gênerions peut-être un jeune ménage, du moins que vous, que Valentine chérit particulièrement, et qui, de votre côté, paraissez lui rendre cette affection, vivriez près d'eux, de sorte que vous ne perdrez aucune de vos habitudes, et que vous aurez seulement deux enfants au lieu d'un pour veiller sur vous.

L'éclair du regard de Noirtier devint sanglant.

Assurément il se passait quelque chose d'affreux dans l'âme de ce vieillard ; assurément le cri de la douleur et de la colère montait à sa gorge, et, ne pouvant éclater, l'étouffait, car son visage s'empourpra et ses lèvres devinrent bleues.

Villefort ouvrit tranquillement une fenêtre en disant :

— Il fait bien chaud ici, et cette chaleur fait mal à M. Noirtier.

Puis il revint, mais sans se rasseoir.

— Ce mariage, ajouta madame de Villefort, plaît à M. d'Épinay et à sa famille ; d'ailleurs sa famille se compose seulement d'un oncle et d'une tante, sa mère étant morte au moment où elle le mettait au monde, et son père ayant été assassiné en 1815, c'est-à-dire quand l'enfant avait deux ans à peine ; il ne relève donc que de sa propre volonté.

— Assassinat mystérieux, dit Villefort, et dont les auteurs sont restés inconnus, quoique le soupçon ait plané sans s'abattre au-dessus de la tête de beaucoup de gens.

Noirtier fit un tel effort, que ses lèvres se contractèrent comme pour sourire.

— Or, continua Villefort, les véritables coupables, ceux-là qui savent qu'ils ont commis le crime, ceux-là sur lesquels peut descendre la justice des hommes pendant leur vie et la justice de Dieu après leur mort, seraient bien heureux d'être à notre place, et d'avoir une fille à offrir à M. Franz d'Épinay pour éteindre jusqu'à l'apparence du soupçon.

Noirtier s'était calmé avec une puissance que l'on n'aurait pas dû attendre de cette organisation brisée.

— Oui, je comprends, répondit-il du regard à Villefort.

Et ce regard exprimait tout ensemble le dédain profond et la colère intelligente.

Villefort, de son côté, répondit à ce regard, dans lequel il avait lu ce qu'il contenait, par un léger mouvement d'épaules.

Puis il fit signe à sa femme de se lever.

— Maintenant, monsieur, dit madame de Ville-

L'éclair du regard de Noirtier devint sanglant. — 148.

fort, agréez tous mes respects. Vous plaît-il qu'Édouard vienne vous présenter ses respects?

Il était convenu que le vieillard exprimait son approbation en fermant les yeux, son refus en les clignant à plusieurs reprises, et avait quelques désirs à exprimer quand il les levait au ciel.

S'il demandait Valentine, il fermait l'œil droit seulement.

S'il demandait Barrois, il fermait l'œil gauche.

A la proposition de madame de Villefort, il cligna vivement les yeux.

Madame de Villefort, accueillie par un refus évident, se pinça les lèvres.

— Je vous enverrai donc Valentine, alors, dit-elle.

— Oui, fit le vieillard en fermant les yeux avec vivacité.

M. et madame de Villefort saluèrent et sortirent en ordonnant qu'on appelât Valentine, déjà prévenue au reste qu'elle aurait quelque chose à faire dans la journée près de M. Noirtier.

Derrière eux, Valentine, toute rose encore d'émotion, entra chez le vieillard.

Il ne lui fallut qu'un regard pour qu'elle comprît combien souffrait son aïeul et combien de choses il avait à lui dire.

— Oh! bon papa! s'écria-t-elle, qu'est-il donc arrivé? On t'a fâché, n'est-ce pas, et tu es en colère?

— Oui, fit-il en fermant les yeux.

— Contre qui donc? contre mon père? non; contre madame de Villefort? non; contre moi?

Le vieillard fit signe que oui.

— Contre moi? reprit Valentine étonnée.

Le vieillard renouvela le signe.

— Et que t'ai-je donc fait, cher bon papa? s'écria Valentine.

Pas de réponse; elle continua :

— Je ne t'ai pas vu de la journée, on t'a donc rapporté quelque chose de moi?

— Oui! dit le regard du vieillard avec vivacité.

— Voyons donc que je cherche. Mon Dieu! je te jure, bon père..... Ah!..... M. et madame de Villefort sortent d'ici, n'est-ce pas?

— Oui

— Et ce sont eux qui t'ont dit ces choses qui te fâchent? Qu'est-ce donc? Veux-tu que j'aille le leur demander pour que je puisse m'excuser près de toi?

— Non! non! fit le regard.

— Oh! mais tu m'effrayes. Qu'ont-ils pu dire, mon Dieu?

Et elle chercha.

— Oh! j'y suis, dit-elle en baissant la voix et en se rapprochant du vieillard. Ils ont parlé de mon mariage peut-être?

— Oui! répliqua le regard courroucé.

— Je comprends; tu m'en veux de mon silence. Oh! vois-tu, c'est qu'ils m'avaient bien recommandé de ne t'en rien dire : c'est qu'ils ne m'en avaient rien dit à moi-même, et que j'avais surpris en quelque sorte ce secret par indiscrétion; voilà pourquoi j'ai été si réservée avec toi. Pardonne-moi, bon papa Noirtier.

Redevenu fixe et atone, le regard sembla répondre :

« Ce n'est pas seulement ton silence qui m'afflige. »

— Qu'est-ce donc? demanda la jeune fille, tu crois peut-être que je t'abandonnerais, bon père, et que mon mariage me rendrait oublieuse?

— Non, dit le vieillard.

— Ils t'ont dit alors que M. d'Épinay consentait à ce que nous demeurassions ensemble?

— Oui.

— Alors, pourquoi es-tu fâché?

Les yeux du vieillard prirent une expression de douceur infinie.

— Oui, je comprends, dit Valentine, parce que tu m'aimes?

Le vieillard fit signe que oui.

— Et tu as peur que je ne sois malheureuse?

— Oui.

— Tu n'aimes pas M. Franz?

Les yeux répétèrent trois ou quatre fois :

— Non! non! non!

— Alors, tu as bien du chagrin, bon père?

— Oui.

— Eh bien! écoute, dit Valentine en se mettant à genoux devant Noirtier et en lui passant ses bras autour du cou, moi aussi j'ai bien du chagrin, car moi non plus je n'aime pas M. Franz d'Épinay.

Un éclair de joie passa dans les yeux de l'aïeul.

— Quand j'ai voulu me retirer au couvent, tu te rappelles bien, que tu as été si fort fâché contre moi?

Une larme humecta la paupière aride du vieillard.

— Eh bien! continua Valentine, c'était pour échapper à ce mariage, qui fait mon désespoir.

La respiration de Noirtier devint haletante.

— Alors, ce mariage te fait bien du chagrin, bon père? O mon Dieu! si tu pouvais m'aider, si nous pouvions à nous deux rompre leur projet! Mais tu es sans force contre eux, toi dont l'esprit cependant est si vif et la volonté si ferme; mais, quand il s'agit de lutter, tu es aussi faible et même plus faible que moi. Hélas! tu eusses été pour moi un protecteur si puissant aux jours de ta force et de ta santé; mais aujourd'hui tu ne peux plus que me comprendre, et te réjouir ou t'affliger avec moi. C'est un dernier bonheur que Dieu a oublié de m'enlever avec les autres.

Il y eut à ces paroles dans les yeux de Noirtier une telle expression de malice et de profondeur, que la jeune fille crut y lire ces mots :

— Tu te trompes; je puis encore beaucoup pour toi.

— Tu peux quelque chose pour moi, cher bon papa? traduisit Valentine.

— Oui.

Noirtier leva les yeux au ciel, c'était le signe convenu entre lui et Valentine lorsqu'il désirait quelque chose.

— Que veux-tu, cher père, voyons?

Valentine chercha un instant dans son esprit, exprima tout haut ses pensées à mesure qu'elles se présentaient à elle, et voyant qu'à tout ce qu'elle pouvait dire le vieillard répondait constamment *non*.

— Allons, fit-elle, les grands moyens, puisque je suis si sotte!

Alors elle récita l'une après l'autre toutes les lettres de l'alphabet, depuis A jusqu'à N, tandis que son souvenir interrogeait l'œil du paralytique; à N, Noirtier fit signe que oui.

— Ah! dit Valentine, la chose que vous désirez

commence par la lettre N; c'est à l'N que nous avons affaire. Eh bien! voyons, que lui voulons-nous à l'N? Na-ne-ni-no.

— Oui! oui! oui! fit le vieillard.

— Ah! c'est *no?*

— Oui.

Valentine alla chercher un dictionnaire qu'elle posa sur un pupitre devant Noirtier.

Elle l'ouvrit, et, quand elle eut vu l'œil du vieillard fixé sur les feuilles, son doigt courut vivement du haut en bas des colonnes.

L'exercice, depuis six ans que Noirtier était tombé dans le fâcheux état où il se trouvait, lui avait rendu les épreuves si faciles, qu'elle devinait aussi vite la pensée du vieillard que si lui-même eût pu chercher dans le dictionnaire.

Au mot *notaire*, Noirtier fit signe de s'arrêter.

— *Notaire*, dit-elle; tu veux un notaire, bon papa?

Le vieillard fit signe que c'était effectivement un notaire qu'il désirait.

— Il faut donc envoyer chercher un notaire? demanda Valentine.

— Oui, fit le paralytique.

— Mon père doit-il le savoir?

— Oui.

— Es-tu pressé de ton notaire?

— Oui.

— Alors on va te l'envoyer chercher de suite, cher père. Est-ce tout ce que tu veux?

— Oui.

Valentine courut à la sonnette et appela un domestique pour le prier de faire venir M. ou madame de Villefort chez le grand-père.

— Es-tu content? dit Valentine; oui... je le crois bien, hein? ce n'était pas facile à trouver cela?

Et la jeune fille sourit à l'aïeul comme elle eût faire à un enfant.

M. de Villefort entra ramené par Barrois.

— Que voulez-vous, monsieur? demanda-t-il au paralytique.

— Monsieur, dit Valentine, mon grand-père désire un notaire.

— A cette demande étrange et sûrement inattendue, M. de Villefort échangea un regard avec le paralytique.

— Oui, fit ce dernier avec une fermeté qui indiquait qu'avec l'aide de Valentine et de son vieux serviteur, qui savait maintenant ce qu'il désirait, il était prêt à soutenir la lutte.

— Vous demandez le notaire? répéta Villefort.

— Oui.

— Pourquoi faire?

Noirtier ne répondit pas.

— Mais qu'avez-vous besoin d'un notaire? demanda Villefort.

Le regard du paralytique demeura immobile et par conséquent muet, ce qui voulait dire : — Je persiste dans ma volonté.

— Pour nous faire quelque mauvais tour? dit Villefort; est-ce la peine?

— Mais enfin, dit Barrois, prêt à insister avec la persévérance habituelle aux vieux domestiques, si monsieur veut un notaire, c'est apparemment qu'il en a besoin. Ainsi je vais chercher un notaire.

Barrois ne reconnaissait d'autre maître que Noirtier, et n'admettait jamais que ses volontés fussent contestées en rien.

— Oui, je veux un notaire, fit le vieillard en fermant les yeux d'un air de défi, et comme s'il eût dit : — Voyons si l'on osera me refuser ce que je veux.

— On aura un notaire, puisque vous en voulez absolument un, monsieur; mais je m'excuserai près de lui et vous excuserai vous-même, car la scène sera fort ridicule.

— N'importe, dit Barrois, je vais toujours l'aller chercher.

Et le vieux serviteur sortit triomphant.

Barrois.

CHAPITRE XX.

UN TESTAMENT.

Au moment où Barrois sortit, Noirtier regarda Valentine avec cet intérêt malicieux qui annonçait tant de choses.

La jeune fille comprit ce regard, et Villefort aussi, car son front se rembrunit et son sourcil se fronça.

Il prit un siége, s'installa dans la chambre du paralytique, et attendit.

Noirtier le regardait faire avec une parfaite indifférence, mais, du coin de l'œil, il avait ordonné à Valentine de ne point s'inquiéter et de rester aussi.

Trois quarts d'heure après, le domestique rentra avec le notaire.

— Monsieur, dit Villefort après les premières

— Testament! dit le notaire; la chose est visible, que monsieur veut tester. — PAGE 154.

salutations, vous êtes mandé par M. Noirtier de Villefort que voici; une paralysie générale lui a ôté l'usage des membres et de la voix, et nous seuls, à grand'peine, parvenons à saisir quelques lambeaux de ses pensées.

Noirtier fit de l'œil un appel à Valentine, appel si sérieux, si impératif, qu'elle répondit sur-le-champ.

— Moi, monsieur, je comprends tout ce que veut dire mon grand-père.

— C'est vrai, ajouta Barrois; tout, absolument tout, comme je le disais à monsieur en venant.

— Permettez, monsieur, et vous aussi, mademoiselle, dit le notaire s'adressant à Villefort et à Valentine; c'est là un de ces cas où l'officier public ne peut inconsidérément procéder sans assumer une responsabilité dangereuse. La première nécessité, pour qu'un acte soit valable, est que le notaire soit bien convaincu qu'il a fidèlement interprété la volonté de celui qui le dicte. Or, je ne puis pas moi-même être sûr de l'approbation ou de l'improbation d'un client qui ne parle pas; et, comme l'objet de ses désirs ou de ses répugnances, vu son mutisme, ne peut m'être prouvé clairement, mon

 Paris. -- Imp. de Edouard Blot, rue S.-Louis, 46

ministère est plus qu'inutile et serait illégalement exercé.

Le notaire fit un pas pour se retirer.

Un imperceptible sourire de triomphe se dessina sur les lèvres du procureur du roi.

De son côté, Noirtier regarda Valentine avec une telle expression de douleur, qu'elle se plaça sur le chemin du notaire.

— Monsieur, dit-elle, la langue que je parle avec mon grand-père est une langue qui se peut apprendre facilement, et, de même que je le comprends, je puis en quelques minutes vous amener à le comprendre. Que vous faut-il, voyons, monsieur, pour arriver à la parfaite édification de votre conscience?

— Ce qui est nécessaire pour que nos actes soient valables, mademoiselle, répondit le notaire, c'est-à-dire la certitude de l'approbation ou de l'improbation. On peut tester malade de corps, mais il faut tester sain d'esprit.

— Eh bien! monsieur, avec deux signes vous acquerrez cette certitude que mon grand-père n'a jamais mieux joui qu'à cette heure de la plénitude de son intelligence. M. Noirtier, privé de la voix, privé du mouvement, ferme les yeux quand il veut dire oui, et les cligne à plusieurs reprises quand il veut dire non. Vous en savez assez maintenant pour causer avec M. Noirtier; essayez.

Le regard que lança le vieillard à Valentine était si humide de tendresse et de reconnaissance, qu'il fut compris du notaire lui-même.

— Vous avez entendu et compris ce que vient de dire votre petite-fille, monsieur? demanda le notaire.

Noirtier ferma doucement les yeux, et les rouvrit après un instant.

— Et vous approuvez ce qu'elle a dit? c'est-à-dire que les signes indiqués par elle sont bien ceux à l'aide desquels vous faites comprendre votre pensée?

— Oui, fit encore le vieillard.

— C'est vous qui m'avez fait demander?

— Oui.

— Pour faire votre testament?

— Oui.

— Et vous ne voulez pas que je me retire sans avoir fait ce testament?

Le paralytique cligna vivement et à plusieurs reprises des yeux.

— Eh bien! monsieur, comprenez-vous maintenant, demanda la jeune fille, et votre conscience sera-t-elle en repos?

Mais, avant que le notaire eût pu répondre, Villefort le tira à part.

— Monsieur dit-il, croyez-vous qu'un homme puisse supporter impunément un choc physique aussi terrible que celui qu'a éprouvé M. Noirtier de Villefort sans que le moral ait reçu lui-même une grave atteinte?

— Ce n'est point cela précisément qui m'inquiète, monsieur, répondit le notaire, mais je me demande comment nous arriverons à deviner les pensées avant de provoquer les réponses.

— Vous voyez donc que c'est impossible, dit de Villefort.

Valentine et le vieillard entendaient la conversation.

Noirtier arrêta son regard si fixe et si ferme sur Valentine, que ce regard appelait évidemment une riposte.

— Monsieur, dit-elle, que cela ne vous inquiète point : si difficile qu'il soit, ou plutôt qu'il vous paraisse de découvrir la pensée de mon grand-père, je vous la révélerai, moi, de façon à lever tous les doutes à cet égard. Voilà six ans que je suis près de M. Noirtier, et qu'il le dise lui-même si, depuis six ans, un seul de ses désirs est resté enseveli dans son cœur faute de pouvoir me le faire comprendre.

— Non, fit le vieillard.

— Essayons donc, dit le notaire. Vous acceptez mademoiselle pour interprète?

Le paralytique fit signe que oui.

— Bien. Voyons, monsieur, que désirez-vous de moi, et quel est l'acte que vous désirez faire?

Valentine nomma toutes les lettres de l'alphabet jusqu'à la lettre T.

A cette lettre, l'éloquent coup d'œil de Noirtier l'arrêta

— C'est la lettre T que monsieur demande, dit le notaire ; la chose est visible.

— Attendez, dit Valentine.

Puis, se retournant vers son grand-père :

— Ta... te...

Le vieillard l'arrêta à la seconde de ces syllabes.

Alors Valentine prit le dictionnaire, et, aux yeux du notaire attentif, elle feuilleta les pages.

— Testament, dit son doigt arrêté par le coup d'œil de Noirtier.

— Testament! s'écria le notaire, la chose est visible; monsieur veut tester.

— Oui, fit Noirtier à plusieurs reprises.

— Voilà qui est merveilleux, monsieur, convenez-en, dit le notaire à Villefort stupéfait.

— En effet, répliqua-t-il, et plus merveilleux encore serait ce testament; car, enfin, je ne pense pas que les articles se viennent ranger sur le papier, mot par mot, sans l'intelligente aspiration de ma fille. Or, Valentine sera peut-être un peu trop intéressée à ce testament pour être un interprète convenable des obscures volontés de M. Noirtier de Villefort.

— Non, non, non! fit le paralytique.

— Comment! dit M. de Villefort, Valentine n'est point intéressée à votre testament?

— Non, fit Noirtier.

— Monsieur, dit le notaire, qui, enchanté de cette épreuve, se promettait de raconter dans le monde les détails de cet épisode pittoresque; monsieur, rien ne me paraît plus facile maintenant que ce que tout à l'heure je regardais comme une chose impossible, et ce testament sera tout simplement un testament mystique, c'est-à-dire prévu et autorisé par la loi, pourvu qu'il soit lu en face de sept témoins, approuvé par le testateur devant eux, et fermé par le notaire, toujours devant eux. Quant au temps, il durera à peine plus longtemps qu'un testament ordinaire; il y a d'abord les formules consacrées et qui sont toujours les mêmes, et, quant aux détails, la plupart seront fournis par l'état même des affaires du testateur et par vous, qui, les ayant gérées, les connaissez. Mais, d'ailleurs, pour que cet acte demeure inattaquable, nous allons lui donner l'authenticité la plus complète; l'un de mes confrères me servira d'aide, et, contre les habitudes, assistera à la dictée. Êtes-vous satisfait, monsieur? continua le notaire en s'adressant au vieillard.

— Oui, répondit Noirtier, radieux d'être compris.

— Que va-t-il faire? se demanda Villefort, à qui sa haute position commandait tant de réserve, et qui, d'ailleurs, ne pouvait deviner vers quel but tendait son père.

Il se retourna donc pour envoyer chercher le deuxième notaire désigné par le premier; mais Barrois, qui avait tout entendu et qui avait deviné le désir de son maître, était déjà parti.

Alors le procureur du roi fit dire à sa femme de monter.

Au bout d'un quart d'heure, tout le monde était réuni dans la chambre du paralytique, et le second notaire était arrivé.

En peu de mots, les deux officiers ministériels furent d'accord.

On lut à Noirtier une formule de testament vague, banale; puis, pour commencer, pour ainsi dire, l'investigation de son intelligence, le premier notaire, se retournant de son côté, lui dit :

— Lorsqu'on fait son testament, monsieur, c'est en faveur de quelqu'un ou au préjudice de quelqu'un.

— Oui, fit Noirtier.

— Avez-vous quelque idée du chiffre auquel se monte votre fortune?

— Oui.

— Je vais vous nommer plusieurs chiffres qui monteront successivement; vous m'arrêterez quand j'aurai atteint celui que vous croirez être le vôtre.

— Oui.

Il y avait dans cet interrogatoire une espèce de solennité. D'ailleurs jamais la lutte de l'intelligence contre la matière n'avait peut-être été plus visible; et, si ce n'était un sublime, comme nous allions le dire, c'était au moins un curieux spectacle.

On faisait cercle autour de Villefort.

Le second notaire était assis à une table, tout prêt à écrire; le premier notaire se tenait debout devant lui et interrogeait.

— Votre fortune dépasse trois cent mille francs, n'est-ce pas? demanda-t-il.

Noirtier fit signe que oui.

— Possédez-vous quatre cent mille francs? demanda le notaire.

Noirtier resta immobile.

— Cinq cent mille?

Même immobilité.

— Six cent mille? sept cent mille? huit cent mille? neuf cent mille?

Noirtier fit signe que oui.

— Vous possédez neuf cent mille francs?

— Oui.

— En immeubles? demanda le notaire.

Noirtier fit signe que non.

— En inscriptions de rentes?

Noirtier fit signe que oui.

— Ces inscriptions sont entre vos mains?

Un coup d'œil adressé à Barrois fit sortir le vieux serviteur, qui revint un instant après avec une petite cassette.

— Permettez-vous qu'on ouvre cette cassette? demanda le notaire.

Noirtier fit signe que oui.

On ouvrit la cassette, et l'on trouva pour neuf cent mille francs d'inscriptions sur le grand-livre.

Le premier notaire passa les unes après les autres chaque inscription à son collègue : le compte y était, comme l'avait accusé Noirtier.

— C'est bien cela, dit-il; il est évident que l'intelligence est dans toute sa force et dans toute son étendue.

Puis, se retournant vers le paralytique :

— Donc, lui dit-il, vous possédez neuf cent mille francs de capital, qui, à la façon dont ils sont placés, doivent vous produire quarante mille livres de rente à peu près?

— Oui, fit Noirtier.

— A qui désirez-vous laisser cette fortune?

— Oh! dit madame de Villefort, cela n'est point douteux; M. Noirtier aime uniquement sa petite-fille, mademoiselle Valentine de Villefort; c'est elle qui le soigne depuis six ans; elle a su captiver par ses soins assidus l'affection de son grand-père, et je dirai presque sa reconnaissance; il est donc juste qu'elle recueille le prix de son dévouement.

L'œil de Noirtier lança un éclair, comme s'il n'était pas dupe de ce faux assentiment donné par madame de Villefort aux intentions qu'elle lui supposait.

— Est-ce donc à mademoiselle Valentine de Villefort que vous laissez ces neuf cent mille francs?

L'œil de Noirtier lança un éclair, comme s'il n'était pas dupe de ce faux assentiment donné par madame de Villefort.
Page 155.

demanda le notaire, qui croyait n'avoir plus qu'à enregistrer cette clause, mais qui tenait à s'assurer cependant de l'assentiment de Noirtier, et voulait faire constater cet assentiment par tous les témoins de cette étrange scène.

Valentine avait fait un pas en arrière et pleurait les yeux baissés.

Le vieillard la regarda un instant avec l'expression d'une profonde tendresse; puis, se retournant vers le notaire, il cligna des yeux de la façon la plus significative.

— Non? dit le notaire; comment, ce n'est pas mademoiselle Valentine de Villefort que vous instituez pour votre légataire universelle?

Noirtier fit signe que non.

— Vous ne vous trompez pas? s'écria le notaire étonné; vous dites bien non?

— Non! répéta Noirtier, non!

Valentine releva la tête; elle était stupéfaite, non pas de son exhérédation, mais d'avoir provoqué le sentiment qui dicte d'ordinaire de pareils actes?

Mais Noirtier la regarda avec une si profonde expression de tendresse, qu'elle s'écria .

Villefort se retira avec sa femme, laissant son père libre de tester comme il l'entendrait. — Page 158.

— Oh! mon bon père! je le vois bien, ce n'est que votre fortune que vous m'ôtez, mais vous me laissez toujours votre cœur!

— Oh! oui, bien certainement, dirent les yeux du paralytique se fermant avec une expression à laquelle Valentine ne pouvait se tromper.

— Merci! merci! murmura la jeune fille.

Cependant ce refus avait fait naître dans le cœur de madame de Villefort une espérance inattendue.

Elle se rapprocha du vieillard.

— Alors c'est donc à votre petit-fils Édouard de Villefort que vous laissez votre fortune, cher monsieur Noirtier? demanda la mère.

Le clignement des yeux fut terrible; il exprimait presque la haine.

— Non, fit le notaire; alors c'est à M. votre fils ici présent?

— Non! répliqua le vieillard.

Les deux notaires se regardèrent stupéfaits.

Villefort et sa femme se sentaient rougir, l'un de honte, l'autre de colère.

— Mais que vous avons-nous donc fait, père? dit Valentine; vous ne nous aimez donc plus?

Le regard du vieillard passa rapidement sur son fils, sur sa belle-fille, et s'arrêta sur Valentine avec une expression de profonde tendresse.

— Eh bien! dit-elle, si tu m'aimes, voyons, bon père, tâche d'allier cet amour avec ce que tu fais en ce moment. Tu me connais, tu sais que je n'ai jamais songé à ta fortune; d'ailleurs, on dit que je suis riche du côté de ma mère, trop riche même; explique-toi donc.

Noirtier fixa son regard ardent sur la main de Valentine.

— Ma main? dit-elle.

— Oui, fit Noirtier.

— Sa main! répétèrent tous les assistants.

— Ah! messieurs, vous voyez bien que tout est inutile, et que mon pauvre père est fou, dit Villefort.

— Oh! s'écria tout à coup Valentine, je comprends. Mon mariage, n'est-ce pas, bon père?

— Oui, oui, oui! répéta trois fois le paralytique, lançant un éclair à chaque fois que se relevait sa paupière.

— Tu nous en veux pour le mariage, n'est-ce pas?

— Oui.

— Mais c'est absurde! dit Villefort.

— Pardon, monsieur, dit le notaire, tout cela au contraire est très-logique et me fait l'effet de s'enchaîner parfaitement.

— Tu ne veux pas que j'épouse M. Franz d'Épinay?

— Non, je ne veux pas, exprima l'œil du vieillard.

— Et vous déshéritez votre petite-fille, s'écria le notaire, parce qu'elle fait un mariage contre votre gré?

— Oui, répondit Noirtier.

— De sorte que, sans ce mariage, elle serait votre héritière?

— Oui.

Il se fit alors un silence profond autour du vieillard.

Les deux notaires se consultaient.

Valentine, les mains jointes, regardait son grand-père avec un sourire reconnaissant.

Villefort mordait ses lèvres minces.

Madame de Villefort ne pouvait réprimer un sentiment joyeux qui, malgré elle, s'épanouissait sur son visage

— Mais, dit enfin Villefort rompant le premier ce silence, il me semble que je suis seul juge des convenances qui plaident en faveur de cette union. Seul maître de la main de ma fille, je veux qu'elle épouse M. Franz d'Épinay, et elle l'épousera.

Valentine tomba pleurante sur un fauteuil.

— Monsieur, dit le notaire s'adressant au vieillard, que comptez-vous faire de votre fortune au cas où mademoiselle Valentine épouserait M. Franz?

Le vieillard resta immobile.

— Vous comptez en disposer, cependant?

— Oui, fit Noirtier.

— En faveur de quelqu'un de votre famille?

— Non.

— En faveur des pauvres, alors?

— Oui.

— Mais, dit le notaire, vous savez que la loi s'oppose à ce que vous dépouilliez entièrement votre fils?

— Oui.

— Vous ne disposerez donc que de la partie que la loi vous autorise à distraire?

Noirtier demeura immobile.

— Vous continuez à vouloir disposer de tout?

— Oui.

— Mais après votre mort on attaquera le testament?

— Non.

— Mon père me connaît, monsieur, dit M. de Villefort, il sait que sa volonté sera sacrée pour moi : d'ailleurs, il comprend que, dans ma position, je ne puis plaider contre les pauvres.

L'œil de Noirtier exprima le triomphe.

— Que décidez-vous, monsieur? demanda le notaire à Villefort.

— Rien, monsieur, c'est une résolution prise dans l'esprit de mon père, et je sais que mon père ne change pas de résolution. Je me résigne donc. Ces neuf cent mille francs sortiront de la famille pour aller enrichir les hôpitaux; mais je ne céderai pas à un caprice de vieillard, et je ferai selon ma conscience.

Et Villefort se retira avec sa femme, laissant son père libre de tester comme il l'entendrait.

Le même jour le testament fut fait.

On alla chercher les témoins, il fut approuvé par le vieillard, fermé en leur présence et déposé chez M. Deschamp, le notaire de la famille.

FIN DE LA TROISIÈME PARTIE.

TABLE DES MATIÈRES

DE LA TROISIÈME PARTIE.

www.ingramcontent.com/pod-product-compliance
Lightning Source LLC
LaVergne TN
LVHW010608110826
845149LV00003B/821

* 9 7 8 2 0 1 9 2 0 1 8 1 4 *